职业教育专业教学标准贯标教材
新时代新理念职业教育教材·铁道交通系列
行业紧缺人才、关键岗位从业人员培训教材
产教融合、校企“双元”合作开发教材

高速铁路客运安全与应急实务

主　编◎刘　涛
副主编◎张　颖　夏　岩

北京交通大学出版社
·北京·

内 容 简 介

本书介绍了高速铁路客运安全与应急实务知识和技能。全书共 9 个项目，分别为高速铁路安全基础认知、高速铁路安全相关法律法规、现代化铁路安全保障体系——旅客运输全过程安全、铁路运输事故及应急救援、高速铁路站车工作人员劳动安全、高速铁路客运应急实务、高速铁路动车组应急实务、高速铁路车站应急实务、应急抢救与处置。本书图文并茂，案例丰富，对高速铁路运营过程中的各类安全问题与突发事件的处置原则和程序进行了深入浅出的介绍。

本书适合作为职业院校相关专业的教学用书，也可作为铁路运输企业相关岗位培训教材，同时可供对高速铁路客运安全与应急实务感兴趣的读者参考。

图书在版编目（CIP）数据

高速铁路客运安全与应急实务 / 刘涛主编. -- 北京 : 北京交通大学出版社，2025. 7.
ISBN 978-7-5121-5636-4

Ⅰ. U293

中国国家版本馆 CIP 数据核字第 2025JU8125 号

高速铁路客运安全与应急实务
GAOSU TIELU KEYUN ANQUAN YU YINGJI SHIWU

策划编辑：刘　辉　　责任编辑：刘　辉
出版发行：北京交通大学出版社　　电话：010-51686414　　http://www.bjtup.com.cn
地　　址：北京市海淀区高梁桥斜街 44 号　　邮编：100044
印 刷 者：北京鑫海金澳胶印有限公司
经　　销：全国新华书店
开　　本：185 mm×260 mm　　印张：13.25　　字数：346 千字
版 印 次：2025 年 7 月第 1 版　　2025 年 7 月第 1 次印刷
定　　价：49.80 元

本书如有质量问题，请向北京交通大学出版社质监组反映。对您的意见和批评，我们表示欢迎和感谢。
投诉电话：010-51686043，51686008；传真：010-62225406；E-mail：press@bjtu.edu.cn。

前言

高速铁路客运安全与应急实务是高速铁路乘务专业的核心课程，其重要性是不言而喻的。本书严格按《职业教育专业教学标准》［2025年修（制）订］的精神进行编写，聚焦高速铁路旅客运输全过程安全及突发事件的应急处置实务，实操性、针对性强。

本书共9个项目，分别为高速铁路安全基础认知、高速铁路安全相关法律法规、现代化铁路安全保障体系——旅客运输全过程安全、铁路运输事故及应急救援、高速铁路站车工作人员劳动安全、高速铁路客运应急实务、高速铁路动车组应急实务、高速铁路车站应急实务、应急抢救与处置。本书图文并茂，案例丰富，对高速铁路运营过程中的各类安全问题与突发事件的处置原则和程序进行了深入浅出的介绍。

本书由刘涛担任主编，张颖、夏岩担任副主编。

由于编者水平有限，本书不妥之处在所难免，恳请广大读者批评指正。索取相关教学资源可与出版社刘辉联系（邮箱：hliu3@bjtu.edu.cn；QQ：39116920）。

编　者

2025年7月

目录

项目 1　高速铁路安全基础认知 …… 1

任务 1.1　安全 …… 3

任务 1.2　高速铁路安全概述 …… 6

项目 2　高速铁路安全相关法律法规 …… 18

任务 2.1　高速铁路安全相关法律 …… 19

任务 2.2　高速铁路安全相关法规 …… 27

任务 2.3　高速铁路安全相关规程、规则和作业标准 …… 42

项目 3　现代化铁路安全保障体系——旅客运输全过程安全 …… 45

任务 3.1　现代化铁路安全保障体系概述 …… 46

任务 3.2　铁路运输安全技术保障体系认知 …… 51

任务 3.3　铁路运输安全教育与技能培训体系认知 …… 61

任务 3.4　铁路运输安全监察体系认知 …… 64

项目 4　铁路运输事故及应急救援 …… 67

任务 4.1　铁路运输事故的等级及分类 …… 68

任务 4.2　铁路交通事故应急救援 …… 71

项目 5　高速铁路站车工作人员劳动安全 …… 78

任务 5.1　劳动安全的基础认知 …… 84

任务 5.2　铁路站车客运劳动安全 …… 87

项目 6　高速铁路客运应急实务 ······ 91

任务 6.1　铁路突发公共卫生事件的应急处理 ······ 92
任务 6.2　铁路旅客人身伤害及携带品损失事故的处理 ······ 97

项目 7　高速铁路动车组应急实务 ······ 108

任务 7.1　动车组安全管理概述及应急处置规范 ······ 110
任务 7.2　消防安全管理 ······ 118
任务 7.3　动车组突发情况应急处置 ······ 127
任务 7.4　动车组空调故障的应急处置 ······ 148

项目 8　高速铁路车站应急实务 ······ 152

任务 8.1　高速铁路车站火灾、防爆、大型设施设备发生事故应急处置 ······ 153
任务 8.2　高速铁路车站重大活动安全保卫预案及紧急疏散应急处置 ······ 158
任务 8.3　高速铁路车站突发情况应急处置 ······ 161
任务 8.4　高速铁路安检工作 ······ 163

项目 9　应急抢救与处置 ······ 170

任务 9.1　铁路红十字药箱认知 ······ 171
任务 9.2　现代创伤救护技术 ······ 175
任务 9.3　心肺脑复苏 ······ 187
任务 9.4　高速铁路旅客常见症状及应急措施 ······ 195

参考文献 ······ 206

项目 1

高速铁路安全基础认知

思政目标

- 通过学习党的二十大报告中关于总体国家安全观的相关精神，树立正确的铁路安全观。

引导案例

“7·23”甬温线特别重大铁路交通事故

2011年7月23日20时30分05秒，在甬温线浙江省温州市境内，由北京南站开往福州站的D301次列车与杭州站开往福州南站的D3115次列车发生动车组列车追尾事故。此次事故已确认共有六节车厢脱轨，即D301次列车第1至4位，D3115次列车第15、16位。事故造成40人死亡、172人受伤，中断行车32 h 35 min，直接经济损失19 371.65万元。

1. 事故定性

12月25日，《“7·23”甬温线特别重大铁路交通事故调查报告》公布：该事故是一起因列控中心设备存在严重设计缺陷、上道使用审查把关不严、雷击导致设备故障后应急处置不力等因素造成的责任事故。

2. 事发原因

经调查认定，导致事故发生的原因是：中国铁路通信信号集团有限公司（简称通号集团）所属通号设计院在LKD2—T1型列控中心设备研发中管理混乱，通号集团作为甬温线通信信号集成总承包商履行职责不力，致使为甬温线温州南站提供的LKD2—T1型列控中心设备存在严重设计缺陷和重大安全隐患。铁道部在LKD2—T1型列控中心设备招投标、技术审查、上道使用等方面违规操作、把关不严，致使其在温州南站上道使用。当温州南站列控中心采集驱动单元采集电路电源回路中保险管F2遭雷击熔断后，采集数据不再更新，错误地控制轨道电路发码及信号显示，使行车处于不安全状态。

雷击也造成5829AG轨道电路发送器与列控中心通信故障。使从永嘉站出发驶向温州南站的D3115次列车超速防护系统自动制动，在5829AG区段内停车。由于轨道电路发码异常，导致其三次转目视行车模式起车受阻，7 min 40 s后才转为目视行车模式以低于20 km/h的速度向温州南站缓慢行驶，未能及时驶出5829闭塞分区。因温州南站列控中心未能采集到前行D3115次列车在5829AG区段的占用状态信息，使温州南站列控中心管辖的5829闭塞分区及后续两个闭塞分区防护信号错误地显示绿灯，向D301次列车发送无车占用码，导致D301次列车驶向D3115次列车并发生追尾。

上海铁路局有关作业人员安全意识不强，在设备故障发生后，未认真正确地履行职责，故障处置工作不得力，未能起到避免事故发生或减轻事故损失的作用。

“7·23”甬温线特别重大铁路交通事故示意图如图1–1所示。

图1–1 “7·23”甬温线特别重大铁路交通事故示意图

“7·23 甬温线特别重大铁路交通事故”及其所带来的舆论风暴给中国高铁带来的后果是巨大的：一方面是在一段时间里高速铁路线路降速，另一方面是银行进一步限贷，中国高铁线路建设资金一度枯竭，大量线路停工。

任务 1.1 安 全

知识目标

- 掌握安全的概念；
- 掌握与安全相关的概念；
- 了解安全风险管理知识。

技能目标

- 树立正确、全面的安全意识；
- 能辩证地理解安全及其相关概念；
- 能将安全风险管理理念运用于实际工作。

相关知识

1.1.1 安全的概念

安全是指没有危险，不存在危险的隐患。安全是在生产过程中，将系统的运行状态对人类的生命、财产、环境可能产生的损害控制在人类不感觉难受的水平以下的状态。

安全是一种状态，即通过持续的危险识别和风险管理过程，将人员伤害或财产损失的风险降低并保持在可接受的水平或其以下。

1.1.2 与安全相关的概念

1）风险

一般来说，风险是指危险、危害事件发生的可能性与后果严重程度的综合度量。人们常用风险率、风险程度、个人风险、社会风险、事故次数、伤害人数、伤害概率和财产损失等风险判别指标来表示风险的存在及其大小。以风险程度指标为例，风险可以分为极显著、显著、轻微、不显著四种情况。

2）危险源

危险源是指系统中客观存在的、具有潜在能量和物质释放危险的、在一定的触发因素作用下可转化为隐患或事故的根源或状态。从风险管理的角度而言，危险源具有理论上可以减少，但实际上只能加以控制的特性。从防范事故的角度而言，危险源表现为风险性。危险源是否变成隐患，进而引发事故，往往取决于人们的行为。

3）隐患

隐患是指超出了人们设定的安全界限的状态或行为，如超标、违规现象等，是直接导致事故发生的根源。隐患能否导致事故，主要取决于它所处的环境和状态。由于人们设定界限的不同，隐患也可能被划定为危险源。正是从这个意义上讲，隐患是完全可以被消除的。

4）事故

按照系统论的观点，事故是指系统的发展、变化违背人们的意愿，发生了人们不期望的后果。如造成人员死亡、伤害、职业病、财产损失或其他损失的意外或偶发事件。事故是由一种危险因素或几种危险因素相互作用导致的，这些危险因素是事故的外在原因或直接原因。事故具有理论上可以减少，实际上也可以减少的特性。

1.1.3 安全相关概念间的关系

风险、危险源、隐患均可能导致事故的发生，隐患是导致事故发生的直接原因，危险源、风险识别不到位、不全面则是事故发生的间接原因。

1）危险源是风险的载体

有危险源就一定有风险，危险源是风险的载体。风险研判是对危险源在未造成任何损失情况下的主观评估，采用一定的措施，加强定期监控，可保证危险源处于安全可控状态。

危险源与风险的关系如图 1–2 所示。

2）隐患是第二类危险源

隐患是第二类危险源。隐患大多是由于管理上的疏忽或者是人的违规操作造成的，这是一种不安全、有缺陷的状态，而这种状态通过人工干预是可以被消除的。危险源与隐患的关系如图 1–3 所示。

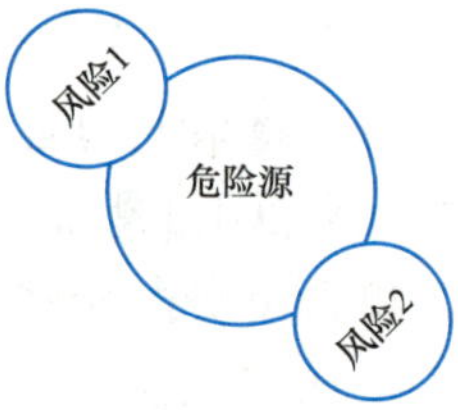

图 1–2　危险源与风险的关系

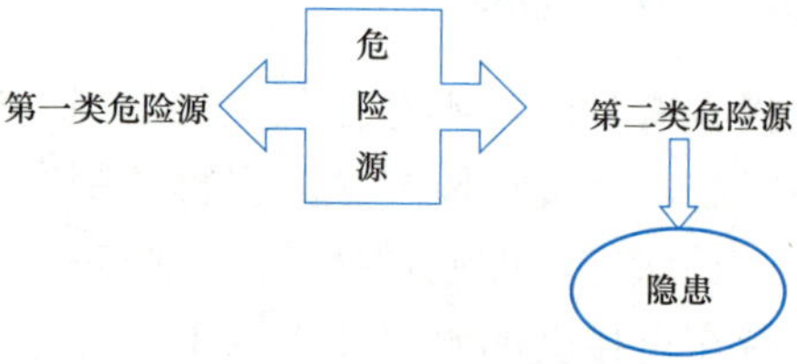

图 1–3　危险源与隐患的关系

3）风险与隐患的区别

风险是在未导致人员伤亡、财产损失的情况下，人们对危险源可能造成的损失进行主观判断的结果。而隐患是将考虑事故发生的可能性转变成了现实存在。因此，风险是不能够被消除的，而隐患通过治理是可以被消除的。

4）危险源、风险、隐患与事故的推演

危险源、隐患、事故呈单向线性关系，只要有效防范危险源带来的风险，及时消除隐患，就可以阻止事故的发生。因此，只有辨识出风险，才能分析风险、评价风险、控制风险，进而降低风险带来的影响。

如果管理者没有针对危险源进行风险研判分析，未能采取相应的风险管控措施，也未能采取相应的定期监控手段，导致安全风险问题一直失管失控，就会形成隐患。如果管理者又忽视了对该项事故隐患问题的排查和治理，就可能在特定的场合下发生安全事故。

危险源、风险、隐患与事故的关系如图 1–4 所示。

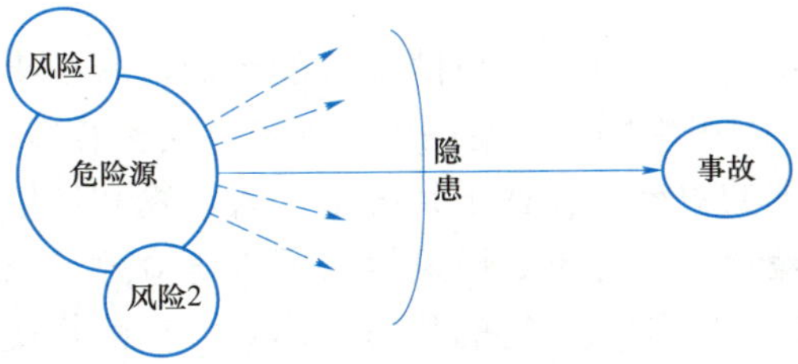

图 1–4　危险源、风险、隐患与事故的关系

1.1.4　安全风险管理

1. 安全风险管理的起源及发展

自从有了人类，便有了风险。虽然几千年前人类就认识到风险的存在，但直到 18 世纪，“风险”研究才被提上日程。到了 19 世纪，随着工业革命的展开，企业风险管理的思想开始萌芽。1931 年，美国管理协会保险部首先提出风险管理的概念。1932 年，美国几家大公司成立纽约保险经纪协会，定期讨论有关风险管理的理论与实践，该协会的成立标志着风险管理学科的兴起。第二次世界大战之后，随着第三次工业革命的迅猛发展，新技术、新材料在企业中被广泛应用，企业间的竞争加剧，面临的风险日益凸显，进行风险管理的要求与日俱增。20 世纪 60 年代美国出版了《企业的风险管理》和《风险管理与保险》等专著，正式拉开了风险管理学系统研究的序幕。20 世纪 70 年代初期，风险管理的理念和方法从欧美发达国家传入亚洲，20 世纪 80 年代后期传入我国。虽然我国对风险管理的研究起步较晚，但近些年来发展势头迅猛。特别是 2006 年 6 月，我国发布了《中央企业全面风险管理指引》，这标志着我国拥有了自己的全面风险管理指导性文件，也标志着我国进入了风险管理理论研究与应用的新阶段。目前，安全风险管理已被广泛应用于铁路、石油、电力、核工业、航空航天等众多领域，其中，在铁路安全管理实务上，承认运输活动具有安全风险并制定相关运输安全法规，以强制运输主体进行风险管理，已经成为美国、英国等一些发达国家的主流做法。交通运输安全风险管理报告已经被美国、英国等发达国家作为法定的营运审查文件。也就是说，实施安全风险管理，已经是包括铁路在内的交通运输业的基本营运条件，安全风险管理在铁路及各种交通运输中具有极其重要的地位和作用。

2. 安全风险管理的含义及其主要内容

1）风险

风险广泛存在于社会生产、生活之中。如果用定量模型表示即为：风险=风险发生的可能性×风险发生的损失程度。

就安全生产而言，安全生产风险有广义和狭义之分。广义上讲，与安全有关的风险都称为安全生产风险。狭义的安全生产风险则表示为在未来的一定时间内，人们为了确保安全生产可能付出的代价，包括由于采用安全技术措施投入的人力、物力、财力等安全生产支出可能获得的安全生产收益，或者没有适当的安全生产投入可能付出的人身伤害、财产损失、环境破坏和社会影响等代价。

风险管理的过程，就是针对不同情况的风险，采取相应的预防措施和控制措施，从而使风险降低，达到可以接受的程度。

2）风险管理

所谓风险管理，就是指为了降低风险可能导致的事故，减少事故造成的损失所进行的风险因子识别、危险源分析、隐患判别、风险评价、制定并实施相应风险对策与措施的全过程。从宏观角度而言，风险管理的对象是存在于系统中的人、物和环境，以及由它们所构成的系统；从微观角度而言，风险管理的对象是指风险因子、危险源、隐患和事故。

（1）风险因子。风险因子是指以一定的状态、形式存在的物质。风险因子自身具有中性的属性，但从不期望事故发生的角度而言，它又表现为风险性。安全风险管理就是要对能导致事故的风险因子进行识别和控制。

（2）危险源。危险源是指系统中客观存在的、具有潜在能量和物质释放危险的、在一定的触发因素作用下可转化为隐患或事故的根源或状态。从风险管理的角度而言，危险源具有理论上可以减少，但实际上只能加以控制的特性。从防范事故的角度而言，危险源表现为风险性。危险源是否变成隐患，进而引发事故，往往取决于人们的行为。

（3）隐患。隐患是指超出了人们设定的安全界限的状态或行为，如超标、违规现象等，是直接导致事故发生的根源。隐患能否导致事故，主要取决于它所处的环境和状态。由于人们设定界限的不同，隐患也可能被划定为危险源。正是从这个意义上讲，隐患是完全可以被消除的。

（4）事故。按照系统论的观点，事故是指系统的发展、变化违背人们的意愿，发生了人们不期望的后果。如造成人员死亡、伤害、职业病、财产损失或其他损失的意外或偶发事件。事故是由一种危险因素或几种危险因素相互作用导致的，这些危险因素是事故的外在原因或直接原因。事故具有理论上可以减少，实际上也可以减少的特性。

任务 1.2　高速铁路安全概述

知识目标

- 掌握高速铁路安全管理的相关知识；
- 掌握影响客运安全的主要因素。

技能目标

- 树立铁路安全意识；
- 根据有关安全规定正常开展铁路工作。

相关知识

在我国，铁路作为重要的运输生产部门和商品流通的主渠道，对经济、社会和科学技术发展起着重要的保障作用。铁路运输安全直接关系到铁路与其他运输方式的竞争力，以及铁路声誉和经济效益，更是国家形象、社会稳定的重要影响因素。确保铁路运输安全，是铁路生存发展永恒的主题。

1.2.1　铁路运输安全的特点

1. 安全的普遍性

伴随生产而存在的安全问题，对于所有的行业系统都具有普遍的意义，铁路运输系统也不例外。

1）安全的系统性

安全涉及企业运转的各个方面，包括人员、设备、环境等因素，而这些因素又涉及政治、经济、科技、教育和管理等许多方面。特别对于铁路运输这样的开放系统，安全既受系统内部因素的制约，也受到系统外部环境的干扰。而安全的恶化状态，即事故，不仅可能造成系统内部的损失，而且可能造成系统外部的损失。因此，研究和解决安全问题应从系统观点出发，运用系统工程的方法，进行综合治理。

2）安全的相对性

一般来说，凡是人类从事的生产活动，均存在安全问题，不同的只是发生安全问题的可能性有大有小，危害程度有轻有重而已。安全是相对的，不安全是绝对的，系统发生事故的可能性始终存在，但是，事故是可以预防的，可利用安全系统工程的理论和技术，预先发现、鉴别、判明各种隐患，并采取安全对策，从而防患于未然。

3）安全的依附性

安全是依附于生产而存在的，它不可能脱离具体的生产过程而独立存在，只要存在生产活动，就要重视安全问题。另外，安全是生产的前提和保障，安全工作搞得不好，生产便无法顺利进行，因此，需要持久地抓好安全工作。

4）安全的间接效益性

要保证生产安全必须在人员、设备、环境和管理方面有相应的投入，但安全投入所产生的经济和社会效益却是间接的、无形的，难以量化计算，因此，安全投入往往被忽视。我们不能在发生了事故，造成了损失之后，才意识到安全投入的必要性和重要性。事实上，安全的效益除了减少事故的直接和间接经济损失外，更重要的是在提高人员素质、改进设备性能、改善环境质量和加强生产管理等方面所创造的经济和社会效益。

5）安全的长期性

人对安全的认识在时间上往往是滞后的，不可能预先认识到系统存在和面临的各种危险，即使认识到了，有时也会由于受到当时技术条件的限制而无法予以控制。随着技术进步和社会发展，旧的安全问题解决了，新的安全问题又会产生，所以，安全工作是一个长期的过程，必须坚持不懈地开展。

6）安全的艰巨性

高技术总是伴随着高风险，随着现代科学技术的发展，各种技术系统的复杂化程度增加了。以现代交通运输系统为例，其规模、速度、设备和管理等方面都发生了极大的飞跃，一旦发生事故，其影响之大、伤亡之多、损失之重、补救之难，都是传统运输方式不可比拟的。此外，事故是一种小概率的随机偶发事件，仅利用已有的事故资料不足以及时、深入地对系统的危险性进行分析，而现代社会的文明进步又不允许通过事故重演来深化对安全的认识。因此，认识事故机理，不断揭示各种隐患，确实是艰巨的任务。

2. 铁路运输安全的特殊性

由普遍性与特殊性的关系可知，普遍性寓于特殊性之中，特殊性离不开普遍性，铁路运输安全除具有上述安全的普遍性外，还有其特殊性。

1）铁路运输安全的动态性

机车、车辆在固定轨道上的定向运动，是铁路运输最显著的特点，铁路运输安全系列问题（如轮轨作用、弓网作用、列车速度控制和进路控制等）都是围绕机车、车辆或列车在轨道上的定向运动而展开的。

2）铁路运输安全失控的严重性

处于高速运动状态的列车，一旦发生设备异常或人为操作失误，可供纠正和避免事故的时间很短，可供选择的应急方式也很有限。同时，铁路线路、机车、车辆等硬件设备的成本很高，列车承载的旅客和货物数量很大，事故不仅会造成巨大的财产损失、人员伤亡和环境破坏，而且运输中断将波及路网，打乱运输秩序，影响社会生产和运输工作的全局。更重要的是铁路对其运输对象——旅客和货物，没有所有权和支配权，而只提供必要的运输服务，因此事故损失涉及广泛的社会因素，会极大地损害铁路的形象甚至政府的威信，其社会影响的严重性难以估量。

3）铁路运输安全问题的重复性

铁路运输生产具有连续性、周期性和季节性的特点，伴随着生产的各种事故和不安全状况常常是重复发生的，我国铁路年复一年的春运、暑运、防洪、防寒等安全问题反复存在，由于受铁路总体技术和管理水平的制约，各种事故和不安全状况的产生也具有一定的“惯性”和反复性，如“两冒错排”（冒进进站和出站信号，错排列车进路）、断轨、断轴等惯性事故，成为经常困扰铁路运输安全的主要问题。

4）铁路运输安全对管理的依赖性

铁路犹如一台大联动机，是复杂的人机动态系统，其运输生产过程是由车、机、工、电、辆等多工种联合的多环节（如货物运输的承运、保管、装卸、运送、途中作业、交费等）作业过程，涉及设备数量庞大、种类繁多，设备布局的网络状态和作业岗位独立分散的特点，使各工种和各环节的协同配合都离不开严格的管理。因此，铁路运输安全在很大程度上取决于管理的效能。

5）铁路运输安全的复杂性

铁路运输安全受外部环境的影响很大，难以预测和控制。铁路运输生产是在一个开放的环境中进行的，其过程有较大的空间位移和较长的时间延续，自然环境（如雨、雾、风、雪及各种自然灾害等）对运输安全均有不利影响。社会治安、社会风气及社会政治经济状况等，与运输安全状况密切相关，而且难以预测和控制。因此，铁路运输环境安全的综合治理涉及面广、难度大。

铁路安全技术的发展，包括设备安全性能改进、人员安全素质提高、环境安全质量改善和安全管理水平提高，都是以对安全的普遍性和铁路运输安全的特殊性的认识为基础的。

1.2.2 铁路旅客运输安全影响因素

铁路运输系统是一个在时间、空间上分布很广的开放的动态系统，铁路运输安全影响因素错综复杂，涉及面很广。从系统论的观点出发，与运输安全有关的因素可以划分为：人、机器、环境及管理 4 类。这种分类具有以下优点：它是从构成生产系统的基本元素出发，从事故的根本原因着手，具有普遍的意义；充分体现安全是一项全员、全要素、全过程的活动。因为系统中的“人”，是指作为工作主体的人，“机”是指人所控制的一切对象的总称（包括固定设备和移动设备），“环境”是指人、机共处的特定的工作条件（包括内部环境和外部环境）；考虑了人、机、环境对安全的影响，尤其是考虑了三者之间的相互作用，包括人—人、人—机、机—机、机—环境、人—环境，以及人—机—环境等；以管理作为控制、协调手段，协调人、机、环境之间的相互关系，并通过反馈作用将系统状态的信息反馈给管理系统，从而改进安全管理方法，最终得到更为安全的关系。

1. 单因素影响分析

1）人员影响因素分析

（1）人在保障运输安全方面的重要性。

在复杂的事物发展过程中，有许多的矛盾存在，其中必有主要矛盾，它对事物起了主导性的、决定性的作用，其他矛盾则处于次要和服从的地位。矛盾着的两个方面中，必有一个方面是主要的，另一个方面是次要的。在安全问题中，人是矛盾的主要方面，因为即使是高度自动化的系统也不可能完全避免人的介入，不可能完全不受人的操纵和控制。绝大多数事故的发生均与人的不安全行为有关，在 80%的事故中，人的因素起着决定性的作用。在铁路运输安全方面，各项活动都依赖人的行为，人操纵、控制、监督各项设备，完成各项作业，与环境进行信息交流，与其他作业协调一致，使得人的因素在运输安全中起着关键的作用。

人对运输安全的特殊作用可归纳为以下 3 点。

① 人的主导性。在人和设备的有机结合体中，人是主导方面。设备必须由人来设计、制造、使用和维护，即使是技术状态良好的设备，也只有通过人的正确使用，才能发挥它的作用。

② 人的主观能动性。当情况突然变化时，人能立即采取相应的措施和灵活的方法，排除故障等不安全因素，使系统恢复正常运转。只有人才具有主观能动性，从而具有合理处理意外情况的能力。

③ 人的创造性。人能够通过研究和学习，不断地提高和改进现有系统的安全水平。

（2）影响铁路运输安全的人员分类。

① 运输系统内人员。其主要指车务、机务、工务、电务、车辆、安监、客运、货运、工程、给水、供电等部门的各级领导人员、专职管理人员和基层作业人员，他们是保证运输安全的最关键人员。他们的思想品质、技术业务水平，以及心理、生理素质等不适应铁路运输工作的要求，往往是酿成事故的重要原因。

② 运输系统外人员。其主要指旅客、货主，以及铁路沿线居民、机动车驾驶人员等。

（3）运输安全对人员的素质要求。

影响铁路运输安全的人的因素，是指上述人员的安全素质，包括思想素质，技术业务水平，生理、心理素质，以及群体素质，对不同人员有不同的素质要求。运输安全对不同人员的素质要求如图 1–5 所示。

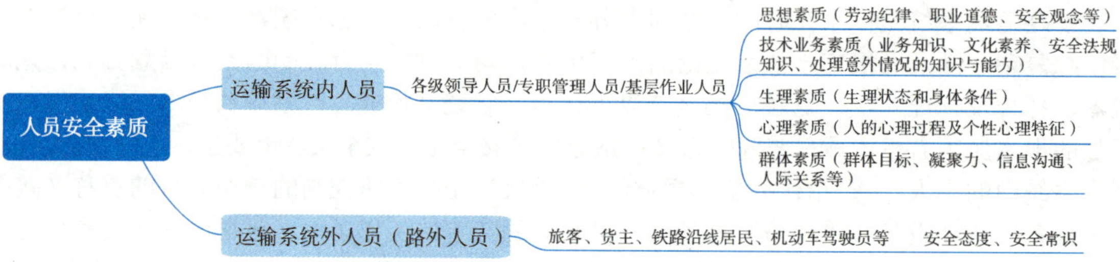

图 1–5　运输安全对不同人员的素质要求

2）设备因素影响分析

铁路运输设备是除人之外，影响运输安全的另一个重要因素，质量良好的设备既是运输生产的物质基础，又是运输安全的重要保证。

（1）与运输安全有关的设备类型。

① 运输基础设备。

固定设备：线路、车站、信号设备等。

移动设备：机车、车辆、通信设备、信号设备等。

② 运输安全技术设备。运输安全技术设备包括安全监控设备、安全监测设备、自然灾害预报与防治设备、事故救援设备和其他安全设备等。

（2）铁路运输设备的特点。

铁路运输设备的特点：种类多，数量大，整体性强；延伸面广，配置分散，连续运转；冲击剧烈，受自然力影响大，设备有形损耗严重；运用中设备监控难度大，故障处理时间紧。

（3）提升铁路运输设备安全性的途径。

① 强化运输基础设备，加大其安全系数，使之适应列车重量、发车密度、运行速度提高的要求。

② 研制和采用先进的运输安全技术设备。

（4）影响运输安全的设备因素。

① 设计安全性。其包括设备的可靠性、可维修性、可操作性（人机工程设计），以及先进性等。

② 使用安全性。其包括设备的运行时间、维护保养情况等。设备运行时间越短，即设备越新，其使用安全性越好；设备维修保养得越好，其使用安全性也越好。反之，则相反。

3）环境因素影响分析

影响运输安全的环境因素包括内部小环境和外部大环境两部分。

（1）内部小环境。

对于一般微观的人—机—环境系统而言，内部环境通常是指作业环境，即作业场所人为形成的环境条件，包括周围的空间和一切生产设施所构成的人工环境。然而，铁路运输系统是一个非常复杂的宏观大系统，它是由系统硬件（运输基础设备和运输安全技术设备）、系统工作人员（运输系统内的各级管理人员和基层作业人员）、组织机构（管理机构、运行机构、维修机构等），以及社会经济因素（政治、经济、文化、法律等）等相互作用而构成的社会—技术系统。因此，影响运输安全的内部环境不仅包括作业环境，还包括通过管理所营造的运输系统内部的社会环境，即运输系统外部社会环境因素在运输系统内的反映，它涉及面广，包括运输系统内部的政治、经济、文化、法律等环境。

（2）外部大环境。

影响运输安全的外部环境包括自然环境和社会环境。自然环境是指自然界提供的人类一时难以改变的生产环境。自然环境对运输安全影响很大。铁路线路暴露在大自然中，经常遭受洪水、暴雨、风沙、泥石流，以及地震等自然灾害的威胁。在各种自然灾害中，最常见的是暴雨、洪水，其严重影响运输安全，危害极大。

社会环境包括社会的政治环境、经济环境、技术环境、管理环境、法律环境，以及社会风气、家庭环境等，它们对铁路运输安全均有不同程度的影响，较为直接的是铁路沿线治安和站车秩序状况。影响运输安全的环境因素如图 1–6 所示。

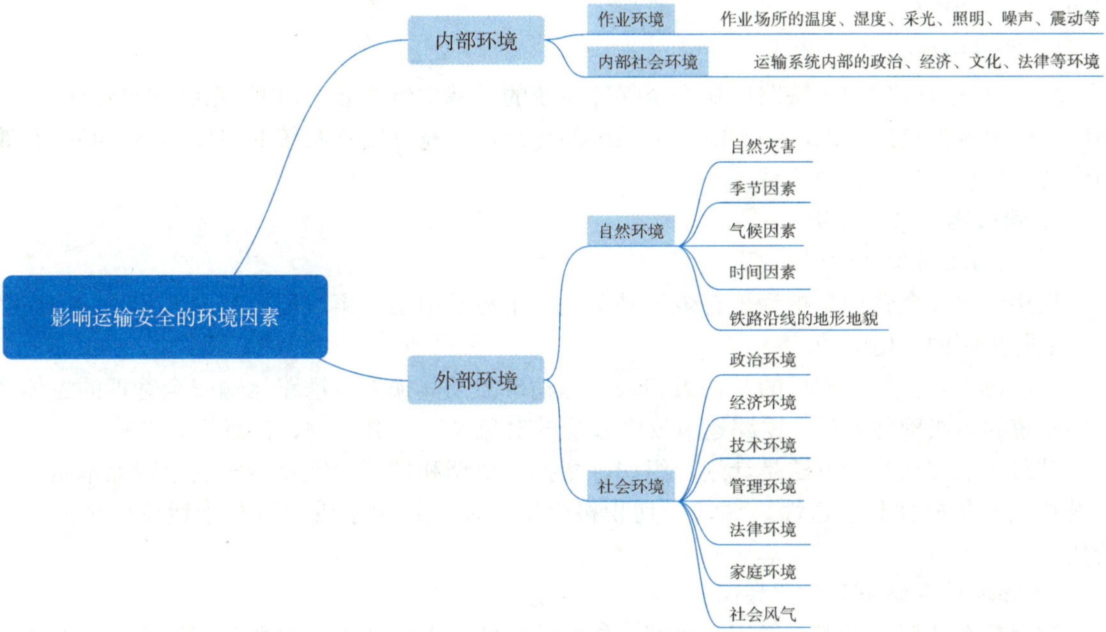

图 1–6　影响运输安全的环境因素

2. 各种因素相互影响分析

1）“人—人”之间

铁路运输作业是通过多部门、多层次人员的分工与协作来实现的。人与人之间相互作用、相互影响、相互依赖、相互制约，协调配合，才能有效保证运输生产的顺利进行。

2）“人—机”之间

“人”是行为的主体，由人操纵“机”运转，人的劳动能力、劳动熟练程度、劳动态度直接影响“机”的运转状况。同时自动化“机”可以部分地监督人的行为，减少人为偏差。所以“人—机”之间是相互作用和相互影响的关系。

3）“人—环境”之间

人的活动是在一定的环境中进行的，受环境的影响和制约，一方面人从环境中获取物质、能量和信息，可以创造环境、改进环境，对环境施加能动性的影响；另一方面环境反作用于人，使人适应环境，根据环境的变化调整自己的行为。

4）“机—机”之间

“机—机”之间表现为一种联动的关系，为使联动有效地传递下去，要求每一环节必须运转正常且协调，任何一个环节出现不协调的现象，都会成为事故隐患的一种可能，为此，需要加强“机—机”之间衔接的可靠性。

5）“机—环境”之间

一方面，良好的环境有利于保证“机”的状态良好和运行正常，另一方面通过一定的“机”改造环境，使环境向有利于系统的方向发展。

6）“环境—环境”之间

不可控制的大环境之间、可控制的小环境之间、大环境与小环境之间相互影响和制约，彼此之间是相互改造和被改造的关系。应充分发挥可控制的小环境的能动作用，影响不可控制的大环境的变化。

7）“人—机—环境”之间

“人—机—环境”构成铁路运输安全保障系统的最基本组成要素，根据系统的整体性特征，单纯一个要素的良好状态，并不能保证系统的优化，为充分发挥系统的整体功能，必须有效地组合与协调三者之间的关系。

3. 管理因素影响分析

1）铁路运输安全管理

铁路运输安全管理是指为了有效地减免运输事故及由运输事故所引起的人和物的损失而进行危险控制的一切活动。

铁路运输安全管理的目的是消灭和减少运输事故及其损失。铁路运输安全管理的主体是运输系统的各级管理人员。铁路运输安全管理的对象是人、财、物、信息等。

铁路运输安全管理方法是计划、组织、指挥、协调和控制。铁路运输安全管理本质是充分发挥人的积极性和创造性，调动一切积极因素，促使各种矛盾向有利于运输安全的方向转化。

2）管理对运输安全的重要性

管理具有计划、组织、指挥、协调、控制的职能，管理使人、机器和环境组成一个能够有效实现预期目标的系统。虽然人、机、环境往往是造成事故的直接原因，但它们都是受管理要素支配的，所以安全工作的关键是管理。

（1）管理有助于提高运输系统内人员、设备和环境的安全性。

（2）管理具有协调运输系统内人、机、环境之间关系的功能。

（3）管理具有优化运输系统人—机—环境整体安全功能的能力，即管理具有运筹、组合、总体优化的作用。

如图 1-7 所示，影响运输安全的管理因素很多，主要有安全组织、安全法制、安全信息、安全技术、安全教育和安全资金等。

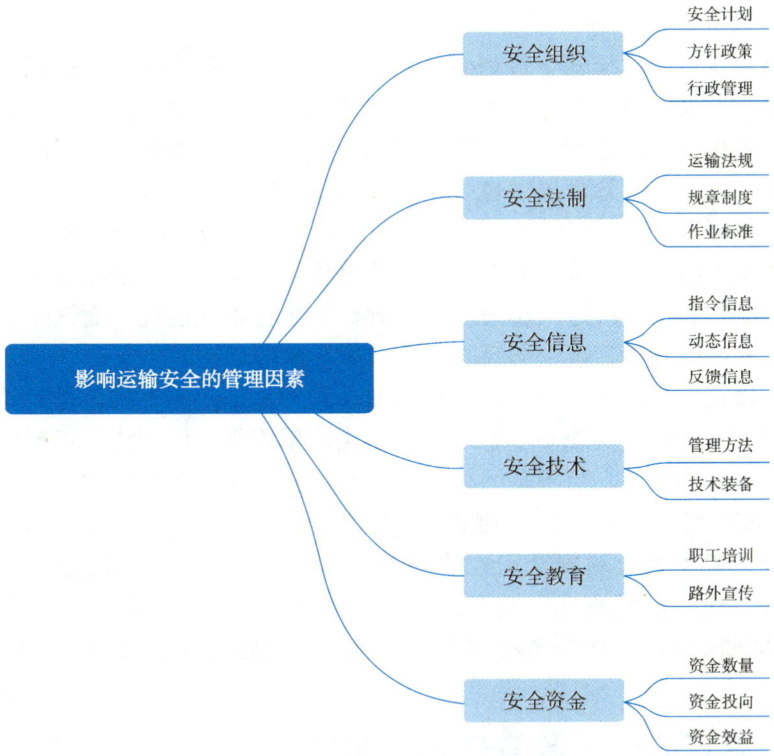

图 1-7　影响运输安全的管理因素

1.2.3　铁路安全风险管理

安全风险管理作为一门新兴的管理学科，在其形成和发展过程中，基于不同的侧重点，国内外专家学者和企业家们给出了不同的定义，并且这些观点随着时代的发展不断演变。在铁路系统全面推行安全风险管理，就是要结合铁路安全工作实际，通过风险识别、风险研判，以及规避风险、转移风险、驾驭风险、监控风险等一系列活动来防范和消除风险，形成一种科学的管理方法。重点是要抓好风险识别、风险评价和风险控制等要素。所谓风险识别，就是对系统中尚未发生的、潜在的及客观存在的各种风险进行全面的、连续的识别和归类；所谓风险评价，就是对系统中的风险因素能造成多大的伤害和损失进行评估；所谓风险控制，就是对不能接受的伤害和损失采取安全预防措施，以达到消除、降低危害的目的。风险识别、风险评价和风险控制在推行铁路安全风险管理的过程中是不可分割的有机整体，它们既相互联系，又相互作用。风险识别和风险评价是基础，风险控制是核心。

1.2.4　铁路安全风险管理与传统安全管理的联系和区别

在长期的安全生产实践中，铁路积累和形成了许多安全管理理念和方法，既为实施安全风险管理创造了条件，也提供了基础。铁路安全风险管理与传统安全管理从管理目标上讲，都是坚持安全运行，着力于实现持续安全；从管理理念上讲，都是强调安全第一、预防为主、综合治理，强调树立责任意识、问题意识和风险意识；从管理内容上讲，都是强化超前防范、风险控制，抓好过程控制和安全风险应急处置，着力于构建安全管理的专业技术管理和保障机制。

铁路安全风险管理与传统安全管理既有联系也有区别。在安全管理模式上，传统安全管理侧重于问题分析，而铁路安全风险管理则更强调问题的超前防范；在安全管理对象上，传统安全管理主要是事故和隐患管理，而铁路安全风险管理则更加强调对问题项点的管理；在安全管理特点上，传统安全管理虽然也强调超前管理、标本兼治，但主要采取的仍然是经验型管理，而铁路安全风险管理则更加重视安全隐患问题的辨识、分级管理，以及预警和预控；传统安全管理注重各级领导干部的安全包干、监督检查和考核，而铁路安全风险管理则更加强调安全的全员参与和持续改进；传统安全管理比较重视责任追究，而铁路安全风险管理则更加强调对事前的风险评估、事中的风险防范和事后风险危害的控制。

由此可见，铁路安全风险管理，是在传统安全管理基础上的升华，是对传统安全管理中合理成分的发展，其目的是实现安全管理的科学化、系统化、标准化和规范化。安全风险管理不是简单的名称上的变化，更不是另外再搞一套，而是在深刻总结铁路安全工作规律、准确把握当前铁路安全特征和变化的基础上，对铁路安全管理长期以来行之有效做法的坚持、管理的完善和新时期新情况对安全工作的创新。因此，推行安全风险管理，既不能与现有安全管理相割裂，更不能脱离现有安全管理另起炉灶，必须把风险管理建立在现有安全管理基础上，引入风险意识，加强风险掌控，优化工作思路，促使现有安全管理更加理性和科学。

1.2.5 铁路客运安全风险管理的基本原则

1. 总体思路

坚持“安全第一、预防为主、综合治理”的方针，全面加强管理基础、过程控制和应急处置，构建全面、全员、全过程的安全风险控制体系，从源头上消除安全隐患，确保运输安全持续稳定，推动铁路安全管理步入规范、高效、有序、可控的良性运行轨道，全面提升铁路安全工作水平。

2. 主要内容

铁路安全风险管理，主要包含安全管理基础工作、安全生产过程控制和应急处置、安全管理责任落实、安全文化建设等方面。推行安全风险管理的关键，就是在现有管理方式的基础上，更加深入地分析安全管理深层次的问题，从加强管理入手，全面加强对安全风险的控制，着手解决安全惯性问题，从源头上消除安全隐患，逐步形成符合铁路实际、具有铁路特色的安全风险控制体系。

3. 基本原则

1）坚持结合实际、创新发展的原则

推行安全风险管理，是对现有安全管理制度的传承和加强，是铁路安全工作在新时期的完善、创新和发展。铁路推行安全风险管理必须从实际出发，不生搬硬套一般的风险管理理论，不人为地划分安全风险等级，通过准确把握铁路安全风险所具有的全系统性、全过程性和易发多变性特点，加强安全风险的动态研判，从安全管理的功能建设上加以控制，从源头上加以解决。

2）坚持规范管理、强化基础的原则

实施安全风险管理的目的，就是要通过加强管理，有效掌控安全风险。各级干部、职工

必须认识到，安全风险表现在现场，但真正的风险源在于管理不规范、责任不落实、考核不到位等管理问题。要正确把握工作思路，坚持从管理源头上解决安全风险控制问题，大力强化安全管理基础，全面落实各项工作职责，努力提升铁路安全管理水平，实现对安全生产全过程的掌控，使生产运行过程处于有序平稳、持续可控状态。

3）坚持系统控制、整体协调的原则

铁路安全风险管理，涉及铁路整个系统的方方面面，必须加强系统控制与整体协调。从中国国家铁路集团有限公司（以下简称国铁集团）、铁路局集团有限公司（以下简称铁路局）到基层站段，从运输系统、建设系统到技术管理系统，从专业管理部门到计划、财务、人事、劳卫、职教等综合管理部门，都必须着眼大局，协同落实安全风险管理要求，承担安全风险管理责任，强化对运输生产各个环节的管理，以及与此相关的“结合部”的安全风险控制和防范，确保铁路运输生产长治久安。

1.2.6　推进铁路安全风险管理的措施

1. 加强安全风险过程控制

实行安全风险管理，加强对安全风险的研判是基础。要突出风险辨识、风险分析、风险评价，加强对高风险环节和岗位的掌控，及时发现并准确研判安全风险，实施对安全风险的科学管控和有效处理，强化过程控制，防止事故的发生。一是全面掌控生产过程中的安全风险。要在原有的安全监督管理信息系统基础上健全综合分析平台，完善涵盖风险管理基本流程和内部控制系统各环节的风险管理信息系统。要确保信息数据和风险量化值的一致性、准确性、及时性、可用性和完整性，确保各层级能够及时全面掌握生产过程中本单位、本部门的风险控制点。针对不同风险，按照设备质量标准和职工作业标准，分系统、分层次制定控制风险和消除风险的措施，并按照“逐级负责、专业负责、分工负责、岗位负责”的要求，把风险责任和风险措施落到各层级、各专业、各工种、各岗位，实现对现场作业的有效控制。二是加强“全员、全方位、全过程、全时段”的安全风险管理。铁路是个大系统，其运输生产过程是由车、机、工、电、辆等多工种、多环节协作完成的，具有设备众多、种类繁多、布局纵横、职工岗位独立分散等特点，为了实现各工种、各环节的协同动作，必须做到严格有效的过程控制。全面推行安全风险管理，涉及安全管理的上上下下、方方面面，只有将安全风险管理责任落实到每一个人、每一个岗位、每一台设备、每一个作业环节，才能实现安全生产管理的全过程控制。三是把安全生产标准化建设作为实现安全风险全过程控制的重要手段。各铁路运输企业要广泛开展安全生产达标建设，实行安全标准化管理，按标准指挥生产，按标准进行作业，减少或避免不安全的行为。四是加强重点安全风险的过程控制。按照中国国家铁路集团有限公司（国铁集团）确定的安全风险控制重点，结合实际，研究制定本单位、本职能部门安全风险的判断标准或判断机制；确定风险控制重点，制定风险管理策略和跨职能部门的重大风险管理解决方案，并抓好安全风险的日常监控，尤其要强化高速铁路安全风险的过程控制，确保万无一失。

2. 加强安全风险管理基础建设

安全风险管理的首要环节是从源头上化解或降低风险。实现安全风险的预先控制、超前防范，因此，安全基础建设尤其关键。

（1）明晰和落实安全管理责任。要完善铁路安全监管体制，建立权责明晰、运转高效、落实到位的铁路安全管理新体制。强化政府安全监管，加大国家铁路局对铁路运输企业安全生产的监管力度，形成权责明确、监管有力、协调顺畅的安全监管格局。确立铁路运输企业市场主体地位，落实铁路局集团有限公司（简称铁路局）的安全主体责任，严格落实各级安全生产责任制。各专业管理部门要切实加强专业管理。

（2）全面提升设备质量水平。要加强物资采购管理，建立公开透明的物资采购机制。规范铁路专用设备准入管理，健全铁路产品技术标准，引入第三方认证，确保设备质量可靠。严格落实新线验收标准和开通运营条件，实行新建铁路开通运营“六不准”，坚决把工程质量隐患解决在运营之前。完善设备检修技术标准和作业流程，加强日常检查监测和养护维修，确保设备运行稳定可靠。

（3）加强人员管理。要加强重点岗位人员的准入管理，认真落实高速铁路主要工种和关键专业技术岗位人员的任职资格条件，严格执行人员选拔与任用制度，优化主要工种队伍结构和劳动组织。加大对相关人员的培训力度，切实提高培训质量，全面提升职工队伍素质。

（4）加强安全生产法治建设。要加大安全执法力度，净化铁路安全环境。加强规章制度建设，规范规章制度管理，尽快完善以高速铁路为重点的技术标准和作业规程，形成科学严密、规范有效的安全管理制度体系。

3. 有效处置和消除安全风险

实行安全风险管理，目的是消除风险。必须根据风险因素的不同层次与类别确定风险偏好和风险承受度，并据此确定风险的预警线及相应的对策。

（1）有效处置和消除安全风险。要对各类安全风险实行分类管理，科学制定管控措施，实行闭环管理，以实现良性循环。突出高风险环节和关键岗位的管理，坚持把旅客安全作为铁路安全的重中之重，把加强安全管理作为各项工作的重中之重，把抓落实作为加强安全管理的重中之重，确保各项安全措施不折不扣地落到实处，保证高速铁路的绝对安全。

（2）做好安全风险应急处置。要完善和规范安全问题快速报告制度，完善问题快速响应制度，建立问题快速阻断制度。完善应急救援处置预案，明确处置流程、处置措施和职责分工，做到简明实用、便于操作。同时要完善国铁集团、铁路局、站段三级应急救援网络，健全应急救援设施，加强应急救援培训和演练，做到应急有备、响应及时、处置高效，规范有序地做好事故调查处理等工作。及时、准确、权威地发布相关信息，正确引导舆论。

（3）建立健全安全风险管理考核机制。要有序推行安全风险管理，开展好考核评估工作，对安全风险管控实行有效的监督，提高安全风险管理的效能。

4. 大力加强安全文化建设

推行安全风险管理的前提是增强安全风险意识。文化的力量对意识的作用是巨大的。要通过加强安全文化建设，让“安全是铁路工作的生命线，是铁路的‘饭碗工程’”“安全不好是最大的失职，没有安全就没有一切”等安全理念，成为广大干部职工的共同安全价值观，成为广大干部职工自觉行动的动力。

（1）利用各种教育手段，广泛开展安全风险意识、安全责任意识和安全发展理念教育，引导干部职工把确保人民生命财产安全作为天职，牢固树立起“安全生产大如天”的安全价值观。把安全风险意识根植于思想深处，贯穿到运输生产的全过程，增强干部职工加强安全风险控制的内在动力。

（2）适应高速铁路安全工作的要求，细化岗位作业标准、工作流程，完善安全规章和安全风险管理制度，形成规范和固化职工安全作业行为的管理机制和安全防范体系。

（3）立足铁路安全生产实践，注重培养职工的良好作业习惯。坚持把岗位安全竞赛、案例警示宣传、安全法规教育渗透到生产的各岗位、全过程。

（4）大力宣传生产一线的安全先进典型，正面激励，示范引导，鼓励职工自觉遵章守纪、坚持标准化作业。

（5）加强安全文化环境建设，在职工作业场所推行安全格言、安全寄语和安全承诺揭挂，设置和规范安全标志，潜移默化，感染熏陶，不断激发干部职工保安全的工作热情和干劲。

5. 切实加强组织领导

强有力的组织领导，是确保全面推行铁路安全风险管理取得实效的关键。

（1）领导重视。各级领导干部必须带头树立安全发展理念，深刻认识全面推行铁路安全风险管理的极端重要性，把安全风险管理作为提升安全工作科学化水平的重要抓手。

（2）加强组织。加强安全风险管理的组织功能，按照安全风险管理的要求，进一步厘清、落实安全管理中的各级组织、部门的职责、作用、权限，切实保障安全风险管理的顺利实施。

（3）督导推进。各级安全监察管理部门是指导落实安全风险管理的重要力量，要充分发挥安全监督管理队伍的作用，推行安全风险管理。

6. 努力提高素质能力

安全管理是人员、设备、环境的系统管理控制。安全风险控制的主体是广大干部职工，安全风险管理的成效取决于广大干部职工的素质能力。

（1）提高领导干部的安全风险管理能力。推行安全风险管理，领导的态度、水平起着至关重要的作用。各级领导干部要紧密结合安全工作实际，带头学习安全风险管理理论和知识，在工作实践中提高安全管理能力。

（2）加强专业管理人才队伍建设。安全风险管理作为一种现代科学管理方法，安全风险的识别、估计、评价、决策、监控等过程，都离不开专业人员的指导。必须注重专业人员的培养、引进和使用，努力造就一支高素质的安全风险管理人才队伍。

（3）加强安全风险管理知识的培训。利用多种形式，帮助干部职工普及安全风险管理知识，抓好应急情况下的安全处置教育培训，切实提高广大干部职工安全风险控制能力。

7. 搞好安全风险体系建设

全面推行安全风险管理，是新时期铁路安全工作的创新。要以现有安全管理体系框架为基础，构建以风险管理策略、风险管理组织职能、风险管理信息系统和风险管理内控系统等为主要内容的安全风险管理体系。

（1）形成规范的安全生产制度。健全和完善作业规程和行为准则，落实安全责任制，实施安全生产保障措施，严格安全责任追究制度，不断提升安全风险管理的执行力。减少制度性缺陷，避免管理性违章。

（2）建立科学的安全评价体系。根据安全风险程度、生产作业过程中存在的危险情况，建立和完善以安全自查、自纠为主的安全监控、反馈、自我调整机制，采取量化考核、定期考核等措施，规范安全风险管理流程。

（3）加强安全风险管理信息化建设。整合现有网络信息资源，建立健全安全生产管理信息平台，实现专业、精细的实时监控、动态评估和预警响应。完善安全信息数据库，提高数据查询的便捷性和实用性，实现安全风险管理的信息共享。

项目 2

高速铁路安全相关法律法规

思政目标

● 树立运用法治思维和法治方式开展高速铁路安全生产工作的意识。

引导案例

省级铁路安全管理条例：明确禁止高铁霸座、阻挡关门等行为，违法者将处以 500 元至 5 万元罚款

2024 年 7 月 25 日，湖北省十四届人大常委会第十一次会议表决通过了《湖北省铁路安全管理条例》(以下简称《条例》),《条例》于 2024 年 11 月 1 日起施行。

近年来，为确保铁路安全，武铁和沿线地市明确“双段长”等工作机制，不断提升铁路安全环境治理能力和水平。随着铁路快速发展，湖北省铁路沿线特别是高铁运行环境要求更高，铁路安全管理还存在体制机制不够顺畅，责任边界不够清晰等问题。如飘浮物侵限挂网，铁路周边施工影响安全等问题难以有效解决，公众维护铁路安全意识还需提高，执法依据和标准不够充分等。为共保铁路安全，武铁按照国铁集团部署，向湖北省人大常委会报送立法工作计划。经湖北省各地职能部门和相关高校专家、铁路司法机关、铁路基层单位的共同努力,《条例》先后通过湖北省政府常务会和两次省人大常委会审议并表决通过。

《条例》积极回应了人民期盼，明确了母婴、无障碍、适老化、便民通道等设施建设要求；同时规定了在恶劣天气等特殊时段，铁路企业与地方政府部门协同做好站区秩序管控、交通疏解、物资保障等工作。针对影响铁路运输安全的各种因素，特别是高铁运营以来出现的新情况新问题,《条例》在多个条款作出了明确的禁止或限制性规定，列举了烧荒、排污、钻越铁路线路防护设施等 6 类安保区内禁止行为、破坏铁路管理秩序的 6 类禁止行为以及应当征得铁路方同意的 3 类行为，对近年来频发的强占高铁座位、吸烟导致烟雾报警、强闯检票闸门、阻挡关闭车门等行为都予以明确禁止。《条例》进一步明确了法律责任，规定了对违法行为主体处以 500 元至 5 万元不等的罚款。同时明确了铁路监管部门为安保区内禁止性行为的执法主体，公安机关为破坏铁路管理秩序、危害铁路安全行为的执法主体，解决了以往执行缺少依据、处罚缺少标准、管理缺少主体的问题。

《条例》的出台，不仅将实际工作中的好经验、好做法提升为法规内容，而且也加强了与《中华人民共和国铁路法》和《铁路安全管理条例》的衔接，明确了沿线政府和铁路部门铁路安全管理职责，形成了长效管理机制。这对于加强湖北省铁路安全管理，保障铁路安全和畅通，保护人民群众人身和财产安全，具有重要意义。据悉，目前江苏、湖南、四川、重庆、新疆、西藏等 17 个省区市均已出台铁路安全管理地方性法规。

任务 2.1　高速铁路安全相关法律

知识目标

- 掌握与高速铁路运输安全生产有关的法律。

技能目标

- 能够按照高速铁路运输安全的相关法律开展工作；
- 能够养成安全作业习惯。

相关知识

2.1.1 《中华人民共和国铁路法》主要内容

1. 总体要求

（1）为了保障铁路运输和铁路建设的顺利进行，适应社会主义现代化建设和人民生活的需要，制定本法。

（2）本法所称铁路，包括国家铁路、地方铁路、专用铁路和铁路专用线。

国家铁路是指由国务院铁路主管部门管理的铁路。

地方铁路是指由地方人民政府管理的铁路。

专用铁路是指由企业或者其他单位管理，专为本企业或者本单位内部提供运输服务的铁路。

铁路专用线是指由企业或者其他单位管理的与国家铁路或者其他铁路线路接轨的岔线。

（3）国务院铁路主管部门主管全国铁路工作，对国家铁路实行高度集中、统一指挥的运输管理体制，对地方铁路、专用铁路和铁路专用线进行指导、协调、监督和帮助。

国家铁路运输企业行使法律、行政法规授予的行政管理职能。

（4）国家重点发展国家铁路，大力扶持地方铁路的发展。

（5）铁路运输企业必须坚持社会主义经营方向和为人民服务的宗旨，改善经营管理，切实改进路风，提高运输服务质量。

（6）公民有爱护铁路设施的义务。禁止任何人破坏铁路设施，扰乱铁路运输的正常秩序。

（7）铁路沿线地方各级人民政府应当协助铁路运输企业保证铁路运输安全畅通，车站、列车秩序良好，铁路设施完好和铁路建设顺利进行。

（8）国家铁路的技术管理规程，由国务院铁路主管部门制定，地方铁路、专用铁路的技术管理办法，参照国家铁路的技术管理规程制定。

（9）国家鼓励铁路科学技术研究，提高铁路科学技术水平。对在铁路科学技术研究中有显著成绩的单位和个人给予奖励。

2. 铁路运输营业

（1）铁路运输企业应当保证旅客和货物运输的安全，做到列车正点到达。

（2）铁路运输合同是明确铁路运输企业与旅客、托运人之间权利义务关系的协议。

旅客车票、行李票、包裹票和货物运单是合同或者合同的组成部分。

（3）铁路运输企业应当保证旅客按车票载明的日期、车次乘车，并到达目的站。因铁路运输企业的责任造成旅客不能按车票载明的日期、车次乘车的，铁路运输企业应当按照旅客的要求，退还全部票款或者安排改乘到达相同目的站的其他列车。

（4）铁路运输企业应当采取有效措施做好旅客运输服务工作，做到文明礼貌、热情周到，保持车站和车厢内的清洁卫生，提供饮用开水，做好列车上的饮食供应工作。

铁路运输企业应当采取措施，防止对铁路沿线环境的污染。

（5）旅客乘车应当持有效车票。对无票乘车或者持失效车票乘车的，应当补收票款，并按照规定加收票款；拒不交付的，铁路运输企业可以责令其下车。

（6）国家铁路和地方铁路根据发展生产、搞活流通的原则，安排货物运输计划。

对抢险救灾物资和国家规定需要优先运输的其他物资，应予以优先运输。

地方铁路运输的物资需要经由国家铁路运输的，其运输计划应当纳入国家铁路的运输计划。

（7）铁路运输企业应当按照合同约定的期限或者国务院铁路主管部门规定的期限，将货物、包裹、行李运到目的站；逾期运到的，铁路运输企业应当支付违约金。

铁路运输企业逾期三十日仍未将货物、包裹、行李交付收货人或者旅客的，托运人、收货人或者旅客有权按货物、包裹、行李灭失向铁路运输企业要求赔偿。

（8）铁路运输企业应当对承运的货物、包裹、行李自接受承运时起到交付时止发生的灭失、短少、变质、污染或者损坏，承担赔偿责任：

① 托运人或者旅客根据自愿申请办理保价运输的，按照实际损失赔偿，但最高不超过保价额。

② 未按保价运输承运的，按照实际损失赔偿，但最高不超过国务院铁路主管部门规定的赔偿限额；如果损失是由于铁路运输企业的故意或者重大过失造成的，不适用赔偿限额的规定，按照实际损失赔偿。

托运人或者旅客根据自愿可以向保险公司办理货物运输保险，保险公司按照保险合同的约定承担赔偿责任。

托运人或者旅客根据自愿，既可以办理保价运输，也可以办理货物运输保险；还可以既不办理保价运输，也不办理货物运输保险。不得以任何方式强迫办理保价运输或者货物运输保险。

（9）由于下列原因造成的货物、包裹、行李损失的，铁路运输企业不承担赔偿责任：

① 不可抗力。

② 货物或者包裹、行李中的物品本身的自然属性，或者合理损耗。

③ 托运人、收货人或者旅客的过错。

（10）托运人应当如实填报托运单，铁路运输企业有权对填报的货物和包裹的品名、重量、数量进行检查。经检查，申报与实际不符的，检查费用由托运人承担；申报与实际相符的，检查费用由铁路运输企业承担，因检查对货物和包裹中的物品造成的损坏由铁路运输企业赔偿。

托运人因申报不实而少交的运费和其他费用应当补交，铁路运输企业按照国务院铁路主管部门的规定加收运费和其他费用。

（11）托运货物需要包装的，托运人应当按照国家包装标准或者行业包装标准包装；没有国家包装标准或者行业包装标准的，应当妥善包装，使货物在运输途中不因包装原因而受损坏。

铁路运输企业对承运的容易腐烂变质的货物和活动物，应当按照国务院铁路主管部门的规定和合同的约定，采取有效的保护措施。

（12）货物、包裹、行李到站后，收货人或者旅客应当按照国务院铁路主管部门规定的期限及时领取，并支付托运人未付或者少付的运费和其他费用；逾期领取的，收货人或者旅客应当按照规定交付保管费。

（13）自铁路运输企业发出领取货物通知之日起满三十日仍无人领取的货物，或者收货人书面通知铁路运输企业拒绝领取的货物，铁路运输企业应当通知托运人，托运人自接到通知之日起满三十日未做答复的，由铁路运输企业变卖；所得价款在扣除保管等费用后尚有余款的，应当退还托运人，无法退还、自变卖之日起一百八十日内托运人又未领回的，上缴国库。

自铁路运输企业发出领取通知之日起满九十日仍无人领取的包裹或者到站后满九十日仍无人领取的行李，铁路运输企业应当公告，公告满九十日仍无人领取的，可以变卖；所得价款在扣除保管等费用后尚有余款的，托运人、收货人或者旅客可以自变卖之日起一百八十日内领回，逾期不领回的，上缴国库。

对危险物品和规定限制运输的物品，应当移交公安机关或者有关部门处理，不得自行变卖。

对不宜长期保存的物品，可以按照国务院铁路主管部门的规定缩短处理期限。

（14）因旅客、托运人或者收货人的责任给铁路运输企业造成财产损失的，由旅客、托运人或者收货人承担赔偿责任。

（15）国家鼓励专用铁路兼办公共旅客、货物运输营业；提倡铁路专用线与有关单位按照协议共用。

专用铁路兼办公共旅客、货物运输营业的，应当报经省、自治区、直辖市人民政府批准。

专用铁路兼办公共旅客、货物运输营业的，适用本法关于铁路运输企业的规定。

注：以下适当略去部分内容。

3. 铁路安全与保护

（1）铁路运输企业必须加强对铁路的管理和保护，定期检查、维修铁路运输设施，保证铁路运输设施完好，保障旅客和货物运输安全。

（2）铁路公安机关和地方公安机关分工负责共同维护铁路治安秩序。车站和列车内的治安秩序，由铁路公安机关负责维护；铁路沿线的治安秩序，由地方公安机关和铁路公安机关共同负责维护，以地方公安机关为主。

（3）电力主管部门应当保证铁路牵引用电以及铁路运营用电中重要负荷的电力供应。铁路运营用电中重要负荷的供应范围由国务院铁路主管部门和国务院电力主管部门商定。

（4）铁路线路两侧地界以外的山坡地由当地人民政府作为水土保持的重点进行整治。铁路隧道顶上的山坡地由铁路运输企业协助当地人民政府进行整治。铁路地界以内的山坡地由铁路运输企业进行整治。

（5）在铁路线路和铁路桥梁、涵洞两侧一定距离内，修建山塘、水库、堤坝，开挖河道、干渠，采石挖砂，打井取水，影响铁路路基稳定或者危害铁路桥梁、涵洞安全的，由县级以上地方人民政府责令停止建设或者采挖、打井等活动，限期恢复原状或者责令采取必要的安全防护措施。

在铁路线路上架设电力、通信线路，埋置电缆、管道设施，穿凿通过铁路路基的地下坑道，必须经铁路运输企业同意，并采取安全防护措施。

在铁路弯道内侧、平交道口和人行过道附近，不得修建妨碍行车瞭望的建筑物和种植妨碍行车瞭望的树木。修建妨碍行车瞭望的建筑物的，由县级以上地方人民政府责令限期拆除。种植妨碍行车瞭望的树木的，由县级以上地方人民政府责令有关单位或者个人限期迁移或者修剪、砍伐。

违反前三款的规定，给铁路运输企业造成损失的单位或者个人，应当赔偿损失。

（6）禁止擅自在铁路线路上铺设平交道口和人行过道。

平交道口和人行过道必须按照规定设置必要的标志和防护设施。

行人和车辆通过铁路平交道口和人行过道时，必须遵守有关通行的规定。

（7）运输危险品必须按照国务院铁路主管部门的规定办理，禁止以非危险品品名托运危险品。

禁止旅客携带危险品进站上车。铁路公安人员和国务院铁路主管部门规定的铁路职工，有权对旅客携带的物品进行运输安全检查。实施运输安全检查的铁路职工应当佩戴执勤标志。

危险品的品名由国务院铁路主管部门规定并公布。

（8）对损毁、移动铁路信号装置及其他行车设施或者在铁路线路上放置障碍物的，铁路职工有权制止，可以扭送公安机关处理。

（9）禁止偷乘货车、攀附行进中的列车或者击打列车。对偷乘货车、攀附行进中的列车或者击打列车的，铁路职工有权制止。

（10）禁止在铁路线路上行走、坐卧。对在铁路线路上行走、坐卧的，铁路职工有权制止。

（11）禁止在铁路线路两侧二十米以内或者铁路防护林地内放牧。对在铁路线路两侧二十米以内或者铁路防护林地内放牧的，铁路职工有权制止。

（12）对聚众拦截列车或者聚众冲击铁路行车调度机构的，铁路职工有权制止；不听制止的，公安人员现场负责人有权命令解散；拒不解散的，公安人员现场负责人有权依照国家有关规定采取必要手段强行驱散，并对拒不服从的人员强行带离现场或者予以拘留。

（13）对哄抢铁路运输物资的，铁路职工有权制止，可以扭送公安机关处理；现场公安人员可以予以拘留。

（14）在列车内，寻衅滋事，扰乱公共秩序，危害旅客人身、财产安全的，铁路职工有权制止，铁路公安人员可以予以拘留。

（15）在车站和旅客列车内，发生法律规定需要检疫的传染病时，由铁路卫生检疫机构进行检疫；根据铁路卫生检疫机构的请求，地方卫生检疫机构应予以协助。货物运输的检疫，依照国家规定办理。

（16）发生铁路交通事故，铁路运输企业应当依照国务院和国务院有关主管部门关于事故调查处理的规定办理，并及时恢复正常行车，任何单位和个人不得阻碍铁路线路开通和列车运行。

（17）因铁路行车事故及其他铁路运营事故造成人身伤亡的，铁路运输企业应当承担赔偿责任；如果人身伤亡是因不可抗力或者由于受害人自身的原因造成的，铁路运输企业不承担赔偿责任。

违章通过平交道口或者人行过道，或者在铁路线路上行走、坐卧造成的人身伤亡，属于受害人自身的原因造成的人身伤亡。

（18）国家铁路的重要桥梁和隧道，由中国人民武装警察部队负责守卫。

4. 法律责任

（1）违反本法规定，携带危险品进站上车或者以非危险品品名托运危险品，导致发生重大事故的，依照刑法有关规定追究刑事责任。企业事业单位、国家机关、社会团体犯本款罪的，处以罚金，对其主管人员和直接责任人员依法追究刑事责任。

携带炸药、雷管或者非法携带枪支子弹、管制刀具进站上车的，依照刑法的有关规定追究刑事责任。

（2）故意损毁、移动铁路行车信号装置或者在铁路线路上放置足以使列车倾覆的障碍物的，依照刑法有关规定追究刑事责任。

（3）盗窃铁路线路上行车设施的零件、部件或者铁路线路上的器材，危及行车安全的，依据其造成后果的严重程度，按刑法的相应规定追究刑事责任。

（4）聚众拦截列车不听制止的，对首要分子和骨干分子依照刑法有关规定追究刑事责任。聚众冲击铁路行车调度机构不听制止的，对首要分子和骨干分子依照刑法有关规定追究刑事责任。

（5）聚众哄抢铁路运输物资的，对首要分子和骨干分子依照刑法有关规定追究刑事责任。

铁路职工与其他人员勾结犯前述罪状的，从重处罚。

（6）在列车内，抢劫旅客财物，伤害旅客的，依照刑法有关规定从重处罚。

在列车内，寻衅滋事，侮辱妇女，情节恶劣的，依照刑法有关规定追究刑事责任；敲诈勒索旅客财物的，依照刑法有关规定追究刑事责任。

（7）倒卖旅客车票数额较大的，依照刑法有关规定追究刑事责任。以倒卖旅客车票为常业的，倒卖数额巨大的或倒卖集团的首要分子，依照刑法有关规定追究刑事责任。铁路职工倒卖旅客车票或者与其他人员勾结倒卖旅客车票的，依照刑法有关规定追究刑事责任。

（8）违反本法规定，尚不够刑事处罚，应当给予治安管理处罚的，依照治安管理处罚法的规定处罚。

（9）擅自在铁路线路上铺设平交道口、人行过道的，由铁路公安机关或者地方公安机关责令限期拆除，可以并处罚款。

（10）铁路运输企业违反本法规定，多收运费、票款或者旅客、货物运输杂费的，必须将多收的费用退还付款人，无法退还的上缴国库。将多收的费用据为己有或者侵吞私分的，依照刑法有关规定追究刑事责任。

（11）铁路职工利用职务之便走私的，或者与其他人员勾结走私的，依照刑法有关规定追究刑事责任。

（12）铁路职工玩忽职守、违反规章制度造成铁路运营事故的，滥用职权、利用办理运输业务之便牟取私利的，给予行政处分；情节严重、构成犯罪的，依照刑法有关规定追究刑事责任。

2.1.2 《中华人民共和国安全生产法》总则

本书介绍《中华人民共和国安全生产法》总则部分内容。对其他条款感兴趣的读者可直接参考《中华人民共和国安全生产法》。

（1）为了加强安全生产工作，防止和减少生产安全事故，保障人民群众生命和财产安全，促进经济社会持续健康发展，制定本法。

（2）在中华人民共和国领域内从事生产经营活动的单位（以下统称生产经营单位）的安全生产，适用本法；有关法律、行政法规对消防安全和道路交通安全、铁路交通安全、水上交通安全、民用航空安全以及核与辐射安全、特种设备安全另有规定的，适用其规定。

（3）安全生产工作坚持中国共产党的领导。

安全生产工作应当以人为本，坚持人民至上、生命至上，把保护人民生命安全摆在首位，树牢安全发展理念，坚持安全第一、预防为主、综合治理的方针，从源头上防范化解重大安全风险。安全生产工作实行管行业必须管安全、管业务必须管安全、管生产经营必须管安全，强化和落实生产经营单位主体责任与政府监管责任，建立生产经营单位负责、职工参与、政府监管、行业自律和社会监督的机制。

（4）生产经营单位必须遵守本法和其他有关安全生产的法律、法规，加强安全生产管理，建立健全全员安全生产责任制和安全生产规章制度，加大对安全生产资金、物资、技术、人员的投入保障力度，改善安全生产条件，加强安全生产标准化、信息化建设，构建安全风险分级管控和隐患排查治理双重预防机制，健全风险防范化解机制，提高安全生产水平，确保安全生产。

平台经济等新兴行业、领域的生产经营单位应当根据本行业、领域的特点，建立健全并落实全员安全生产责任制，加强从业人员安全生产教育和培训，履行本法和其他法律、法规规定的有关安全生产义务。

（5）生产经营单位的主要负责人是本单位安全生产第一责任人，对本单位的安全生产工作全面负责。其他负责人对职责范围内的安全生产工作负责。

（6）生产经营单位的从业人员有依法获得安全生产保障的权利，并应当依法履行安全生产方面的义务。

（7）工会依法对安全生产工作进行监督。

生产经营单位的工会依法组织职工参加本单位安全生产工作的民主管理和民主监督，维护职工在安全生产方面的合法权益。生产经营单位制定或者修改有关安全生产的规章制度，应当听取工会的意见。

（8）国务院和县级以上地方各级人民政府应当根据国民经济和社会发展规划制定安全生产规划，并组织实施。安全生产规划应当与国土空间规划等相关规划相衔接。

各级人民政府应当加强安全生产基础设施建设和安全生产监管能力建设，所需经费列入本级预算。

县级以上地方各级人民政府应当组织有关部门建立完善安全风险评估与论证机制，按照安全风险管控要求，进行产业规划和空间布局，并对位置相邻、行业相近、业态相似的生产经营单位实施重大安全风险联防联控。

（9）国务院和县级以上地方各级人民政府应当加强对安全生产工作的领导，建立健全安全生产工作协调机制，支持、督促各有关部门依法履行安全生产监督管理职责，及时协调、解决安全生产监督管理中存在的重大问题。

乡镇人民政府和街道办事处，以及开发区、工业园区、港区、风景区等应当明确负责安全生产监督管理的有关工作机构及其职责，加强安全生产监管力量建设，按照职责对本行政区域或者管理区域内生产经营单位安全生产状况进行监督检查，协助人民政府有关部门或者按照授权依法履行安全生产监督管理职责。

（10）国务院应急管理部门依照本法，对全国安全生产工作实施综合监督管理；县级以上地方各级人民政府应急管理部门依照本法，对本行政区域内安全生产工作实施综合监督管理。

国务院交通运输、住房和城乡建设、水利、民航等有关部门依照本法和其他有关法律、行政法规的规定，在各自的职责范围内对有关行业、领域的安全生产工作实施监督管理；县级以上地方各级人民政府有关部门依照本法和其他有关法律、法规的规定，在各自的职责范围内对有关行业、领域的安全生产工作实施监督管理。对新兴行业、领域的安全生产监督管理职责不明确的，由县级以上地方各级人民政府按照业务相近的原则确定监督管理部门。

应急管理部门和对有关行业、领域的安全生产工作实施监督管理的部门，统称负有安全生产监督管理职责的部门。负有安全生产监督管理职责的部门应当相互配合、齐抓共管、信息共享、资源共用，依法加强安全生产监督管理工作。

（11）国务院有关部门应当按照保障安全生产的要求，依法及时制定有关的国家标准或者行业标准，并根据科技进步和经济发展适时修订。

生产经营单位必须执行依法制定的保障安全生产的国家标准或者行业标准。

（12）国务院有关部门按照职责分工负责安全生产强制性国家标准的项目提出、组织起草、征求意见、技术审查。国务院应急管理部门统筹提出安全生产强制性国家标准的立项计划。国务院标准化行政主管部门负责安全生产强制性国家标准的立项、编号、对外通报和授权批准发布工作。国务院标准化行政主管部门、有关部门依据法定职责对安全生产强制性国家标准的实施进行监督检查。

（13）各级人民政府及其有关部门应当采取多种形式，加强对有关安全生产的法律、法规和安全生产知识的宣传，增强全社会的安全生产意识。

（14）有关协会组织依照法律、行政法规和章程，为生产经营单位提供安全生产方面的信息、培训等服务，发挥自律作用，促进生产经营单位加强安全生产管理。

（15）依法设立的为安全生产提供技术、管理服务的机构，依照法律、行政法规和执业准则，接受生产经营单位的委托为其安全生产工作提供技术、管理服务。

生产经营单位委托前款规定的机构提供安全生产技术、管理服务的，保证安全生产的责任仍由本单位负责。

（16）国家实行生产安全事故责任追究制度，依照本法和有关法律、法规的规定，追究生产安全事故责任单位和责任人员的法律责任。

（17）县级以上各级人民政府应当组织负有安全生产监督管理职责的部门依法编制安全生产权力和责任清单，公开并接受社会监督。

（18）国家鼓励和支持安全生产科学技术研究和安全生产先进技术的推广应用，提高安全生产水平。

（19）国家对在改善安全生产条件、防止生产安全事故、参加抢险救护等方面取得显著成绩的单位和个人，给予奖励。

任务 2.2 高速铁路安全相关法规

知识目标

- 掌握高速铁路运输安全生产有关的法规。

技能目标

- 能够按照高速铁路运输安全的相关法规开展工作；
- 能够养成安全作业习惯。

相关知识

2.2.1 铁路安全管理条例

1. 总体要求

（1）为了加强铁路安全管理，保障铁路运输安全和畅通，保护人身安全和财产安全，制定本条例。

（2）铁路安全管理坚持安全第一、预防为主、综合治理的方针。

（3）国务院铁路行业监督管理部门负责全国铁路安全监督管理工作，国务院铁路行业监督管理部门设立的铁路监督管理机构负责辖区内的铁路安全监督管理工作。国务院铁路行业监督管理部门和铁路监督管理机构统称铁路监管部门。

国务院有关部门依照法律和国务院规定的职责，负责铁路安全管理的有关工作。

（4）铁路沿线地方各级人民政府和县级以上地方人民政府有关部门应当按照各自职责，加强保障铁路安全的教育，落实护路联防责任制，防范和制止危害铁路安全的行为，协调和处理保障铁路安全的有关事项，做好保障铁路安全的有关工作。

（5）从事铁路建设、运输、设备制造维修的单位应当加强安全管理，建立健全安全生产管理制度，落实企业安全生产主体责任，设置安全管理机构或者配备安全管理人员，执行保障生产安全和产品质量安全的国家标准、行业标准，加强对从业人员的安全教育培训，保证安全生产所必需的资金投入。

铁路建设、运输、设备制造维修单位的工作人员应当严格执行规章制度，实行标准化作业，保证铁路安全。

（6）铁路监管部门、铁路运输企业等单位应当按照国家有关规定制定突发事件应急预案，并组织应急演练。

（7）禁止扰乱铁路建设、运输秩序。禁止损坏或者非法占用铁路设施设备、铁路标志和铁路用地。

任何单位或者个人发现损坏或者非法占用铁路设施设备、铁路标志、铁路用地以及其他影响铁路安全的行为，有权报告铁路运输企业，或者向铁路监管部门、公安机关或者其他有关部门举报。接到报告的铁路运输企业、接到举报的部门应当根据各自职责及时处理。

对维护铁路安全做出突出贡献的单位或者个人，按照国家有关规定给予表彰奖励。

2. 铁路建设质量安全

（1）铁路建设工程的勘察、设计、施工、监理以及建设物资、设备的采购，应当依法进行招标。

（2）从事铁路建设工程勘察、设计、施工、监理活动的单位应当依法取得相应资质，并在其资质等级许可的范围内从事铁路工程建设活动。

（3）铁路建设单位应当选择具备相应资质等级的勘察、设计、施工、监理单位进行工程建设，并对建设工程的质量安全进行监督检查，制作检查记录留存备查。

（4）铁路建设工程的勘察、设计、施工、监理应当遵守法律、行政法规关于建设工程质量和安全管理的规定，执行国家标准、行业标准和技术规范。

铁路建设工程的勘察、设计、施工单位依法对勘察、设计、施工的质量负责，监理单位依法对施工质量承担监理责任。

高速铁路和地质构造复杂的铁路建设工程实行工程地质勘察监理制度。

（5）铁路建设工程的安全设施应当与主体工程同时设计、同时施工、同时投入使用。安全设施投资应当纳入建设项目概算。

（6）铁路建设工程使用的材料、构件、设备等产品，应当符合有关产品质量的强制性国家标准、行业标准。

（7）铁路建设工程的建设工期，应当根据工程地质条件、技术复杂程度等因素，按照国家标准、行业标准和技术规范合理确定、调整。

任何单位和个人不得违反前款规定要求铁路建设、设计、施工单位压缩建设工期。

（8）铁路建设工程竣工，应当按照国家有关规定组织验收，并由铁路运输企业进行运营安全评估。经验收、评估合格，符合运营安全要求的，方可投入运营。

（9）在铁路线路及其邻近区域进行铁路建设工程施工，应当执行铁路营业线施工安全管理规定。铁路建设单位应当会同相关铁路运输企业和工程设计、施工单位制定安全施工方案，按照方案进行施工。施工完毕应当及时清理现场，不得影响铁路运营安全。

（10）新建、改建设计开行时速 120 公里以上列车的铁路或者设计运输量达到国务院铁路行业监督管理部门规定的较大运输量标准的铁路，需要与道路交叉的，应当设置立体交叉设施。

新建、改建高速公路、一级公路或者城市道路中的快速路，需要与铁路交叉的，应当设置立体交叉设施，并优先选择下穿铁路的方案。

已建成的属于前两款规定情形的铁路、道路为平面交叉的，应当逐步改造为立体交叉。

新建、改建高速铁路需要与普通铁路、道路、渡槽、管线等设施交叉的，应当优先选择高速铁路上跨方案。

（11）设置铁路与道路立体交叉设施及其附属安全设施所需费用的承担，按照下列原则确定：

① 新建、改建铁路与既有道路交叉的，由铁路方承担建设费用；道路方要求超过既有道路建设标准建设所增加的费用，由道路方承担；

② 新建、改建道路与既有铁路交叉的，由道路方承担建设费用；铁路方要求超过既有铁

路线路建设标准建设所增加的费用，由铁路方承担；

③ 同步建设的铁路和道路需要设置立体交叉设施以及既有铁路道口改造为立体交叉的，由铁路方和道路方按照公平合理的原则分担建设费用。

（12）铁路与道路立体交叉设施及其附属安全设施竣工验收合格后，应当按照国家有关规定移交有关单位管理、维护。

（13）专用铁路、铁路专用线需要与公用铁路网接轨的，应当符合国家有关铁路建设、运输的安全管理规定。

3. 铁路专用设备质量安全

（1）设计、制造、维修或者进口新型铁路机车车辆，应当符合国家标准、行业标准，并分别向国务院铁路行业监督管理部门申请领取型号合格证、制造许可证、维修许可证或者进口许可证，具体办法由国务院铁路行业监督管理部门制定。

铁路机车车辆的制造、维修、使用单位应当遵守有关产品质量的法律、行政法规以及国家其他有关规定，确保投入使用的机车车辆符合安全运营要求。

（2）生产铁路道岔及其转辙设备、铁路信号控制软件和控制设备、铁路通信设备、铁路牵引供电设备的企业，应当符合下列条件并经国务院铁路行业监督管理部门依法审查批准：

① 有按照国家标准、行业标准检测、检验合格的专业生产设备；

② 有相应的专业技术人员；

③ 有完善的产品质量保证体系和安全管理制度；

④ 法律、行政法规规定的其他条件。

（3）铁路机车车辆以外的直接影响铁路运输安全的铁路专用设备，依法应当进行产品认证的，经认证合格方可出厂、销售、进口、使用。

（4）用于危险化学品和放射性物品运输的铁路罐车、专用车辆以及其他容器的生产和检测、检验，依照有关法律、行政法规的规定执行。

（5）用于铁路运输的安全检测、监控、防护设施设备，集装箱和集装化用具等运输器具，专用装卸机械、索具、篷布、装载加固材料或者装置，以及运输包装、货物装载加固等，应当符合国家标准、行业标准和技术规范。

（6）铁路机车车辆以及其他铁路专用设备存在缺陷，即由于设计、制造、标识等原因导致同一批次、型号或者类别的铁路专用设备普遍存在不符合保障人身、财产安全的国家标准、行业标准的情形或者其他危及人身、财产安全的不合理危险的，应当立即停止生产、销售、进口、使用；设备制造者应当召回缺陷产品，采取措施消除缺陷。具体办法由国务院铁路行业监督管理部门制定。

4. 铁路线路安全

（1）铁路线路两侧应当设立铁路线路安全保护区。铁路线路安全保护区的范围，从铁路线路路堤坡脚、路堑坡顶或者铁路桥梁（含铁路、道路两用桥，下同）外侧起向外的距离分别为：

① 城市市区高速铁路为 10 米，其他铁路为 8 米；

② 城市郊区居民居住区高速铁路为 12 米，其他铁路为 10 米；

③ 村镇居民居住区高速铁路为 15 米，其他铁路为 12 米；

④ 其他地区高速铁路为 20 米，其他铁路为 15 米。

以上规定距离不能满足铁路运输安全保护需要的，由铁路建设单位或者铁路运输企业提出方案，铁路监督管理机构或者县级以上地方人民政府依照相关规定程序划定。

在铁路用地范围内划定铁路线路安全保护区的，由铁路监督管理机构组织铁路建设单位或者铁路运输企业划定并公告。在铁路用地范围外划定铁路线路安全保护区的，由县级以上地方人民政府根据保障铁路运输安全和节约用地的原则，组织有关铁路监督管理机构、县级以上地方人民政府国土资源等部门划定并公告。

铁路线路安全保护区与公路建筑控制区、河道管理范围、水利工程管理和保护范围、航道保护范围或者石油、电力以及其他重要设施保护区重叠的，由县级以上地方人民政府组织有关部门依照法律、行政法规的规定协商划定并公告。

新建、改建铁路的铁路线路安全保护区范围，应当自铁路建设工程初步设计批准之日起30日内，由县级以上地方人民政府依照本条例的规定划定并公告。铁路建设单位或者铁路运输企业应当根据工程竣工资料进行勘界，绘制铁路线路安全保护区平面图，并根据平面图设立标桩。

（2）设计开行时速120公里以上列车的铁路应当实行全封闭管理。铁路建设单位或者铁路运输企业应当按照国务院铁路行业监督管理部门的规定在铁路用地范围内设置封闭设施和警示标志。

（3）禁止在铁路线路安全保护区内烧荒、放养牲畜、种植影响铁路线路安全和行车瞭望的树木等植物。

禁止向铁路线路安全保护区排污、倾倒垃圾以及其他危害铁路安全的物质。

（4）在铁路线路安全保护区内建造建筑物、构筑物等设施，取土、挖砂、挖沟、采空作业或者堆放、悬挂物品的，应当征得铁路运输企业同意并签订安全协议，遵守保证铁路安全的国家标准、行业标准和施工安全规范，采取措施防止影响铁路运输安全。铁路运输企业应当派员对施工现场实行安全监督。

（5）铁路线路安全保护区内既有的建筑物、构筑物危及铁路运输安全的，应当采取必要的安全防护措施；采取安全防护措施后仍不能保证安全的，依照有关法律的规定拆除。

拆除铁路线路安全保护区内的建筑物、构筑物，清理铁路线路安全保护区内的植物，或者对他人在铁路线路安全保护区内已依法取得的采矿权等合法权利予以限制，给他人造成损失的，应当依法给予补偿或者采取必要的补救措施。但是，拆除非法建设的建筑物、构筑物的除外。

（6）在铁路线路安全保护区及其邻近区域建造或者设置的建筑物、构筑物、设备等，不得进入国家规定的铁路建筑限界。

（7）在铁路线路两侧建造、设立生产、加工、储存或者销售易燃、易爆或者放射性物品等危险物品的场所、仓库，应当符合国家标准、行业标准规定的安全防护距离。

（8）在铁路线路两侧从事采矿、采石或者爆破作业，应当遵守有关采矿和民用爆破的法律法规，符合国家标准、行业标准和铁路安全保护要求。

在铁路线路路堤坡脚、路堑坡顶、铁路桥梁外侧起向外各1 000米范围内，以及在铁路隧道上方中心线两侧各1 000米范围内，确需从事露天采矿、采石或者爆破作业的，应当与铁路运输企业协商一致，依照有关法律法规的规定报县级以上地方人民政府有关部门批准，采取安全防护措施后方可进行。

（9）高速铁路线路路堤坡脚、路堑坡顶或者铁路桥梁外侧起向外各 200 米范围内禁止抽取地下水。

在以上规定范围外，高速铁路线路经过的区域属于地面沉降区域，抽取地下水危及高速铁路安全的，应当设置地下水禁止开采区或者限制开采区，具体范围由铁路监督管理机构会同县级以上地方人民政府水行政主管部门提出方案，报省、自治区、直辖市人民政府批准并公告。

（10）在电气化铁路附近从事排放粉尘、烟尘及腐蚀性气体的生产活动，超过国家规定的排放标准，危及铁路运输安全的，由县级以上地方人民政府有关部门依法责令整改，消除安全隐患。

（11）任何单位和个人不得擅自在铁路桥梁跨越处河道上下游各 1 000 米范围内围垦造田、拦河筑坝、架设浮桥或者修建其他影响铁路桥梁安全的设施。

因特殊原因确需在以上规定的范围内进行围垦造田、拦河筑坝、架设浮桥等活动的，应当进行安全论证，负责审批的机关在批准前应当征求有关铁路运输企业的意见。

（12）禁止在铁路桥梁跨越处河道上下游的下列范围内采砂、淘金：

① 跨河桥长 500 米以上的铁路桥梁，河道上游 500 米，下游 3 000 米；

② 跨河桥长 100 米以上不足 500 米的铁路桥梁，河道上游 500 米，下游 2 000 米；

③ 跨河桥长不足 100 米的铁路桥梁，河道上游 500 米，下游 1 000 米。

有关部门依法在铁路桥梁跨越处河道上下游划定的禁采范围大于以上规定的禁采范围的，按照划定的禁采范围执行。

县级以上地方人民政府水行政主管部门、国土资源主管部门应当按照各自职责划定禁采区域、设置禁采标志，制止非法采砂、淘金行为。

（13）在铁路桥梁跨越处河道上下游各 500 米范围内进行疏浚作业，应当进行安全技术评价，有关河道、航道管理部门应当征求铁路运输企业的意见，确认安全或者采取安全技术措施后，方可批准进行疏浚作业。但是，依法进行河道、航道日常养护、疏浚作业的除外。

（14）铁路、道路两用桥由所在地铁路运输企业和道路管理部门或者道路经营企业定期检查、共同维护，保证桥梁处于安全的技术状态。

铁路、道路两用桥的墩、梁等共用部分的检测、维修由铁路运输企业和道路管理部门或者道路经营企业共同负责，所需费用按照公平合理的原则分担。

（15）铁路的重要桥梁和隧道按照国家有关规定由中国人民武装警察部队负责守卫。

（16）船舶通过铁路桥梁应当符合桥梁的通航净空高度并遵守航行规则。

桥区航标中的桥梁航标、桥柱标、桥梁水尺标由铁路运输企业负责设置、维护，水面航标由铁路运输企业负责设置，航道管理部门负责维护。

（17）下穿铁路桥梁、涵洞的道路应当按照国家标准设置车辆通过限高、限宽标志和限高防护架。城市道路的限高、限宽标志由当地人民政府指定的部门设置并维护，公路的限高、限宽标志由公路管理部门设置并维护。限高防护架在铁路桥梁、涵洞、道路建设时设置，由铁路运输企业负责维护。

机动车通过下穿铁路桥梁、涵洞的道路，应当遵守限高、限宽规定。

下穿铁路涵洞的管理单位负责涵洞的日常管理、维护，防止淤塞、积水。

（18）铁路线路安全保护区内的道路和铁路线路路堑上的道路、跨越铁路线路的道路桥梁，应当按照国家有关规定设置防止车辆以及其他物体进入、坠入铁路线路的安全防护设施和警示标志，并由道路管理部门或者道路经营企业维护、管理。

（19）架设、铺设铁路信号和通信线路、杆塔应当符合国家标准、行业标准和铁路安全防护要求。铁路运输企业、为铁路运输提供服务的电信企业应当加强对铁路信号和通信线路、杆塔的维护和管理。

（20）设置或者拓宽铁路道口、铁路人行过道，应当征得铁路运输企业的同意。

（21）铁路与道路交叉的无人看守道口应当按照国家标准设置警示标志；有人看守道口应当设置移动栏杆、列车接近报警装置、警示灯、警示标志、铁路道口路段标线等安全防护设施。

道口移动栏杆、列车接近报警装置、警示灯等安全防护设施由铁路运输企业设置、维护；警示标志、铁路道口路段标线由铁路道口所在地的道路管理部门设置、维护。

（22）机动车或者非机动车在铁路道口内发生故障或者装载物掉落的，应当立即将故障车辆或者掉落的装载物移至铁路道口停止线以外或者铁路线路最外侧钢轨 5 米以外的安全地点。无法立即移至安全地点的，应当立即报告铁路道口看守人员；在无人看守道口时，应当立即在道口两端采取措施拦停列车，并就近通知铁路车站或者公安机关。

（23）履带车辆等可能损坏铁路设施设备的车辆、物体通过铁路道口，应当提前通知铁路道口管理单位，在其协助、指导下通过，并采取相应的安全防护措施。

（24）在下列地点，铁路运输企业应当按照国家标准、行业标准设置易于识别的警示、保护标志：

① 铁路桥梁、隧道的两端；

② 铁路信号、通信光（电）缆的埋设、铺设地点；

③ 电气化铁路接触网、自动闭塞供电线路和电力贯通线路等电力设施附近易发生危险的地点。

（25）禁止毁坏铁路线路、站台等设施设备和铁路路基、护坡、排水沟、防护林木、护坡草坪、铁路线路封闭网及其他铁路防护设施。

（26）禁止实施下列危及铁路通信、信号设施安全的行为：

① 在埋有地下光（电）缆设施的地面上方进行钻探，堆放重物、垃圾，焚烧物品，倾倒腐蚀性物质；

② 在地下光（电）缆两侧各 1 米的范围内建造、搭建建筑物、构筑物等设施；

③ 在地下光（电）缆两侧各 1 米的范围内挖砂、取土；

④ 在过河光（电）缆两侧各 100 米的范围内挖砂、抛锚或者进行其他危及光（电）缆安全的作业。

（27）禁止实施下列危害电气化铁路设施的行为：

① 向电气化铁路接触网抛掷物品；

② 在铁路电力线路导线两侧各 500 米的范围内升放风筝、气球等空飘物；

③ 攀登铁路电力线路杆塔或者在杆塔上架设、安装其他设施设备；

④ 在铁路电力线路杆塔、拉线周围 20 米范围内取土、打桩、钻探或者倾倒有害化学物品；

⑤ 触碰电气化铁路接触网。

（28）县级以上各级人民政府及其有关部门、铁路运输企业应当依照地质灾害防治法律法规的规定，加强铁路沿线地质灾害的预防、治理和应急处理等工作。

（29）铁路运输企业应当对铁路线路、铁路防护设施和警示标志进行经常性巡查和维护；对巡查中发现的安全问题应当立即处理，不能立即处理的应当及时报告铁路监督管理机构。巡查和处理情况应当记录留存。

5. 铁路运营安全

（1）铁路运输企业应当依照法律、行政法规和国务院铁路行业监督管理部门的规定，制定铁路运输安全管理制度，完善相关作业程序，保障铁路旅客和货物运输安全。

（2）铁路机车车辆的驾驶人员应当参加国务院铁路行业监督管理部门组织的考试，考试合格方可上岗。具体办法由国务院铁路行业监督管理部门制定。

（3）铁路运输企业应当加强铁路专业技术岗位和主要行车工种岗位从业人员的业务培训和安全培训，提高从业人员的业务技能和安全意识。

（4）铁路运输企业应当加强运输过程中的安全防护，使用的运输工具、装载加固设备以及其他专用设施设备应当符合国家标准、行业标准和安全要求。

（5）铁路运输企业应当建立健全铁路设施设备的检查防护制度，加强对铁路设施设备的日常维护检修，确保铁路设施设备性能完好和安全运行。

铁路运输企业的从业人员应当按照操作规程使用、管理铁路设施设备。

（6）在法定假日和传统节日等铁路运输高峰期或者恶劣气象条件下，铁路运输企业应当采取必要的安全应急管理措施，加强铁路运输安全检查，确保运输安全。

（7）铁路运输企业应当在列车、车站等场所公告旅客、列车工作人员以及其他进站人员遵守的安全管理规定。

（8）公安机关应当按照职责分工，维护车站、列车等铁路场所和铁路沿线的治安秩序。

（9）铁路运输企业应当按照国务院铁路行业监督管理部门的规定实施火车票实名购买、查验制度。

实施火车票实名购买、查验制度的，旅客应当凭有效身份证件购票乘车；对车票所记载身份信息与所持身份证件或者真实身份不符的持票人，铁路运输企业有权拒绝其进站乘车。

铁路运输企业应当采取有效措施为旅客实名购票、乘车提供便利，并加强对旅客身份信息的保护。铁路运输企业工作人员不得窃取、泄露旅客身份信息。

（10）铁路运输企业应当依照法律、行政法规和国务院铁路行业监督管理部门的规定，对旅客及其随身携带、托运的行李物品进行安全检查。

从事安全检查的工作人员应当佩戴安全检查标志，依法履行安全检查职责，并有权拒绝不接受安全检查的旅客进站乘车和托运行李物品。

（11）旅客应当接受并配合铁路运输企业在车站、列车实施的安全检查，不得违法携带、夹带管制器具，不得违法携带、托运烟花爆竹、枪支弹药等危险物品或者其他违禁物品。

禁止或者限制携带的物品种类及其数量由国务院铁路行业监督管理部门会同公安机关规定，并在车站、列车等场所公布。

（12）铁路运输托运人托运货物、行李、包裹，不得有下列行为：

① 匿报、谎报货物品名、性质、重量；

② 在普通货物中夹带危险货物，或者在危险货物中夹带禁止配装的货物；

③ 装车、装箱超过规定重量。

（13）铁路运输企业应当对承运的货物进行安全检查，并不得有下列行为：

① 在非危险货物办理站办理危险货物承运手续；

② 承运未接受安全检查的货物；

③ 承运不符合安全规定、可能危害铁路运输安全的货物。

（14）运输危险货物应当依照法律法规和国家其他有关规定使用专用的设施设备，托运人应当配备必要的押运人员和应急处理器材、设备以及防护用品，并使危险货物始终处于押运人员的监管之下；危险货物发生被盗、丢失、泄漏等情况，应当按照国家有关规定及时报告。

（15）办理危险货物运输业务的工作人员和装卸人员、押运人员，应当掌握危险货物的性质、危害特性、包装容器的使用特性和发生意外的应急措施。

（16）铁路运输企业和托运人应当按照操作规程包装、装卸、运输危险货物，防止危险货物泄漏、爆炸。

（17）铁路运输企业和托运人应当依照法律法规和国家其他有关规定包装、装载、押运特殊药品，防止特殊药品在运输过程中被盗、被劫或者丢失。

（18）铁路管理信息系统及其设施的建设和使用，应当符合法律法规和国家其他有关规定的安全技术要求。

铁路运输企业应当建立网络与信息安全应急保障体系，并配备相应的专业技术人员负责网络和信息系统的安全管理工作。

（19）禁止使用无线电台（站）以及其他仪器、装置干扰铁路运营指挥调度无线电频率的正常使用。

铁路运营指挥调度无线电频率受到干扰的，铁路运输企业应当立即采取排查措施并报告无线电管理机构、铁路监管部门；无线电管理机构、铁路监管部门应当依法排除干扰。

（20）电力企业应当依法保障铁路运输所需电力的持续供应，并保证供电质量。

铁路运输企业应当加强用电安全管理，合理配置供电电源和应急自备电源。

遇有特殊情况影响铁路电力供应的，电力企业和铁路运输企业应当按照各自职责及时组织抢修，尽快恢复正常供电。

（21）铁路运输企业应当加强铁路运营食品安全管理，遵守有关食品安全管理的法律法规和国家其他有关规定，保证食品安全。

（22）禁止实施下列危害铁路安全的行为：

① 非法拦截列车、阻断铁路运输；

② 扰乱铁路运输指挥调度机构以及车站、列车的正常秩序；

③ 在铁路线路上放置、遗弃障碍物；

④ 击打列车；

⑤ 擅自移动铁路线路上的机车车辆，或者擅自开启列车车门、违规操纵列车紧急制动设备；

⑥ 拆盗、损毁或者擅自移动铁路设施设备、机车车辆配件、标桩、防护设施和安全标志；

⑦ 在铁路线路上行走、坐卧或者在未设道口、人行过道的铁路线路上通过；

⑧ 擅自进入铁路线路封闭区域或者在未设置行人通道的铁路桥梁、隧道通行；

⑨ 擅自开启、关闭列车的货车阀、盖或者破坏施封状态；

⑩ 擅自开启列车中的集装箱箱门，破坏箱体、阀、盖或者施封状态；

⑪ 擅自松动、拆解、移动列车中的货物装载加固材料、装置和设备；

⑫ 钻车、扒车、跳车；

⑬ 从列车上抛扔杂物；

⑭ 在动车组列车上吸烟或者在其他列车的禁烟区域吸烟；

⑮ 强行登乘或者以拒绝下车等方式强占列车；

⑯ 冲击、堵塞、占用进出站通道或者候车区、站台。

6. 监督检查

（1）铁路监管部门应当对从事铁路建设、运输、设备制造维修的企业执行本条例的情况实施监督检查，依法查处违反本条例规定的行为，依法组织或者参与铁路安全事故的调查处理。

铁路监管部门应当建立企业违法行为记录和公告制度，对违反本条例被依法追究法律责任的从事铁路建设、运输、设备制造维修的企业予以公布。

（2）铁路监管部门应当加强对铁路运输高峰期和恶劣气象条件下运输安全的监督管理，加强对铁路运输的关键环节、重要设施设备的安全状况以及铁路运输突发事件应急预案的建立和落实情况的监督检查。

（3）铁路监管部门和县级以上人民政府安全生产监督管理部门应当建立信息通报制度和运输安全生产协调机制。发现重大安全隐患，铁路运输企业难以自行排除的，应当及时向铁路监管部门和有关地方人民政府报告。地方人民政府获悉铁路沿线有危及铁路运输安全的重要情况，应当及时通报有关的铁路运输企业和铁路监管部门。

（4）铁路监管部门发现安全隐患，应当责令有关单位立即排除。重大安全隐患排除前或者排除过程中无法保证安全的，应当责令从危险区域内撤出人员、设备，停止作业；重大安全隐患排除后方可恢复作业。

（5）实施铁路安全监督检查的人员执行监督检查任务时，应当佩戴标志或者出示证件。任何单位和个人不得阻碍、干扰安全监督检查人员依法履行安全检查职责。

7. 法律责任

（1）铁路建设单位和铁路建设的勘察、设计、施工、监理单位违反本条例关于铁路建设质量安全管理的规定的，由铁路监管部门依照有关工程建设、招标投标管理的法律、行政法规的规定处罚。

（2）铁路建设单位未对高速铁路和地质构造复杂的铁路建设工程实行工程地质勘察监理，或者在铁路线路及其邻近区域进行铁路建设工程施工不执行铁路营业线施工安全管理规定，影响铁路运营安全的，由铁路监管部门责令改正，处10万元以上50万元以下的罚款。

（3）依法应当进行产品认证的铁路专用设备未经认证合格，擅自出厂、销售、进口、使用的，依照《中华人民共和国认证认可条例》的规定处罚。

（4）铁路机车车辆以及其他专用设备制造者未按规定召回缺陷产品，采取措施消除缺陷的，由国务院铁路行业监督管理部门责令改正；拒不改正的，处缺陷产品货值金额 1%以上10%以下的罚款；情节严重的，由国务院铁路行业监督管理部门吊销相应的许可证件。

（5）有下列情形之一的，由铁路监督管理机构责令改正，处2万元以上10万元以下的罚款：

① 用于铁路运输的安全检测、监控、防护设施设备，集装箱和集装化用具等运输器具、

专用装卸机械、索具、篷布、装载加固材料或者装置、运输包装、货物装载加固等，不符合国家标准、行业标准和技术规范；

② 不按照国家有关规定和标准设置、维护铁路封闭设施、安全防护设施；

③ 架设、铺设铁路信号和通信线路、杆塔不符合国家标准、行业标准和铁路安全防护要求，或者未对铁路信号和通信线路、杆塔进行维护和管理；

④ 运输危险货物不依照法律法规和国家其他有关规定使用专用的设施设备。

（6）在铁路线路安全保护区内烧荒、放养牲畜、种植影响铁路线路安全和行车瞭望的树木等植物，或者向铁路线路安全保护区排污、倾倒垃圾以及其他危害铁路安全的物质的，由铁路监督管理机构责令改正，对单位可以处 5 万元以下的罚款，对个人可以处 2 000 元以下的罚款。

（7）未经铁路运输企业同意或者未签订安全协议，在铁路线路安全保护区内建造建筑物、构筑物等设施，取土、挖砂、挖沟、采空作业或者堆放、悬挂物品，或者违反保证铁路安全的国家标准、行业标准和施工安全规范，影响铁路运输安全的，由铁路监督管理机构责令改正，可以处 10 万元以下的罚款。

铁路运输企业未派员对铁路线路安全保护区内施工现场进行安全监督的，由铁路监督管理机构责令改正，可以处 3 万元以下的罚款。

（8）在铁路线路安全保护区及其邻近区域建造或者设置的建筑物、构筑物、设备等进入国家规定的铁路建筑限界，或者在铁路线路两侧建造、设立生产、加工、储存或者销售易燃、易爆或者放射性物品等危险物品的场所、仓库不符合国家标准、行业标准规定的安全防护距离的，由铁路监督管理机构责令改正，对单位处 5 万元以上 20 万元以下的罚款，对个人处 1 万元以上 5 万元以下的罚款。

（9）有下列行为之一的，分别由铁路沿线所在地县级以上地方人民政府水行政主管部门、国土资源主管部门或者无线电管理机构等依照有关水资源管理、矿产资源管理、无线电管理等法律、行政法规的规定处罚：

① 未经批准在铁路线路两侧各 1 000 米范围内从事露天采矿、采石或者爆破作业；

② 在地下水禁止开采区或者限制开采区抽取地下水；

③ 在铁路桥梁跨越处河道上下游各 1 000 米范围内围垦造田、拦河筑坝、架设浮桥或者修建其他影响铁路桥梁安全的设施；

④ 在铁路桥梁跨越处河道上下游禁止采砂、淘金的范围内采砂、淘金；

⑤ 干扰铁路运营指挥调度无线电频率正常使用。

（10）铁路运输企业、道路管理部门或者道路经营企业未履行铁路、道路两用桥检查、维护职责的，由铁路监督管理机构或者上级道路管理部门责令改正；拒不改正的，由铁路监督管理机构或者上级道路管理部门指定其他单位进行养护和维修，养护和维修费用由拒不履行义务的铁路运输企业、道路管理部门或者道路经营企业承担。

（11）机动车通过下穿铁路桥梁、涵洞的道路未遵守限高、限宽规定的，由公安机关依照道路交通安全管理法律、行政法规的规定处罚。

（12）违反铁路道口安全管理相关规定的，由铁路监督管理机构责令改正，处 1 000 元以上 5 000 元以下的罚款。

（13）违反以上相关规定的，由公安机关责令改正，对单位处 1 万元以上 5 万元以下的罚款，对个人处 500 元以上 2 000 元以下的罚款。

（14）铁路运输托运人托运货物、行李、包裹时匿报、谎报货物品名、性质、重量，或者装车、装箱超过规定重量的，由铁路监督管理机构责令改正，可以处 2 000 元以下的罚款；情节较重的，处 2 000 元以上 2 万元以下的罚款；将危险化学品谎报或者匿报为普通货物托运的，处 10 万元以上 20 万元以下的罚款。

铁路运输托运人在普通货物中夹带危险货物，或者在危险货物中夹带禁止配装的货物的，由铁路监督管理机构责令改正，处 3 万元以上 20 万元以下的罚款。

（15）铁路运输托运人运输危险货物未配备必要的应急处理器材、设备、防护用品，或者未按照操作规程包装、装卸、运输危险货物的，由铁路监督管理机构责令改正，处 1 万元以上 5 万元以下的罚款。

（16）铁路运输托运人运输危险货物不按照规定配备必要的押运人员，或者发生危险货物被盗、丢失、泄漏等情况不按照规定及时报告的，由公安机关责令改正，处 1 万元以上 5 万元以下的罚款。

（17）旅客违法携带、夹带管制器具或者违法携带、托运烟花爆竹、枪支弹药等危险物品或者其他违禁物品的，由公安机关依法给予治安管理处罚。

（18）铁路运输企业有下列情形之一的，由铁路监管部门责令改正，处 2 万元以上 10 万元以下的罚款：

① 在非危险货物办理站办理危险货物承运手续；

② 承运未接受安全检查的货物；

③ 承运不符合安全规定、可能危害铁路运输安全的货物；

④ 未按照操作规程包装、装卸、运输危险货物。

（19）铁路监管部门及其工作人员应当严格按照本条例规定的处罚种类和幅度，根据违法行为的性质和具体情节行使行政处罚权，具体办法由国务院铁路行业监督管理部门制定。

（20）铁路运输企业工作人员窃取、泄露旅客身份信息的，由公安机关依法处罚。

（21）从事铁路建设、运输、设备制造维修的单位违反本条例规定，对直接负责的主管人员和其他直接责任人员依法给予处分。

（22）铁路监管部门及其工作人员不依照本条例规定履行职责的，对负有责任的领导人员和直接责任人员依法给予处分。

（23）违反本条例规定，给铁路运输企业或者其他单位、个人财产造成损失的，依法承担民事责任。

违反本条例规定，构成违反治安管理行为的，由公安机关依法给予治安管理处罚；构成犯罪的，依法追究刑事责任。

8. 附则

（1）专用铁路、铁路专用线的安全管理参照本条例的规定执行。

（2）本条例所称高速铁路，是指设计开行时速 250 公里以上（含预留），并且初期运营时速 200 公里以上的客运列车专线铁路。

（3）本条例自 2014 年 1 月 1 日起施行。2004 年 12 月 27 日国务院公布的《铁路运输安全保护条例》同时废止。

2.2.2 铁路交通事故应急救援和调查处理条例

1. 总体要求

（1）为了加强铁路交通事故的应急救援工作，规范铁路交通事故调查处理，减少人员伤亡和财产损失，保障铁路运输安全和畅通，根据《中华人民共和国铁路法》和其他有关法律的规定，制定本条例。

（2）铁路机车车辆在运行过程中与行人、机动车、非机动车、牲畜及其他障碍物相撞，或者铁路机车车辆发生冲突、脱轨、火灾、爆炸等影响铁路正常行车的铁路交通事故（以下简称事故）的应急救援和调查处理，适用本条例。

（3）国务院铁路主管部门应当加强铁路运输安全监督管理，建立健全事故应急救援和调查处理的各项制度，按照国家规定的权限和程序，负责组织、指挥、协调事故的应急救援和调查处理工作。

（4）铁路管理机构应当加强日常的铁路运输安全监督检查，指导、督促铁路运输企业落实事故应急救援的各项规定，按照规定的权限和程序，组织、参与、协调本辖区内事故的应急救援和调查处理工作。

（5）国务院其他有关部门和有关地方人民政府应当按照各自的职责和分工，组织、参与事故的应急救援和调查处理工作。

（6）铁路运输企业和其他有关单位、个人应当遵守铁路运输安全管理的各项规定，防止和避免事故的发生。

事故发生后，铁路运输企业和其他有关单位应当及时、准确地报告事故情况，积极开展应急救援工作，减少人员伤亡和财产损失，尽快恢复铁路正常行车。

（7）任何单位和个人不得干扰、阻碍事故应急救援、铁路线路开通、列车运行和事故调查处理。

2. 事故等级

（1）根据事故造成的人员伤亡、直接经济损失、列车脱轨辆数、中断铁路行车时间等情形，事故等级分为特别重大事故、重大事故、较大事故和一般事故。

（2）有下列情形之一的，为特别重大事故：

① 造成 30 人以上死亡，或者 100 人以上重伤（包括急性工业中毒，下同），或者 1 亿元以上直接经济损失的；

② 繁忙干线客运列车脱轨 18 辆以上并中断铁路行车 48 小时以上的；

③ 繁忙干线货运列车脱轨 60 辆以上并中断铁路行车 48 小时以上的。

（3）有下列情形之一的，为重大事故：

① 造成 10 人以上 30 人以下死亡，或者 50 人以上 100 人以下重伤，或者 5 000 万元以上 1 亿元以下直接经济损失的；

② 客运列车脱轨 18 辆以上的；

③ 货运列车脱轨 60 辆以上的；

④ 客运列车脱轨 2 辆以上 18 辆以下，并中断繁忙干线铁路行车 24 小时以上或者中断其他线路铁路行车 48 小时以上的；

⑤ 货运列车脱轨 6 辆以上 60 辆以下，并中断繁忙干线铁路行车 24 小时以上或者中断其

他线路铁路行车 48 小时以上的。

（4）有下列情形之一的，为较大事故：

① 造成 3 人以上 10 人以下死亡，或者 10 人以上 50 人以下重伤，或者 1 000 万元以上 5 000 万元以下直接经济损失的；

② 客运列车脱轨 2 辆以上 18 辆以下的；

③ 货运列车脱轨 6 辆以上 60 辆以下的；

④ 中断繁忙干线铁路行车 6 小时以上的；

⑤ 中断其他线路铁路行车 10 小时以上的。

（5）造成 3 人以下死亡，或者 10 人以下重伤，或者 1 000 万元以下直接经济损失的，为一般事故。

除前款规定外，国务院铁路主管部门可以对一般事故的其他情形做出补充规定。

（6）本部分所称的“以上”包括本数，所称的“以下”不包括本数。

3. 事故报告

（1）事故发生后，事故现场的铁路运输企业工作人员或者其他人员应当立即报告邻近铁路车站、列车调度员或者公安机关。有关单位和人员接到报告后，应当立即将事故情况报告事故发生地铁路管理机构。

（2）铁路管理机构接到事故报告，应当尽快核实有关情况，并立即报告国务院铁路主管部门；对特别重大事故、重大事故，国务院铁路主管部门应当立即报告国务院并通报国家安全生产监督管理等有关部门。

发生特别重大事故、重大事故、较大事故或者有人员伤亡的一般事故，铁路管理机构还应当通报事故发生地县级以上地方人民政府及其安全生产监督管理部门。

（3）事故报告应当包括下列内容：

① 事故发生的时间、地点、区间（线名、公里、米）、事故相关单位和人员；

② 发生事故的列车种类、车次、部位、计长、机车型号、牵引辆数、吨数；

③ 承运旅客人数或者货物品名、装载情况；

④ 人员伤亡情况，机车车辆、线路设施、道路车辆的损坏情况，对铁路行车的影响情况；

⑤ 事故原因的初步判断；

⑥ 事故发生后采取的措施及事故控制情况；

⑦ 具体救援请求。

事故报告后出现新情况的，应当及时补报。

（4）国务院铁路主管部门、铁路管理机构和铁路运输企业应当向社会公布事故报告值班电话，受理事故报告和举报。

4. 事故应急救援

（1）事故发生后，列车司机或者运转车长应当立即停车，采取紧急处置措施；对无法处置的，应当立即报告邻近铁路车站、列车调度员进行处置。

为保障铁路旅客安全或者因特殊运输需要不宜停车的，可以不停车；但是，列车司机或者运转车长应当立即将事故情况报告邻近铁路车站、列车调度员，接到报告的邻近铁路车站、列车调度员应当立即进行处置。

（2）事故造成中断铁路行车的，铁路运输企业应当立即组织抢修，尽快恢复铁路正常行车；必要时，铁路运输调度指挥部门应当调整运输径路，减少事故影响。

（3）事故发生后，国务院铁路主管部门、铁路管理机构、事故发生地县级以上地方人民政府或者铁路运输企业应当根据事故等级启动相应的应急预案；必要时，成立现场应急救援机构。

（4）现场应急救援机构根据事故应急救援工作的实际需要，可以借用有关单位和个人的设施、设备和其他物资。借用单位使用完毕应当及时归还，并支付适当费用；造成损失的，应当赔偿。

有关单位和个人应当积极支持、配合救援工作。

（5）事故造成重大人员伤亡或者需要紧急转移、安置铁路旅客和沿线居民的，事故发生地县级以上地方人民政府应当及时组织开展救治和转移、安置工作。

（6）国务院铁路主管部门、铁路管理机构或者事故发生地县级以上地方人民政府根据事故救援的实际需要，可以请求当地驻军、武装警察部队参与事故救援。

（7）有关单位和个人应当妥善保护事故现场以及相关证据，并在事故调查组成立后将相关证据移交事故调查组。因事故救援、尽快恢复铁路正常行车需要改变事故现场的，应当做出标记、绘制现场示意图、制作现场视听资料，并做出书面记录。

任何单位和个人不得破坏事故现场，不得伪造、隐匿或者毁灭相关证据。

（8）事故中死亡人员的尸体经法定机构鉴定后，应当及时通知死者家属认领；无法查找死者家属的，按照国家有关规定处理。

5. 事故调查处理

（1）特别重大事故由国务院或者国务院授权的部门组织事故调查组进行调查。

重大事故由国务院铁路主管部门组织事故调查组进行调查。

较大事故和一般事故由事故发生地铁路管理机构组织事故调查组进行调查；国务院铁路主管部门认为必要时，可以组织事故调查组对较大事故和一般事故进行调查。

根据事故的具体情况，事故调查组由有关人民政府、公安机关、安全生产监督管理部门、监察机关等单位派人组成，并应当邀请人民检察院派人参加。事故调查组认为必要时，可以聘请有关专家参与事故调查。

（2）事故调查组应当按照国家有关规定开展事故调查，并在下列调查期限内向组织事故调查组的机关或者铁路管理机构提交事故调查报告：

① 特别重大事故的调查期限为 60 日；

② 重大事故的调查期限为 30 日；

③ 较大事故的调查期限为 20 日；

④ 一般事故的调查期限为 10 日。

事故调查期限自事故发生之日起计算。

（3）事故调查处理，需要委托有关机构进行技术鉴定或者对铁路设备、设施及其他财产损失状况以及中断铁路行车造成的直接经济损失进行评估的，事故调查组应当委托具有国家规定资质的机构进行技术鉴定或者评估。技术鉴定或者评估所需时间不计入事故调查期限。

（4）事故调查报告形成后，报经组织事故调查组的机关或者铁路管理机构同意，事故调查组工作即告结束。组织事故调查组的机关或者铁路管理机构应当自事故调查组工作结束之日起 15 日内，根据事故调查报告，制作事故认定书。

事故认定书是事故赔偿、事故处理以及事故责任追究的依据。

（5）事故责任单位和有关人员应当认真吸取事故教训，落实防范和整改措施，防止事故再次发生。

国务院铁路主管部门、铁路管理机构以及其他有关行政机关应当对事故责任单位和有关人员落实防范和整改措施的情况进行监督检查。

（6）事故的处理情况，除依法应当保密的外，应当由组织事故调查组的机关或者铁路管理机构向社会公布。

6. 事故赔偿

（1）事故造成人身伤亡的，铁路运输企业应当承担赔偿责任；但是人身伤亡是不可抗力或者受害人自身原因造成的，铁路运输企业不承担赔偿责任。

违章通过平交道口或者人行过道，或者在铁路线路上行走、坐卧造成的人身伤亡，属于受害人自身的原因造成的人身伤亡。

（2）事故造成铁路旅客人身伤亡和自带行李损失的，铁路运输企业对每名铁路旅客人身伤亡的赔偿责任限额为人民币 15 万元，对每名铁路旅客自带行李损失的赔偿责任限额为人民币 2 000 元。

（3）事故造成铁路运输企业承运的货物、包裹、行李损失的，铁路运输企业应当依照《中华人民共和国铁路法》的规定承担赔偿责任。

（4）除本条例相关规定外，事故造成其他人身伤亡或者财产损失的，依照国家有关法律、行政法规的规定赔偿。

（5）事故当事人对事故损害赔偿有争议的，可以通过协商解决，或者请求组织事故调查组的机关或者铁路管理机构组织调解，也可以直接向人民法院提起民事诉讼。

7. 法律责任

（1）铁路运输企业及其职工违反法律、行政法规的规定，造成事故的，由国务院铁路主管部门或者铁路管理机构依法追究行政责任。

（2）违反本条例的规定，铁路运输企业及其职工不立即组织救援，或者迟报、漏报、瞒报、谎报事故的，对单位，由国务院铁路主管部门或者铁路管理机构处 10 万元以上 50 万元以下的罚款；对个人，由国务院铁路主管部门或者铁路管理机构处 4 000 元以上 2 万元以下的罚款；属于国家工作人员的，依法给予处分；构成犯罪的，依法追究刑事责任。

（3）违反本条例的规定，国务院铁路主管部门、铁路管理机构以及其他行政机关未立即启动应急预案，或者迟报、漏报、瞒报、谎报事故的，对直接负责的主管人员和其他直接责任人员依法给予处分；构成犯罪的，依法追究刑事责任。

（4）违反本条例的规定，干扰、阻碍事故救援、铁路线路开通、列车运行和事故调查处理的，对单位，由国务院铁路主管部门或者铁路管理机构处 4 万元以上 20 万元以下的罚款；对个人，由国务院铁路主管部门或者铁路管理机构处 2 000 元以上 1 万元以下的罚款；情节严重的，对单位，由国务院铁路主管部门或者铁路管理机构处 20 万元以上 100 万元以下的罚款；对个人，由国务院铁路主管部门或者铁路管理机构处 1 万元以上 5 万元以下的罚款；属于国家工作人员的，依法给予处分；构成违反治安管理行为的，由公安机关依法给予治安管理处罚；构成犯罪的，依法追究刑事责任。

8. 附则

本条例于2007年9月1日起施行。1979年7月16日国务院批准发布的《火车与其他车辆碰撞和铁路路外人员伤亡事故处理暂行规定》和1994年8月13日国务院批准发布的《铁路旅客运输损害赔偿规定》同时废止。

任务2.3 高速铁路安全相关规程、规则和作业标准

知识目标

- 掌握与高速铁路运输安全生产有关的规程、规则和作业标准。

技能目标

- 能够按照高速铁路运输安全的相关规程、规则和作业标准开展工作；
- 能够养成安全作业习惯。

相关知识

2.3.1 确保客运安全的规程、规则

1. 铁路技术管理规程

《铁路技术管理规程》(2014年11月1日，简称《技规》)，是我国铁路技术管理的基本规章。《技规》是铁路各部门、各单位制定各种规程、规范、规则、细则、标准和办法的基本依据，其编制对铁路的基本建设、运输生产和安全管理都起着重要作用。《技规》主要包括总则、技术设备、行车组织、信号显示、附录五个方面的内容。

(1) 总则。总则明确了铁路运输的地位、特点、规程的适用范围、原则等。

(2) 技术设备。技术设备包括基本要求，线路、桥梁及隧道，信号、通信，铁路信息系统，车站及枢纽，机车车辆，供电、给水，房屋建筑，铁路用地九个章节。规定了国家铁路的基本建设、产品制造、验收交接、使用管理及保养维修方面的基本要求和标准。

(3) 行车组织。高速铁路部分的行车组织包括基本要求，编组列车，调度指挥，列车运行，限速管理，调车工作，施工维修，灾害天气行车，设备故障行车，非正常行车组织和救援十个章节。普速铁路部分的行车组织包括基本要求，编组列车、调车工作、行车闭塞和列车运行五个章节。规定了各部门、各单位、各工种在从事铁路运输生产时，必须遵循的基本原则、责任范围、工作方法、作业程序和相互关系。

(4) 信号显示。信号显示包括基本要求，固定信号，移动信号及手信号，信号表示器及标志，听觉信号五个章节。规定了信号的显示方式、使用方法和执行要求。

（5）附录。附录包括附图、附件、缩写词对照表、计量单位符号、词语释义等，规定了铁路建筑限界和机车车辆限界、有关行车凭证和表格的式样、缩写含义、计量单位说明及专业词语释义等。

2.《普速铁路行车组织规则》和《高速铁路行车组织细则》

《普速铁路行车组织规则》（简称《行规》）、《高速铁路行车组织细则》（简称《行细》），是各个铁路局根据《技规》的规定，结合本局行车设备的实际情况和广大职工生产实践经验制定的补充规定。铁路局管内的行车工作除应认真执行《技规》及部颁有关规定外均须按《行规》和《行细》执行。铁路局管内各部门、各单位制定的细则、措施、标准等均不得违反《行规》和《行细》，并要保证安全和有利于提高效率。

3. 车站行车工作细则

《车站行车工作细则》简称《站细》，是车站行车工作组织的基本法规。它是贯彻执行《技规》《行规》《行细》、加强车站技术管理、保证安全生产的重要技术文件，是组织路内外各有关部门协同配合作业的基础，是车站编制、执行日常作业计划，组织接发列车、调车和各项技术作业以及有关技术设备使用的基本法规，是组织查定与执行车站各项技术作业程序、时间标准，计算车站通过能力及改编能力，日常运输生产分析、总结，以及铁路局下达年、月度技术指标任务的重要依据。

4. 铁路交通事故调查处理规则

《铁路交通事故调查处理规则》（2007 年 9 月 1 日起施行，简称《事规》），是根据《铁路交通事故应急救援和调查处理条例》制定的调查和处理铁路行车事故的基本依据，对铁路行车事故的调查处理、定性、定责和统计分析具有鲜明的法规性和权威性。其包括总则、事故等级、事故报告、事故应急救援、事故调查处理、事故赔偿、法律责任、附则八个章节，旨在规范铁路交通事故调查处理，减少人员伤亡和财产损失，保障铁路运输安全和畅通。

5. 铁路交通事故应急救援规则

《铁路交通事故应急救援规则》（2007 年 9 月 1 日起施行），是根据《铁路交通事故应急救援和调查处理条例》及国家有关规定制定的。其包括总则、救援报告、紧急处置、救援响应、现场救援、善后处理、罚则、附录八章内容。从事故发生单位或现场人员的逐级报告，事故相关人员的应急处理，救援组织的救援响应，事故现场的救援组织，以及事故的善后处理等方面进行了较为详细的规定，指导和规范铁路交通事故发生时应急救援工作的开展。

6. 电气化铁路有关人员电气安全规则

《电气化铁路有关人员电气安全规则》是为强化电气化铁路运输安全管理，确保电气化铁路运输安全和人身安全而制定的。

2.3.2 与客运安全密切相关的作业标准

1. 铁路接发列车作业

《铁路接发列车作业》（2020 年 12 月 21 日发布）是国家铁路局发布的铁道行业标准（TB/T 30001—2020），是根据《技规》和不同的信号、闭塞、联锁设备类型和接发列车作业中的经验、问题，对原铁道部发布的作业标准（TB/T 1500.1～1500.8—2009）进行修改后制定的。新标准为适应高速铁路运营和发展，统一了高速铁路调度集中区段车站操作方式下的接发列车作业标准，在保障接发列车安全，提高现场作业效率，满足现场实际需要等方面进行了修订，为国家铁路、地方铁路、专用铁路的接发列车作业安全提供了保障。

2. 铁路调车作业

《铁路调车作业》（2020 年 12 月 21 日发布）是国家铁路局发布的铁道行业标准（TB/T 30002—2020），是根据《技规》规定、调车设备类型和调车作业中的经验与问题，对原有国家技术监督局发布的《铁路调车作业》系列标准（GB/T 7178.1～7178.10—2006）进行修订而成的。其规定了铁路调车作业的基本要求、准备作业、自动化驼峰作业、半自动化驼峰作业、简易驼峰作业、平面牵出线作业、编组列车作业、列车摘挂作业、取送车辆作业、停留车作业，适用于国家铁路、地方铁路、专用铁路及铁路专用线的调车作业。

3. 铁路车机联控作业

《铁路车机联控作业》（2020 年 12 月 21 日发布）是国家铁路局发布的铁道行业标准（TB/T 30003—2020），是根据《技规》规定，列车运行过程中，车务、机务等行车有关人员使用列车无线调度通信设备，联络、提示行车安全信息，确认行车要求过程中总结的经验与问题，对原有国家技术监督局发布的《铁路调车作业》系列标准（GB/T 7178.1～7178.10—2006）进行修订而成的。规定了列车运行过程中涉及的联控使用设备、作业人员、作业程序及用语。

4. 铁路车站行车作业人身安全规定

《铁路车站行车作业人身安全规定》（TG/CW 224—2020）（2020 年 9 月 1 日发布）是中国国家铁路集团有限公司在《铁路车站行车作业人身安全标准》（TB 1699—1985）的基础上，为强化铁路车站行车人员人身安全控制，根据《技规》等有关规定，结合现场设备及作业组织变化而制定的。其主要包括行车作业人身安全通用规定，接发列车作业人身安全规定，调车作业人身安全规定，清扫（扳道）作业人身安全规定等。

素质拓展

党的二十大是在全党全国各族人民迈上全面建设社会主义现代化国家新征程、向第二个百年奋斗目标进军的关键时刻召开的一次十分重要的大会。党的二十大报告指出：国家安全是民族复兴的根基，社会稳定是国家强盛的前提。必须坚定不移地贯彻总体国家安全观，把维护国家安全贯穿党和国家工作各方面全过程，确保国家安全和社会稳定。

贯彻总体国家安全观，把确保铁路安全发展作为首要职责，始终站在国家安全的高度思考和谋划铁路安全工作，统筹发展和安全，坚持问题导向、目标导向和结果导向，坚持人民至上、生命至上，认真履行安全生产职责，强化安全生产专项整治，努力防范和化解铁路安全重大风险，以高质量监管促进铁路行业安全生产水平的提升，维护铁路生产安全持续稳定。

项目 3

现代化铁路安全保障体系——旅客运输全过程安全

思政目标

● 树立现代化铁路安全保障体系的观念，在铁路站车工作中保障旅客运输全过程安全。

引导案例

加快构建京津冀铁路现代化安全保障体系

中国铁路北京局集团有限公司（以下简称北京局集团公司）认真贯彻落实习近平总书记关于安全生产的重要论述和对铁路安全工作的重要指示批示精神，坚持人民至上、生命至上，坚定不移践行总体国家安全观，树牢大安全意识，扎实推进铁路安全基础建设三年行动，从源头上防范和化解重大安全风险，加快构建京津冀铁路现代化安全保障体系。

（1）持续提升本质安全水平。北京局集团公司开展深化安全基础建设三年行动任务攻坚，推动完成制度建设清单 16 项、项目任务清单 76 项、整治工程清单 31 项；制订局集团公司现代化铁路安全保障体系建设方案，分级细化落实措施，深化开展现代化铁路安全保障体系研究，以高水平安全保障高质量发展；加强人员、设备、环境和管理本质安全要素风险防控，以深化标准化规范化建设为载体，坚持不懈抓基层、强基础、固基本。他们通过人防、物防、技防“三位一体”综合施策，补强解决基础性、根源性问题；提升高铁设备可靠性，对运营达到 10 年的京广高铁、津秦高铁开展专项评估；加强高铁差异性沉降处所监测，加强动静态数据分析，实施综合整治，持续推进连续型无砟轨道胀板病害等整治工作。

（2）落实安全万无一失要求。北京局集团公司积极推动由防止事故向超前防控风险转变，将超前防范作为提高事故预防能力的基本原则和主要手段，有针对性地完善工作理念、目标、措施和考核机制；强化自然灾害风险防控，落实超前预警、集中会商、主动避险、果断处置的工作要求。他们突出“超前防”，落实汛期、暴雪、地震等灾害防范措施，加强与气象、水利、地质等部门的协作和预警联动，持续推进防洪三项基础、山区铁路地质灾害风险评估；坚持“主动避”，落实灾害预警会商决策机制，优化列车开行方案，完善雨量警戒制度，遇突发情况果断采取“封、停、绕”及“拦、停、扣”措施；实施“有效抢”，健全完善应急处置和救灾物资调拨工作机制，严防次生灾害。

任务 3.1　现代化铁路安全保障体系概述

知识目标

- 掌握现代化铁路安全保障体系的基础知识。

技能目标

- 能够在实际工作中，按照现代化铁路安全保障体系的理念开展工作。

相关知识

中国铁路坚持以习近平新时代中国特色社会主义思想为指导，不断增强践行安全发展理念的政治自觉，把“时时放心不下”的责任感转化为“事事心中有底”的行动力，坚决确保高铁和旅客列车安全万无一失，坚决守住安全政治红线和职业底线。坚定不移践行总体国家安全观，强化各级领导人员危机意识，加强职工队伍教育管理，更好统筹铁路高质量发展和高水平安全；坚持以高质量党建促进安全生产责任体系建设；坚持从严管理，将思想教育融入安全管理全过程；坚持主动预防、超前防范、源头治理，全面提升铁路风险防范化解能力。深入推进现代化铁路安全保障体系建设，强化大安全意识、构建大应急框架、健全大监督格局，全面提升铁路本质安全水平。进一步加强安全综合保障，强化科技保安全、投入保安全、法治保安全、组织保安全，更好凝聚共保安全的整体合力。

1. 现代化铁路安全保障体系的特征

聚焦中国式现代化目标任务，现代化铁路安全保障体系具有先进性、有效性、系统性、可持续性等属性特征。第一，先进性。坚持守正创新、问题导向和系统观念，传承铁路安全生产各项成熟有效的经验做法，不断吸收先进的管理理念和方法，推广应用成熟先进的物防、技防成果，在治理水平、设备质量、管控能力、素质保障、应急能力等方面始终保持先进性，形成新的突破。第二，有效性。强化人防、物防、技防措施“三位一体”优势叠加，完善安全保障措施，验证评价措施运行效果，以事前预防、事中管控、事后应急等能力的提升，主动适应铁路运输生产的新形势、新变化、新挑战。第三，系统性。遵循安全系统工程原理，运用体系化方法，以安全管理、设备设施、队伍素质、外部环境等本质安全要素为框架，从服务大运输、大安全、大联动、大协同、大应急、大救援的角度构建保障体系，确保安全保障能力与铁路高质量发展相匹配。第四，可持续性。聚焦自我纠正、自我完善的可持续性，突出安全生产各环节的安全冗余、容错纠错等机制措施的优化设计，着力打造“感应—响应—验证—反馈—动态优化”的链条，有针对性地迭代完善保障措施，确保在发生意外、错误或故障时能及时发现和自我修复。

2. 构建现代化铁路安全保障体系的意义

现代化铁路安全保障体系的作用定位是实现本质安全要素能力的全面提升，推动各项安全决策部署有效落实，提升风险感知和管控能力，进一步提高人防、物防、技防措施可靠性，提升铁路运输安全保障能力，确保铁路运输安全持续稳定。

首先，体现在提升能力上。国铁集团党组对构建现代化铁路安全保障体系强调“要提升安全预防和管控能力、应急处置和救援能力”。因此，在构建现代化铁路安全保障体系中，以加强党对铁路安全工作的领导为统领，提升管理基础、设备质量、预防管控、队伍素质、环境治理、应急救援、综合保障等七项能力，全面适应铁路高质量发展需要。

其次，体现在促进落实上。规章制度、作业标准、设备养护、队伍建设、环境治理等各项安全工作部署要有效落实，不单要靠履职尽责，更要形成有针对性的保障措施，如强化预警会商研判、优化运输生产组织流程，加大加密监督检查、加大考核力度等，这些措施有的是长期的，有的是短期的，但都是保障措施，需要系统梳理并提炼固化。

最后，体现在提升安全保障能力上。深化安全基础建设需要久久为功、持续发力，其效果不一定是立竿见影的，而依托安全保障体系可以根据不同时段、不同风险等快速做出反应，具有一定的灵活性和实用性，其效果等同于在安全基础上增加了一道“保险”，既能为运输生产提供安全可靠性，又能为深化安全基础建设“从外向内”带来“探索性的风向标”。

3.1.1 铁路运输安全保障体系的内涵

1. 人员安全保障体系

铁路运输安全保障工作涉及车、机、工、电、辆等各部门，是一项需要协调配合，相互联动的庞大体系。铁路工作人员通过操纵、控制、监督、管理相应设施设备共同完成运输组织工作，并受自然环境和社会环境的共同影响产生交流信息，需要对各种不良天气与设备故障等突发问题作出正确、及时的应急处置。因此，铁路运输工作人员的安全意识是行车安全保障体系发挥作用的前提和基础。

铁路运输工作人员的安全保障要从选拔和教育培训入手。在选拔、录用和升职时，针对“三新”人员能够从多方面测定、分析候选人员的各种能力水平，比如心理素质、性格特征、思想品质、技术业务水平、身体状况等是否适应本岗位行车工作的要求，消除各种事故潜在隐患。在日常工作中，须不断对铁路运输工作人员进行安全教育，牢固树立安全责任意识，进而培养良好的安全动机。可以结合人身安全教育、事故案例和事故预防分析来开展工作，定期召开安全分析例会，对导致事故的各种直接原因和间接原因及其相互间的内在联系进行深入分析，使铁路运输工作人员牢固树立“安全第一”的思想。同时，强化岗位技能培训、岗位实操技能水平、作业标准执行情况直接影响着运输安全。配合比武练功、“三实”演练、“送教上门”等多元培训方式，切实提高铁路运输工作人员“学标、执标、贯标”能力，保证现场作业符合规范，安全生产。最后，还应结合特殊时期、特殊阶段开展专项培训。如“防寒过冬”“汛期防洪”“劳动安全”培训等，对安全教育和岗位培训进行良好的补充。

2. 设施设备安全保障体系

铁路运输设施设备包括移动设备和固定设备，设施设备保障系统的功能是以铁路运输安全、畅通为目标，按照“以设备保安全”的思路，通过监测控制技术及时准确地采集铁路线路及列车运行安全信息，并结合计算机及网络技术，对铁路运输安全相关的各种因素进行全方位监控，再采用一定的安全可靠性模型处理，或是将收集到的安全信息利用数据挖掘手段进行深层次的分析，对安全信息做到及时反馈，使得铁路运输安全有序可控。按照移动设备和固定设备的划分，建立起包括“地对车、车对地、地对地、车对车”四个相互匹配环节的闭路循环监测子系统。一般来说，“地对车”监测子系统包括货物列车超限、超偏载检测、红外线轴温监测、车轮踏面擦伤检测等；“车对地”监测子系统包括轨道动态检测单元（晃车仪）、机车信号记录仪、综合检测车等；“地对地”监测子系统包括车站微机联锁监测、道岔状态监测、轨道电路监测、牵引供电监测、道口安全监测、桥梁和隧道监测等；“车对车”监测子系统包括列尾装置监测、列车运行监控记录装置、机车轴温监测、机车故障监测、列车运行品质动态监测、旅客列车车载安全监测等。铁路运输安全保障体系信息流程如图 3-1 所示。

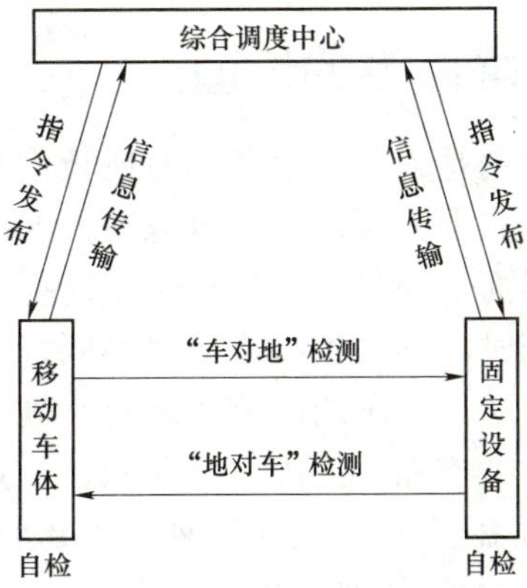

图 3-1　铁路运输安全保障体系信息流程

3. 环境安全保障体系

环境安全保障体系主要针对自然环境及异物侵限对运输安全的影响进行监控和报警，目前我国在普速铁路线路上采用的铁路防灾安全监控系统以及高速铁路线路上应用的铁路自然灾害及异物侵限监测系统，均对铁路沿线风、雨、雪、洪水等自然灾害，隧道、桥梁、变电所等固定设施，以及突发事故的安全监控与报警提供了强有力的支撑，是各级安全指挥中心获取现场情况的重要手段，也为调度指挥工作提供了强有力的支撑。

4. 安全基础管理体系

事故致因理论研究强调：人的不安全行为以及物的不安全状态是致使事故发生的直接因素，而管理失误是导致事故的根本原因。安全管理体系是通过建立相应的规章与管理机制来避免人的不安全行为与物的不安全状态同时出现的，依靠减少现场失误，从而预防事故的发生。

在安全基础管理的过程中，首先要整章建制，一是从工作实际出发结合先进工作经验，建立健全各级各类有关行车安全条例、规定、规章、标准等文件，细化实施和管理制度。根据法律法规修改、新技术引入、作业方法变更等情况及时调整、修改，保证所有在用规章、制度、标准的唯一性、权威性和有效性，为安全管理提供有效依据。二是建立健全安全预防预测、分析预警机制，将责任落实到具体岗位上，有预见性地抓好安全工作的指挥、协调和督查。三是建立适应运输生产组织发生改变的安全管理制度，进一步规范季度安委会、月度安全生产例会、事故分析会等会议和安全重大问题领导督查、专业部门督办制度；四是建立重大危险源、劳动安全重大伤害源和重大行车事故隐患档案库，运用计算机技术实施网上监控。五是健全完善事故和突发事件救援快速反应机制，形成以各专业的救援网点为基础，标准化救援队为核心，高科技装备为技术支撑，严密的应急预案为保证的救援快速反应机制。

在健全安全基础管理的前提下，保障行车安全重在有效地执行和实施。各级干部要强化过程监督和动态监控，进一步修订完善铁路局安全管理逐级负责制及考核办法，建立起各级、各层面层次严明、职责明晰、考核有据的逐级负责制责任落实体系，切实抓好铁路局领导安全逐级负责制述职、处室主要领导述职制度的实施。依靠技术手段和奖励机制保证各级规章制度落实到工作中。

3.1.2 铁路运输安全保障体系的价值

当铁路行车速度较低时，无论是人还是设备都有比较充裕的能力应对事故或突发的偶然事件，依靠设备的技术条件、维修保养标准与限度以及人的操作规范和行为指南，就可以基本保障铁路系统的安全运转。然而，随着列车运行速度的提高、行车密度的增大，系统中所蕴含的不安全因素越来越多。同时，同一类型事故对不同行车速度和行车密度的路网造成的损失大不相同，如侵入物撞击对高速列车的影响较之对常规列车的影响就大得多，而且与高速度相伴而来的是行车密度的大大增加，区段与区段间、站点与站点间的相关性增加，任一站段的事故、停车、运缓都势必影响到其他区间列车的运行。因此，对于现代化铁路的安全而言，除单个列车、区间设备本身的安全外，更着重于整个路网的安全性。随着我国铁路既有线的大面积提速及高速铁路的兴建，保障行车安全的思想、方式、手段必然由局部安全转向整体安全，安全参数的监控由点式静态观测转向连续式动态监测，信息的传输和分析由以人为主向以计算机为主的现代化手段转变，建立统一的行车安全保障体系已呈必然趋势。

3.1.3 铁路运输安全保障体系的构成

铁路运输安全保障体系如图 3–2 所示。

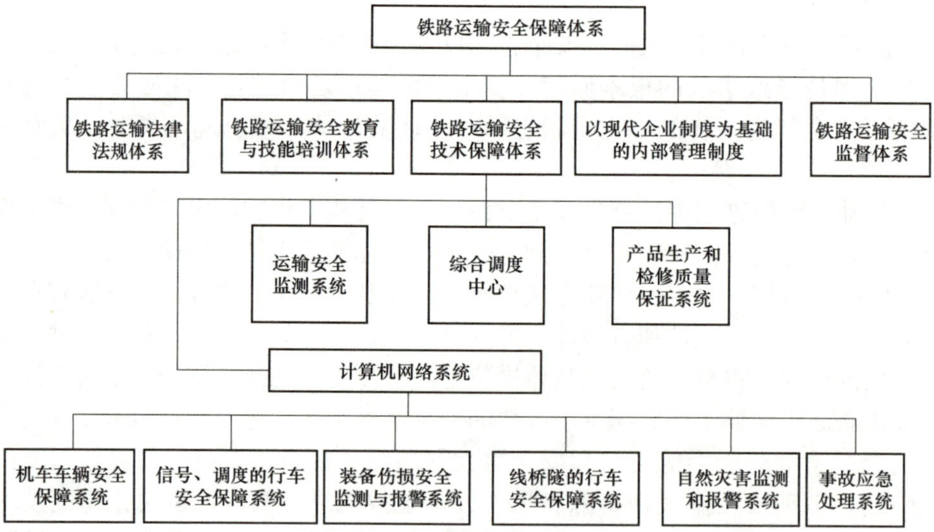

图 3–2 铁路运输安全保障体系

铁路运输安全法律法规体系已在项目 2 中进行了介绍，本项目重点介绍铁路运输安全技术保障体系、铁路运输安全教育与技能培训体系、铁路运输安全监察体系。

任务 3.2　铁路运输安全技术保障体系认知

知识目标

- 掌握铁路运输安全技术保障体系的基础知识。

技能目标

- 能够按铁路运输安全技术保障体系的理念开展实际工作。

相关知识

3.2.1　铁路运输安全技术保障体系的构成

中国铁路进入以高铁为标志的高速发展时期后，铁路安全管理方法已从传统的行政手段、经济手段以及常规的安全监督检查模式，发展到现在的法制手段、科技手段和文化手段等现代化手段，以及系统工程安全管理理论及先进的信息技术、数据通信传输技术、现代控制与传感器技术、材料科学等安全技术实现的安全综合保障系统。保障铁路运输生产安全包括对人员、行车设备、环境等安全主体的检测监控、安全避险、安全防护、灾害防控及应急救援。

铁路运输安全技术保障体系正是保障铁路安全运行、预防和避免事故发生、减少事故造成的损失的一个复杂的大系统。研究和探索铁路安全规律，建立健全铁路运输安全技术保障体系，是确保铁路持续、科学、健康发展的必由之路。

1. 铁路运输安全技术保障体系的构建

铁路运输企业的安全技术保障主要围绕安全事故、突发事件的预防、应急应对能力展开，具体表现为在正常生产状态下积累的组织、资源、预案和信息等应急要素的基础上，对可能发生突发事件的重点环节和部位进行监测预警，在非正常生产状态下，迅速作出反应，密切监控突发事件的发展演化，快速科学决策，进行统一指挥和管理，整合内外部资源，妥善处置突发事件，最大限度地减少人员伤亡和财产损失，关键体现在监测预警、决策指挥和应急处置三个方面，如图 3-3 所示。

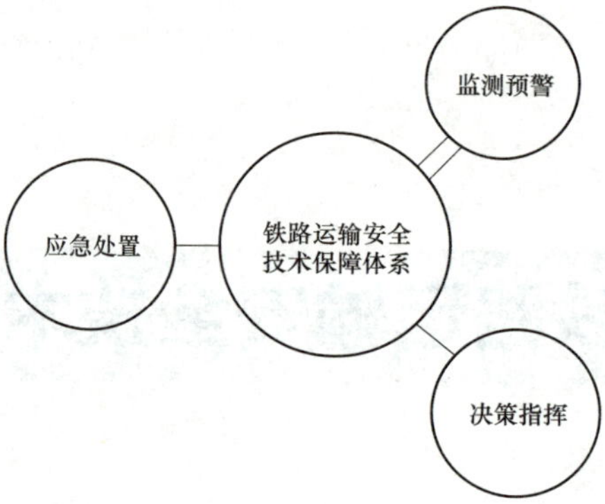

图 3-3　铁路运输安全技术保障体系

监测预警是指为了有效预防突发事件的发生，并努力使突发事件所造成的损失最小化，而对可能发生突发事件的重点环节和部位进行实时观察，在突发事件发生前，根据以往总结的规律或观测到的可能性前兆，发出紧急信号，报告危险情况，以避免突发事件在不知情或准备不足的情况下发生。监测预警的主要工作有突发事件的危险源排查、危险源监测、信息处理分析、风险评估和有效的预警发布。铁路运输企业应该树立“防大于救”的观念，加强突发事件监测预警能力建设，要求在突发事件演变的不同阶段，在可能产生突发事件的关键部位和关键环节上设置警情指标，对可能发生突发事件的各种要素及其所呈现出来的信号和征兆，随时进行严密的动态监测，对其发展趋势和可能发生的事件类型及其危害程度作出科学合理的评估，并向行车指挥人员发出报警。

决策指挥是指在铁路发生突发事件或事故后，在监测预警信息的基础上，明确决策问题和决策目标，分析评价各种应急方案并选择适用的方案，协调组织，调配资源，实施应急方案，跟踪检验并调整方案，直至事件得到控制的动态过程。决策指挥是突发事件应急管理过程中的核心和中枢，是突发事件应对工作中最为重要的环节，负责决策制定、组织协调、资源调配以及信息沟通和反馈，决定处置方案的实施和变动，召集应急专家商讨对策，处理下级对支援工作的请求，协调地区指挥中心的行动。

应急处置是指如何确定应急决策方案，并按照现场应急指挥部的指挥协调指令，迅速聚集到应急处置现场，通过各种方式指挥协调、调动和运用各种应急工具设备和应急物资，通过部门和单位间的联劳协作，实现应急方案的目标。应急处置是一项突发性、抢时间的工作，是综合性的系统工程。

根据以上关键技术要求，为保障铁路运营安全，铁路行车安全技术保障体系的构成主要分为安全监测与预警系统、安全应急决策与指挥系统、安全应急救援和减灾系统。

2. 铁路运输安全技术保障体系的实现

铁路运输安全技术保障体系是以信息技术为手段、以管理为核心的对各类铁路运输事故实现事前预防、事发救援、事后保障的多层次安全保障体系，它基于铁路系统现有的各类信息技术与通信手段来实现对行车安全各类影响因素的监测、处理、管理与控制，以确保整个铁路行车系统的安全有序。

铁路运输安全技术保障体系按照技术规划可划分为三个层次，即管理层、信息层、执行层，铁路运输安全技术保障体系技术结构模型图如图 3-4 所示。

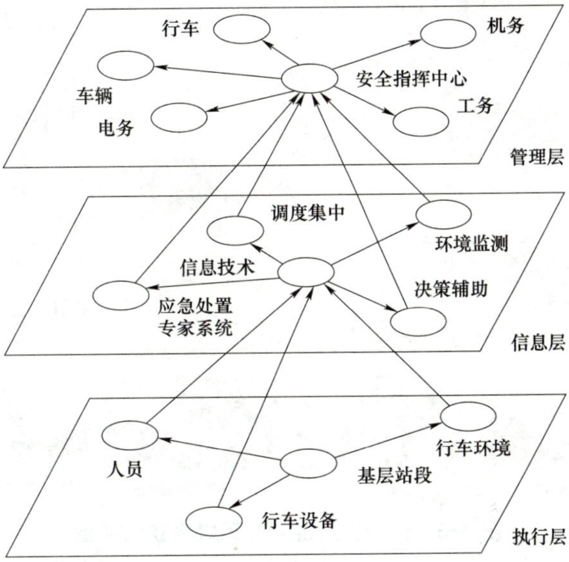

图 3-4　铁路运输安全技术保障体系技术结构模型图

3.2.2　铁路安全监测与预警系统

我国幅员辽阔，地质情况复杂，地震、风暴、洪水、冰雪灾害、冻雨、泥石流、滑坡、沙尘暴等各种自然灾害均可能发生，而自然灾害或突发事件、异物侵限、轨温、地质沉陷等均对列车运行安全提出了挑战。随着我国铁路建设的高速发展，高速铁路列车运行时速普遍达到 200 km 以上，最高运行时速达到 350 km，在列车高速运行的铁路线路上，微小的灾害也可能导致危害国家财产和旅客生命安全的重大事故。

2004 年 12 月 23 日，在国务院组织召开的关于重大基础设施和生命线工程试点方案工作会议上，将铁路列为四个试点单位之一。随着铁路几次大面积提速和高速铁路的蓬勃发展，铁路安全监测与预警系统逐渐完善起来。

铁路安全监测与预警系统旨在保证铁路行车安全，对危及列车运行安全的自然灾害（风、雨、雪、地震等）、异物侵限、突发事件等进行实时监测，采集、汇总各类监测设备的监测信息，实现监测信息的分步获取、集中管理、综合运用，全面掌握灾害动态，提供及时准确的灾害报警和预警功能，依据灾害严重程度立即采取相应的紧急处置措施，防止或减轻因灾害引发的损失，避免次生灾害发生，并为调整运行计划、下达行车管制、抢险救援、维修等工作提供数据基础依据，是现代化铁路运输系统中不可缺少的重要技术保障。

1. 系统构成

铁路安全监测与预警系统由中国国家铁路集团有限公司防灾安全管理和各铁路运输企业防灾安全监控两级系统构成，并与调度指挥、应急救援、行车安全监控、客运服务、综合维修、牵引供电、列车控制、中国气象科学数据共享服务网和国家地震监测网等相关系统进行信息交换和共享，如图 3-5 所示。

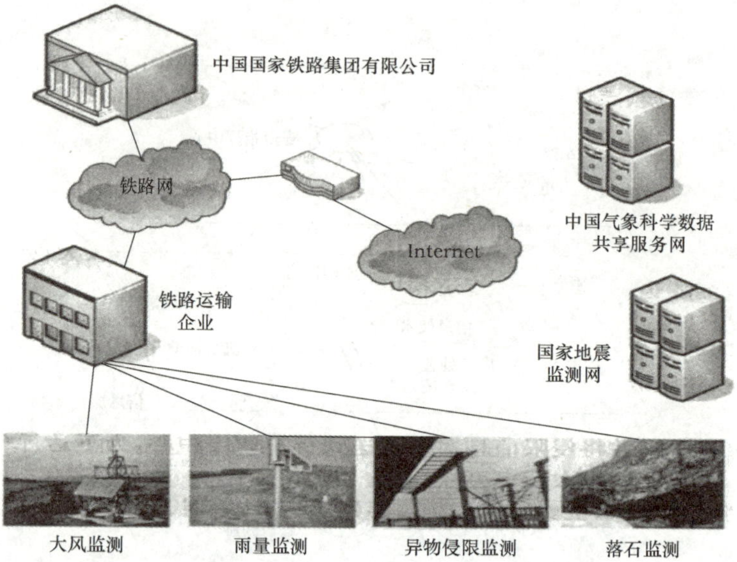

图 3-5 铁路安全监测与预警系统结构图

① 风、雨、雪、地震及异物侵限现场监测点经由相邻 GSM-R 基站、车站通信室通过 2 Mbps 专线通道接入铁路计算机网络，实现与中国国家铁路集团有限公司和铁路运输企业的网络连通。

② 中国国家铁路集团有限公司环境监测与灾害预警系统和各铁路运输企业的环境监测与灾害预警系统分别接入本地生产局域网。

中国气象科学数据共享服务网和国家地震监测网通过 Internet 接入铁路安全信息平台，实现与中国国家铁路集团有限公司和铁路运输企业的网络连通。

2. 系统功能

中国国家铁路集团有限公司铁路安全监测与预警系统构建全路防灾安全管理统一平台，提供防灾安全的宏观管理、信息共享、决策支持分析等功能，具体包括全路监测网布局，报警阈值设置，监测设备选型、运用情况和应急预案管理等，并提供相关基础数据、监测数据等的共享和交换，掌握灾害监测报警和设备运用状态，对各铁路运输企业防灾安全监控系统的运行情况进行监督和指导，通过对全路灾害监测数据分析，为铁路防灾安全监控系统建设提供决策支持服务。

铁路安全监测与预警系统由沿线现场监测点（风、雨、雪、地震灾害及异物侵限监测设备）、监控单元、监控中心和相关系统接口四部分构成，提供自然灾害及突发事件的实时监测、报警和预警功能，实现灾害报警紧急处置，最大限度地减少因灾害导致的损失，防止次生灾害发生。同时，通过对已有灾害监测和报警数据的统计分析，为进一步完善系统设计，优化系统功能提供数据支撑。

（1）实时监控子系统。

实时监控风、雨、雪、地震、异物侵限等报警及监测设备状态信息，提供报警和预警功能，记录处理结果。

（2）综合查询子系统。

提供风速风向仪、雨量计、雪量计、强震仪、感震柜、双电缆传感器、监控单元、服务器、交换机等设备检测和自身状态信息的查询。

（3）统计分析子系统。

通过对监测数据、报警信息及设备状态数据进行统计分析，生成、打印各类报表。

（4）设备管理子系统。

建立系统风速风向仪、雨量计、雪量计、强震仪、感震柜、双电缆传感器、监控单元、服务器、交换机等设备台账，掌握设备运行状态，组织维修和保养。

（5）紧急处置子系统。

提供风、雨、雪、地震等灾害报警阈值和报警级别，并制定各种报警级别所采取的相应紧急处置措施。

（6）系统管理与维护子系统。

提供系统运行的支撑，包括基础字典管理、检测数据接收与校验、与其他系统信息交换、系统参数配置和安全管理、系统运行状态监控、数据转储与备份等。

3. 主要子系统

1）异物侵限监测子系统

外部异物如铁路线路、站台两侧的危树、轻飘垃圾、彩钢瓦等，侵入铁路线路可能会挂断、烧坏铁路供电设备，轻则中断铁路行车，造成列车故障或晚点，重则直接危及行车安全和旅客的生命财产安全。

异物侵限监测子系统（见图3-6）主要用于公铁、铁铁立交桥及其他危险路段落物坠落的监测报警，其具体功能如下。

① 上跨铁路公路桥，监测公路桥上掉下的汽车、自行车和货物等较大物体。

② 在隧道口，监测隧道上方掉下的石块和树木等较大物体。

③ 在高速公路与铁路并行处，监测从公路上冲入的汽车。

④ 在铁路正线线路穿越山区可能发生崩塌、落石等地段，监测正线两侧及上下行线路间是否存在异物侵入铁路限界。

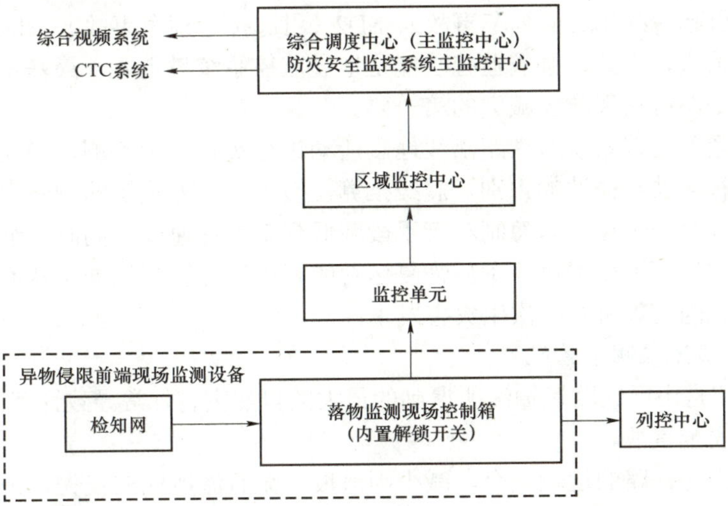

图3-6 异物侵限监测子系统

异物侵限监测子系统是目前异物侵限防灾系统研究、发展的主要形式，一旦发生异物侵限，系统应能及时发出报警，并将侵限信息实时传送到行车调度中心，为下达行车控制、维修管理等指令提供依据，有效避免重大行车事故发生。

目前异物侵限监测技术设备主要有双电缆传感器、光纤传感器、红外线、微波和视频监控等。

2）地震监测子系统

对铁路运输工作而言，在过去列车低速运行的条件下，抗震工作主要关注于基础设施，如桥梁、隧道、路基等的抗震能力。当列车运行速度超过 200 km/h 以后，哪怕是较小震级（里氏 4 级左右）的地震，即使不会对线路结构造成损害，也极有可能会导致列车在高速运行中脱轨，所造成的危害是灾难性的。

地震灾害分为：原生灾害、次生灾害和诱发灾害三种。强震引发铁路可能产生的灾害分析如表 3-1 所示。

表 3-1　强震引发铁路可能产生的灾害分析

原生灾害	状态	引发次生灾害或诱发灾害	状态
OD1	直接脱轨	SD1	引起后续和迎面列车事故
OD2	破坏铁路线路、道岔或桥梁	SD2	引起接近列车事故
OD3	破坏上位铁路桥，危及高速铁路	SD3	引起邻近列车事故
OD4	破坏重点建筑物	SD4	引起临近列车或候车旅客事故
OD5	破坏接触网、变电所建筑物及设备	SD5	人身伤害、短路、火灾等
OD6	区间长时间停车停电	ID1	车厢内旅客闷热、寒冷、焦虑

由于 SD1（引起后续和迎面列车事故）、SD2（引起接近列车事故）、SD3（引起邻近列车事故）发生概率最大，因此，强震监控功能是地震监控系统最重要、最基本的功能，成为灾害应急处置，也是系统实现防灾减灾的第一要素。

地震监测及紧急处置系统对铁路沿线地震活动进行实时连续监测，当地震发生时，通过地震监测系统进行纵波和横波的识别，震级推算，震中距、方位等的判断，再计算出震灾影响区段，通过调度命令限速、紧急制动等手段降低列车运行速度。同时，继续监测后续的地震动加速度，以向运营调度提供停车后恢复运营的列车运行管制依据，从而减轻因地震引发的灾害损失并防止因地震引发的次生灾害发生。

3）滑坡、泥石流监测子系统

滑坡、泥石流是山区铁路运输线所遇到的最大的自然灾害，常导致铁路断道、淤埋线路、列车脱轨等重大安全事故。

为确保雨季山区铁路的运输安全，减少因滑坡、泥石流造成的损失，采用新技术、新设备监测泥石流灾害规律提高防灾水平必不可少。目前铁路滑坡、泥石流监测系统主要采用位移监测、雨量监测预警、次声波监测预警、泥位监测预警，以及雷达和其他监测手段 5 个预警层面的技术。

① 位移监测。

滑坡监测主要在于对变形的监测。国内外针对滑坡变形监测，应用了各种各样的测量手段和仪器，但总的方法分为简易测量法、大地测量法（常规测量）、埋设仪表法、陆地摄影测量法和全球定位系统法等方法。根据滑体的特性和变形破坏机制以及所处不同的变形阶段等，合理运用不同的监测方法或手段，可达到最佳的监测效果。

② 雨量监测预警。

雨量监测预警根据雨量的大小预测泥石流是否会发生或发生的可能性大小，即某地的降雨量达到某个值的时候，可能引发泥石流，预警系统发出预警，并且根据不同雨量大小发出不同级别的预警。雨量临界值的确定在雨量预警系统中最为关键。要根据不同的地质构造和周边实际情况来确定，通常积累的基础观测资料越齐全，确定的临界值就越准确。

③ 次声波监测预警。

泥石流发生的瞬间，从发生源会发出特殊的声波——泥石流次声波，以 344 m/s 的速度、以空气为介质向四周发射，它远大于泥石流的运动速度，强度基本不衰减。在一定范围内一旦有泥石流发生，将立即被次声波监测仪发现，为避灾赢得宝贵时间。

④ 泥位监测预警。

泥位监测预警是泥石流已汇集形成后，判断泥石流规模大小的预警。该预警系统由超声波泥位计等一起构成，泥位计安装在预计泥石流经过的山沟处。假若前面两个预警系统均“判断失误”，在泥石流已经发生的情况下，达到一定大小的泥石流经过超声波泥位计监测断面时，泥位监测预警计便通过系统发出预警信号。

⑤ 雷达和其他监测手段。

区域性的泥石流、滑坡的调查与监测主要采用综合分析已有监测资料，特别是群测群防资料的方式，获取泥石流、滑坡危险区的信息，并辅以遥感监测方法。

上述五个预警系统通过计算机和现代通信技术连成一个整体，根据需要还可与水利部门的监控终端连接，实现预警的实时监控。从雨量达到设定值或声波达到设定值到发出信号将在瞬间完成，算上工作人员反应时间也只需数秒。

4）防风预警子系统

我国各地经常发生强对流风暴，铁路运营中曾经出现过数次风力过强导致车辆侧翻、行车中断的事故。

目前对强风的监测，是在铁路沿线设立监测点，安装风速、风向传感器和采集单元，实时采集风速、风向数据，数据超出报警值发出报警；用户确认报警信息和现场情况后，及时采取应对措施，如减速、停车或躲避等。如果能够对强风尤其是强侧风做到预警，即在强风影响线路正常行车前预先警告，将给调度人员留出决策时间，以确定合理、适度的对策，对于预防灾害、保证行车安全和效率会起到非常好的作用。

5）铁路综合视频监控系统

铁路综合视频监控系统是通信系统的重要组成部分。在车站公共区、车站线路、区间线路、沿线通信信号机房、变电所、开闭所、电力分配所、车站咽喉区、公跨铁立交桥、高架桥路段的维修梯和路基地段设置了视频采集点，这些监视终端供铁路局内各相关部门使用。该系统采用先进的数字、网络技术，将四电（通信、信号、电力、供电）、线路、客服及防灾四类视频监控系统统一接入视频监控系统平台中，实现了多系统综合接入、多业务统一管理，集中存储，集中分析。

4. 预警信息的处理和发布

铁路安全监测与预警系统通过自动的应急信息采集系统，及时分析、及时预警，收集大量的数据，通过提取有用信息，形成应急信息，并对这些应急信息进行处理，建立和完善应急信息平台，使得基于网络技术和管理信息系统的应急知识管理有了坚实的基础。

铁路安全监测与预警系统采用各种先进的软硬件技术，通过铁路应急预警信息共享平台，利用 Web Service 接口和企业服务总线完成路内外信息的传输和转换，实现动态预警信息快速共享和交互，使路外的预警信息能通畅地进入铁路局，并使铁路局的应急预警及处置信息及时对外公布。

在监测预警阶段，信息要素的应用主体是接处警信息处理和应急信息发布两个方面。接处警信息处理是指对突发事件的接警和处警信息进行管理，利用先进成熟的信号采集、传输、继电控制、网络通信和数据存储等技术，对危及铁路运行安全的各类突发事故、自然灾害和侵袭灾害等进行监测报警和输出控制，提供经处理后的灾害预警、限速、停运等信息，对接处警的过程进行记录，为后续调查分析提供原始数据。应急信息发布是指对突发事件信息进行统一管理（行车调度员可依据防灾安全监控系统发出的实时报警、预警信息，指挥列车安全运行；工务部门可按照防灾安全监控系统提供的相关灾害信息，开展基础设施的巡检、抢险及维修养护工作，确保列车运行安全正点、高效舒适），并可通过多种手段向受灾影响人提供及时准确的报警信息，向社会大众提供权威一致的事件信息，为减少灾害损失，满足公众知情权和稳定社会情绪提供重要支持。

3.2.3 铁路安全应急决策信息系统

随着铁路改革的不断深化，新技术、新装备的广泛应用，铁路信息化建设的全面开展，车、机、工、电、辆各系统、各工种的生产组织、安全管理、应急指挥、经营管理等方面正悄然地发生着变化。如何适应技术装备水平的提升，充分利用先进技术装备确保安全生产，通过信息化建设实现管理创新，来提升企业经营管理水平，摆到了各级管理人员面前。

安全应急决策信息系统，是协助应急指挥人员实现快速、智能化应急决策指挥的信息化手段，也能胜任平时状态的日常安全生产管理工作。安全应急决策信息系统可以提供铁路应急信息报告、实时图像传输、网上会商、应急资源管理、应急预案管理、应急指挥联动、预测预警、总结评估及辅助决策等功能，为决策者及时、科学地处理突发应急事件提供信息化保障。

铁路运输企业不但应建设合理的铁路安全与应急的决策指挥信息化平台，还应该建立对应的应急指挥场所，并调整运输企业与站段的相关机构职能，提高运输站段生产调度、安全监控、应急处置和经营管理效能，逐步实现运输站段管理结构扁平化，安全生产信息化、现代化。

1. 系统构建思想

利用计算机网络技术，整合、开发功能全面的安全信息管理平台，采用先进的事故诊断、智能辅助决策支持技术，建立铁路行车安全智能辅助决策系统，开展安全状况的风险评估、安全危害诊断预警，以及安全事故的抢险救灾辅助决策，实现铁路行车安全的现代化管理，使安全管理从传统的事后追踪变为事前的预防控制，从而提高铁路安全管理水平，减少铁路安全事故，降低事故伤亡。铁路信息资源整合的标准规范如下。

① 建立综合安全信息管理平台。对铁路安全监察信息系统的监测信息、日常安全报表和车务、客运、货运、机务、工务、电务、车辆等系统监测信息进行整合分析。

② 在对铁路行车安全风险和危机的原因、发展规律、控制对策及预警体系进行研究的基础上，运用安全科学和事故预警管理的理论和方法，建立铁路行车安全风险评估、隐患诊断、事故预警体系。

③ 建立安全事故案例数据库。提供事故分析的方法，根据现有的各类安全数据以及实时监控的各类安全信息，建立诊断模型，分析行车安全影响因素，并自动总结归纳及学习各类专家的诊断知识，不断扩充专家知识库，为事故诊断提供专家知识，提高诊断效率。

④ 建立自然灾害抢险救援辅助决策系统，对应急预案进行系统管理，采用 RS/GPS/GIS 对重点地区进行自然灾害监测，为抢险救援提供辅助决策支持。

2. 系统主要功能

现代信息技术为应急处置提供了优良的技术平台，通过应急信息管理，应急处置人员在信息沟通和应急处置上找到了更高效的途径，提高了应急能力。铁路安全应急决策指挥系统的应急处置信息管理主要包括指挥中心与现场通信、数据采集交汇、辅助决策支持、多机构间协调和应急资源调度。

（1）指挥中心与现场通信。

指挥中心与现场通信是指建立多层次应急通信保障体系，以公众有线网、无线网为基础，发挥各部门专有的无线联系系统作用，构建综合通信调度系统，有效解决各种系统互联互通问题，保证即使出现极端情况，也至少有一种联系相关部门的通信手段。一旦发生突发事件，根据预案的启动等级，各职能部门负责人赶赴铁路局或站段应急指挥中心，通过各职能部门设立的安全生产指挥中心与现场连线，从现场视频图像资料中了解现场突发事件的处置情况，为应急领导小组的决策提供依据；决策命令下达后，再通过应急指挥中心的通信平台将命令传递至现场，使应急现场及时调整救援方案。这种自下而上实现信息的逐级上报，自上而下实现命令的逐级下达，上下级之间纵向传递的过程，在应急组织上实现了信息沟通的灵活性。

（2）数据采集交汇。

数据采集交汇是指通过现场监测监控系统、传感器网络系统、手持 GPS 等移动式信息设备等，快速采集现场信息，为指挥人员提供实时现场信息和决策依据。建立突发事件信息采集平台，自动或人工接收、处理、存储相关部门和站段与突发事件相关的各种情报资料和技术监测数据，并根据预先制定的预案进行对比和预测，达到早预警、早通报的要求。系统包括数据上报、资源管理、统计分析报表、风险源管理和综合查询等功能。

（3）辅助决策支持。

辅助决策支持是指综合应用各类信息，通过灾害后果模拟分析、人员疏散模拟，将突发事件发生和发展的轨迹进行演示，并通过应急救援力量配置分析，计算应急资源的需求缺口，确定应急组织的结构和运行机制，通过应急预案查询、应急案例库调用和专家库咨询等技术手段，提供紧急事件指挥决策方案，为事件指挥人员提供决策支持。建立统一突发事件多媒体知识库，汇集预案、案例、资源数据、文件法规、电子地图等资料，建立专家资源库；以视频会议系统和政务网络为基础，实现静态知识与动态智力的有机集成，全面提高对突发事件态势评估和决策的水平。系统包括领导应急终端、综合接触事件、地理信息、预案管理、大屏显示和视频会议等功能。

（4）多机构间协调。

多机构间协调是指在突发事件应急管理过程中，往往涉及多个部门、多个地区的大量指挥人员、应急救援队伍和应急物资等。应急信息管理应该为多机构间的协调提供信息平台，为制定事件管理的政策和优先策略，组织后勤支持和资源跟踪，进行资源调配决策、协调事件相关信息发布等提供信息支持和协同工作平台，确保各机构间组织协调的顺畅。

（5）应急资源调度。

应急资源调度是指在应急处理的过程中，针对事件处理过程中资源需求的信息，根据应急资源管理模块所提供的各种应急资源信息，结合铁路局运输能力等情况，进行应急资源的优化调度和追踪管理，如警力的调度，救灾物资、设施和资金的调度，对事件现场的疏导和部署等。

3. 各职能子系统

（1）运输子系统。

运输子系统信息实时性强、信息资源共享度高、自动化分析预警程度高，突出全过程控制和一体化管理。实时监控、分析、处理各类信息，实现运输安全生产集中统一指挥。运输子系统功能包括生产组织（包括列车追踪、行车调度、装卸车）、运输生产信息、施工组织与管理、应急指挥、综合信息分析等。

（2）工务子系统。

工务 GIS 平台，集成了实时警报、实时雨量、防洪信息、施工信息、线路视频、线路基础资料、PWMIS 等信息，实现集中管理和安全生产监控，并通过权限控制功能实现局、段、车间、工区的分层、分权、分责管理。

（3）电务子系统。

电务子系统包括中心和站段两级，集成了电务设备管理、微机监测、应急指挥、流程闭环管理和重点卡控、图纸电子化等功能。

（4）机务子系统。

机务子系统集成了应急指挥、经营管理以及对司乘人员和机车运行管理等功能，从而构成机务段安全生产指挥中心平台。按中心和机务段两级实现机车运用管理、安全管理、人员管理、设备质量管理和自动分析等功能。

（5）车辆子系统。

车辆子系统按中心、段两级集成客车信息（KMIS、5T、动车信息、段修生产系统、运用客车质量管理、客技站安全生产卡控系统、客列检生产指挥系统等）、货车信息（HMIS、YM1S、EMIS、场际互控、定检修车质量管理等）、安全监控、应急指挥、综合管理等信息系统。分级实现客、货车运行状态实时监控，动车、客车、货车检修、运用及管理信息汇总、统计、分析、查询，生产进度、质量、安全控制等信息监控，动车、客车、货车运用状态监控，段、车间（所）运用远程图像和语音监控、远程指挥和生产调度、视讯会议、事故追忆及分析、事故救援等。

铁路安全应急指挥系统通过管理技术上的创新，提高了职工标准化作业的自觉性，提高了运输生产信息的实时性和运输指挥的有效性。通过管理手段信息化和信息集成，实现了管理的精细化、应急指挥的可视性、实效性和资源的综合利用。通过整合管理机构、职能，体现运输安全管理“分层、分权、分责”的原则，充分发挥运输安全生产指挥系统的最大效能，实现信息资源共享。

任务 3.3　铁路运输安全教育与技能培训体系认知

知识目标

- 掌握铁路运输安全教育与技能培训体系的基础知识。

技能目标

- 在实际工作中，能够按严格遵循铁路运输安全教育与技能培训体系的规定。

相关知识

建立健全铁路运输安全教育与技能培训体系，对提高铁路职工的安全意识，掌握安全生产的技能，预防行车事故和人身伤亡的发生，有着十分重要的意义和作用。

3.3.1　运输安全三级教育

铁路运输系统对刚参加工作的新工人和新调入行车有关工种岗位的人员要进行入路教育、车间教育和岗位教育，并经过安全考试、专业技能鉴定合格后，方能上岗。

1. 入路教育

一般由基层站段安全教育科室负责。主要介绍铁路运输的特点，讲解铁路运输安全的重要性和铁路运输安全知识，学习《技规》《行规》《站细》等规章内容，参观站场设备，观看一些典型事故警示教育片，使新职工对本站段的设备和行车安全情况有所了解。

2. 车间教育

新职工（含新转入岗位的人员）分配到车间或段管车站以后，由车间或段管站负责进行安全教育，主要内容包括：本部门铁路运输设备和铁路运输安全情况，劳动纪律、作业标准、作业纪律、作业环境以及铁路运输安全存在的主要问题和应注意的事项。

3. 岗位教育

新职工（含新转岗位的人员）进入生产岗位前由车间或段管站指定专门人员负责“师傅带徒弟”，并进行岗位职责范围、操作规程和人身安全知识等方面的教育，使其尽快熟悉和掌握本岗位的安全操作技能。

经过三级教育的人员，站段教育部门或人劳部门应将教育的内容、时间、主讲人姓名记入职工本人的安全教育卡（见表 3-2），以备查考，当工作调动时随其他关系一并转至新单位。

表 3–2　安全教育卡

<table>
<tr><td>姓名</td><td></td><td>性别</td><td></td><td>年龄</td><td></td><td colspan="2">参加工作时间</td></tr>
<tr><td>工种</td><td></td><td>本工种工龄</td><td></td><td>所在部门</td><td colspan="3"></td></tr>
<tr><td colspan="8">教育培训记录</td></tr>
<tr><td>年</td><td>月</td><td>日</td><td colspan="3">教育培训内容</td><td>本人签名</td><td>主讲签名</td></tr>
<tr><td></td><td></td><td></td><td colspan="3"></td><td></td><td></td></tr>
<tr><td></td><td></td><td></td><td colspan="3"></td><td></td><td></td></tr>
<tr><td></td><td></td><td></td><td colspan="3"></td><td></td><td></td></tr>
</table>

3.3.2　专业技术教育

铁路运输系统历来对行车、机务等技术复杂、操作规程严格、直接关系到人民生命财产安全的主要工种，如列车调度员、机车乘务员、车站值班员、调车长等，建立“先培训，后上岗”的就业准入制度。对具备行车工作人员素质并通过职业技能鉴定和考试考核的人员颁发《铁路岗位培训合格证书》（资格性培训合格证），如图 3–7 所示。

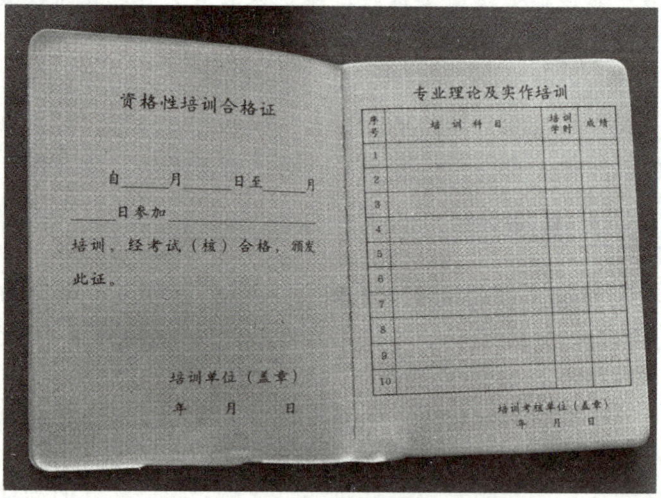

图 3–7　资格性培训合格证

中国国家铁路集团有限公司和各铁路局建立了不同培养层次的职工教育培训基地，应对铁路运输主要工种每两年进行一次不少于 10 天的脱产专业技能适应性培训和操作演练。职工经过专业技术培训、教育、考试后，站段教育部门或人劳部门应将有关内容填入《铁路岗位培训合格证书》（适应性培训考核记录）。

铁路专业技术人员接受继续教育情况需记录在《专业技术人员继续教育证书》中，所登记的内容作为对铁路职工业务考核、聘任、晋升和流动的重要依据和必备条件。

3.3.3　岗位技能达标培训

新录用人员进入铁路运输企业后，并不意味着可以终身在这个岗位上工作。随着科技进步、设备更新、操作规程改变，必须通过职工教育、岗位练兵，不断提高操作技能，才能适应铁路技术发展和岗位技能标准的要求。

职工素质的高低直接影响运输安全。一些基层站段十分重视职工培训，特别是运输主要工种人员岗位技能达标培训，使他们不仅能适应正常情况下的运输工作，而且能适应施工、停电、设备故障等特殊条件下的运输工作，并能根据具体情况采取应急措施，从而保障了运输安全与人身安全。主要做法如下。

1. 狠抓基本功训练

基本功训练要做到站站有练功房，月月有安排，全员参加，几年、几十年如一日，常抓不懈。

2. 典型引路

定期在岗位间开展比武竞赛，奖优罚劣；定期进行业务考试，成绩记入本人技术档案；对考试题进行复验，巩固学习成绩；职工、班组、车站制订争先创优保安全计划，提出奋斗目标。

3. 拉开分配档次，重奖安全业务尖子

实行工人技术等级，进行职业技能鉴定，建立以岗位工资为主的分配制度，完善落实工人技师和高级技师津贴制度，激发职工岗位练功、参加培训的积极性。

站段设立安全技术比武竞赛专项奖金，重奖安全标兵、技术能手等业务尖子。

4. 培训方法灵活多样

坚持脱产专业培训与业余学习、岗位练兵相结合，班前提问与抽查考试相结合，理论考试与实作考核相结合，岗位对口比武竞赛与观摩学习交流相结合，集中培训与送教上门相结合，采取灵活多样的培训方法。

3.3.4 安全教育

1. 安全教育的内容

根据铁路运输的特点，安全教育的内容一般包括安全第一、预防为主、综合治理的思想教育，有针对性、季节性的行车安全、人身安全知识教育，新技术、新设备安全操作教育和典型事故案例安全教育。

铁路各级安全管理机构、专业管理部门，经常将典型的事故通报各单位，编发事故案例汇编，要求全体或本系统职工学习，吸取事故教训，事故案例学习是基层站段日常安全培训及“三新”人员（即新员工、晋职人员、转岗人员）必学的内容。利用其他站段的行车事故案例，结合本站段安全情况实际，对职工进行安全教育，吸取教训，预防同类事故发生。传达事故通报时，决不可把事故当故事讲，决不可轻描淡写、无的放矢。

2. 安全教育的形式

安全教育的形式可以多种多样，有的站段每年定期开展安全月、百日安全活动；有的站段组织安全展览、安全教育陈列室；有的站段召开安全经验交流会、安全现场会、安全知识讲座；有的利用音像、图片、黑板报、广播等形式；有的利用职工中典型的人和事，在表彰、奖励先进或批评、惩处违章违纪、事故责任人的同时，对职工进行教育，使“安全第一，预防为主，综合治理”的方针深入人心。

任务 3.4 铁路运输安全监察体系认知

知识目标

- 掌握铁路运输安全监察体系的基础知识。

技能目标

- 能够在铁路运输安全监察体系的要求下开展实际工作。

相关知识

从铁路运输安全生产角度看，建立健全运输安全法规与监督检查其执行情况同等重要。我国铁路早在 1950 年 5 月就设立了行车安全总监察室，负责有关行车安全工作的计划、行车安全规章制度的贯彻执行及事故发生时的调查处理。同年 9 月，在全路行车安全会议上，确定了监察工作的业务方针、性质和行车事故处理程序与方法，为各级监察机构配备了专职监察人员。几十年来，我国铁路安全监察工作在安全管理中发挥了重要作用，取得了显著成绩。随着铁路“两个根本转变”和现代化建设步伐的日益加快，加强运输安全监察工作显得越来越重要。

3.4.1 运输安全监察组织机构

国家铁路局安全监察司是国家铁路局主管铁路安全的行政机构，内设综合分析处、安全监察一处、安全监察二处、执法监察处、北京铁路督察处（国家铁路局北京铁路督察室），并设有沈阳铁路监督管理局、上海铁路监督管理局、广州铁路监督管理局、成都铁路监督管理局、武汉铁路监督管理局、西安铁路监督管理局、兰州铁路监督管理局等派出机构。

中国国家铁路集团有限公司设安全监督管理局，并设置了 6 个安全监督管理特派员办事处：沈阳安全监督管理特派员办事处、北京安全监督管理特派员办事处、武汉安全监督管理特派员办事处、上海安全监督管理特派员办事处、成都安全监督管理特派员办事处、兰州安全监督管理特派员办事处。

各级行车安全监察机构除设领导人员外，按车务、机务、车辆、工务、电务、供电、客货运等专业配备监察人员，同时配备负责路外、劳动安全、综合分析、教育等方面业务的监察人员。

3.4.2 各级运输安全监察机构的任务和职权

铁路安全监察机构的任务是：贯彻“安全第一，预防为主，综合治理”的方针，对安全工作实行严格的监察，维护行车安全法规，保证安全正点、优质高效地完成运输任务。

铁路局运输安全监察机构对铁路局有关单位人员执行运输安全法规的情况有权进行监督，发现有违反运输安全法规的情况，应如实地提出意见，加以纠正；如果有关领导不给予正确解决，则有权向上级运输安全监察机构报告，请求处理。

各级运输安全监察机构和运输安全监察人员具有以下职权。

（1）发现作业中违反运输安全法规时，有权加以纠正；对危及运输安全者，有权立即制止，必要时可临时停止其工作并责成有关单位议处；对不适合从事运输工作的人员，有权责成有关部门予以调整。

（2）对危及运输安全的技术设备，有权向有关部门提出意见，要求限期解决；情况严重确有发生严重事故可能时，有权采取临时扣留、封闭措施，并责成有关单位紧急处理。

（3）发现有关规程、规范、规则、细则、办法、设计文件和施工方案违反《技规》和其他运输安全规定时，有权通知有关单位予以纠正，必要时可停止其实施。

（4）在调查处理事故中，若在确定性质和责任上有分歧意见，由各级运输安全监察机构提出结论性意见。

（5）有权建议对违反运输安全法规或发生运输事故的责任人员和领导干部给予处分；建议对在安全生产工作中做出成绩和防止事故的有功人员给予表彰和奖励。

在上述职权中，由于对事故的定性和定责事关重大，运输安全监察机构提出结论性意见时，应积极慎重对待铁路局的意见。如果对相关的决定有不同意见，可以向上级运输安全监察机构反映，请示予以复查处理；若上级运输安全监察机构发现下级单位或下级运输安全监察机构对事故性质和责任的确定不符合规定、处理不当，有权加以纠正。

3.4.3 运输安全监察人员的素质要求和工作准则

运输安全监察是原则性、政策性、科学性和权威性很强的安全管理工作，各级运输安全监察机构按规定职责范围所做的一切工作都关系到消除事故隐患，预防事故发生，切实保护国家、企业、职工利益的大问题。其工作成效主要取决于安全监察队伍的整体素质和工作作风，因此，提高运输安全监察人员的素质是做好各级运输安全监察工作的重要前提和保证。

各级安全监察人员必须身体健康，具有较高的政治思想水平，熟练的技术业务素质，丰富的实际工作经验。随着安全科学管理要求和安全技术装备现代化程度的不断提高，面对复杂的社会环境影响，各级安全监察人员应不断提高自身素质，增强使命感，掌握铁路科技新知识，以适应形势发展需要。

各级运输安全监察人员必须遵守以下工作准则。

（1）坚决执行党的路线、方针、政策和国家的法令，维护行车安全法规的严肃性。

（2）预防为主，防患于未然。

（3）执法严明，刚正不阿。

（4）秉公办事，不弄虚作假。

（5）坚持原则，遵守法规。

（6）积极钻研业务，技术上精益求精。

3.4.4 站段安全科室的工作职责

（1）检查监督站段各部门、各车间执行安全生产方针、政策、法令、规章制度及上级领导有关指示的情况。

（2）参与制定站段的安全规章制度、细则、办法和各种作业标准，并检查执行情况。参与审查、制订站段施工方案和安全措施，并监督实施。

（3）监督检查站段内各种运输设备、防火防爆设备、机械动力设备及压力容器等的维修保养情况和使用安全。发现有危及运输安全等问题时，及时向有关部门反映。

（4）监督检查运输人员的培训教育、任职提职、技术考核鉴定和身体状况。

（5）参加调查分析站段发生的一般运输事故、人身和路外伤亡事故、设备事故和严重事故苗子，对事故提出定性、定责意见，在处理事故时要做到“三不放过”，即：事故原因不明、责任不清不放过，没有安全防范措施不放过，事故责任者和群众没有受到教育不放过。

（6）经常深入地方厂矿企业、居民村落进行保护铁路运输设施和防止路外伤亡的宣传工作。

（7）深入车间、班组调查研究，检查职工执行规章和各项作业标准的情况，及时发现问题和事故隐患，并提出整改和防范措施。

（8）指导班组安全员的工作，定期培训安全员，总结、推广班组安全生产工作经验。

（9）负责站段安全生产的全面管理工作，对站段安全生产情况进行定期和专题分析，根据不同时期的特点和要求，及时采取预防性的安全措施，确保安全生产。

项目 4

铁路运输事故及应急救援

思政目标

● 通过了解铁路运输事故的等级，体会守住安全底线、维护铁路安全持续稳定对于服务党和国家工作大局的重要性。

引导案例

铁路运输安全形势持续向好

2024 年，全国铁路交通事故死亡人数同比下降 18%，全年未发生铁路交通特别重大、重大事故，仅发生 2 起较大事故，与 2023 年持平。国家铁路局发布的《2024 年铁道统计公报》披露了上述内容。

2019 年至 2023 年，全国铁路交通较大事故分别为 13 起、4 起、1 起、5 起和 2 起。近年来，全国铁路未发生过特别重大、重大铁路交通事故。

任务 4.1 铁路运输事故的等级及分类

知识目标

- 铁路运输事故的分类；
- 铁路运输事故的等级。

技能目标

- 掌握铁路运输事故的分类；
- 根据铁路运输事故的等级规定，确定事故等级。

相关知识

依据《中华人民共和国铁路法》，以及我国铁路交通事故统计惯例，铁路交通事故包括“路外伤亡事故”“铁路旅客伤亡事故”“铁路职工责任伤亡事故”三大部分。路外伤亡事故，指铁路列车运行和调车作业中，发生火车撞轧行人，与其他车辆碰撞等情况，导致人员伤亡或车辆破损的事故。铁路旅客伤亡事故，指在铁路运营过程中，在铁路责任期间发生的致使持有有效乘车凭证者及其他法律、法规规定人员的人身伤亡和财产损失的交通事故。铁路职工责任伤亡事故，指由于铁路职工的责任所引发的人身伤亡，设施、设备毁损的事故。

铁路运输事故分为特别重大事故、重大事故、较大事故和一般事故四个等级。其中一般事故分为 A、B、C、D 四类，前两类涉及人员的伤亡，后两类只涉及作业的相关设备等。铁路交通事故分类表（不包含一般 C、D 类）如表 4-1 所示。

表4-1 铁路交通事故分类表（不包含一般C、D类）

事故后果	类别				
	特别重大事故（有下列情形之一的）	重大事故（有下列情形之一的）	较大事故（有下列情形之一的）	一般A类（有下列情形之一，未构成较大以上事故的）	一般B类（有下列情形之一，未构成一般A类以上事故的）
人员死亡	造成30人以上死亡	造成10人以上30人以下死亡	造成3人以上10人以下死亡	A1——造成2人死亡	B1——造成1人死亡
人员重伤	造成100人以上重伤	造成50人以上100人以下重伤	造成10人以上50人以下重伤	A2——造成5人以上10人以下重伤	B2——造成5人以下重伤
经济损失	造成1亿元以上直接经济损失	造成5 000万元以上1亿元以下直接经济损失	造成1 000万元以上5 000万元以下直接经济损失	A3——造成500万元以上1 000万元以下直接经济损失	B3——造成100万元以上500万元以下直接经济损失
客运脱轨或中断	繁忙干线客运列车脱轨18辆以上并中断铁路行车48 h以上	客运列车脱轨2辆以上18辆以下，并中断繁忙干线铁路行车24 h以上或者中断其他线路铁路行车48 h以上	中断繁忙干线铁路行车6 h以上； 中断其他线路铁路行车10 h以上	A4.1——繁忙干线双线之一线或单线行车中断3 h以上6 h以下，双线行车中断2 h以上6 h以下	B4.1——繁忙干线行车中断1 h以上
货运脱轨或中断	繁忙干线货运列车脱轨60辆以上并中断铁路行车48 h以上	货运列车脱轨6辆以上60辆以下，并中断繁忙干线铁路行车24 h以上或者中断其他线路铁路行车48 h以上	中断繁忙干线铁路行车6 h以上； 中断其他线路铁路行车10 h以上	A4.2——其他线路双线之一线或单线行车中断6 h以上10 h以下，双线行车中断3 h以上10 h以下	B4.2——其他线路行车中断2 h以上
客运脱轨		客运列车脱轨18辆以上	客运列车脱轨2辆以上18辆以下	A4.4——客运列车脱轨1辆	
货运脱轨		货运列车脱轨60辆以上	货运列车脱轨6辆以上60辆以下	A4.9——货运列车脱轨4辆以上6辆以下	B4.7——货运列车脱轨2辆以上4辆以下
中途摘车				A4.5——客运列车中途摘车2辆以上	B4.4——客运列车中途摘车1辆
客车损坏				A4.6——客车报废1辆或大破2辆以上	B4.5——客车大破1辆
机车损坏				A4.7——机车大破1台以上	B4.6——机车中破1台

续表

事故后果	类别				
	特别重大事故（有下列情形之一的）	重大事故（有下列情形之一的）	较大事故（有下列情形之一的）	一般A类（有下列情形之一，未构成较大以上事故的）	一般B类（有下列情形之一，未构成一般A类以上事故的）
动车损坏				A4.8——动车组中破1辆以上	
耽误列车				A4.3——客运列车耽误本列车4 h以上	B4.3——客运列车耽误本列车1 h以上

注：表中特别重大事故、重大事故、较大事故所称“以上”包括本数，“以下”不包括本数。

有下列情形之一，未构成一般B类以上事故的，为一般C类事故。

C1——列车冲突。

C2——货运列车脱轨。

C3——列车火灾。

C4——列车爆炸。

C5——列车相撞。

C6——向占用区间发出列车。

C7——向占用线接入列车。

C8——未准备好进路接、发列车。

C9——未办或错办闭塞发出列车。

C10——列车冒进信号或越过警冲标。

C11——机车车辆溜入区间或站内。

C12——列车中机车车辆断轴，车轮崩裂，制动梁、下拉杆、交叉杆等部件脱落。

C13——列车运行中碰撞轻型车辆、小车、施工机械、机具、防护栅栏等设备设施或路料、落石。

C14——接触网接触线断线、倒杆或塌网。

C15——关闭折角塞门发出列车或运行中关闭折角塞门。

C16——列车运行中刮坏行车设备设施。

C17——列车运行中设备设施、装载货物（包括行包、邮件）、装载加固材料（或装置）超限（含按超限货物办理超过电报批准尺寸的）或坠落。

C18——装载超限货物的车辆按装载普通货物的车辆编入列车。

C19——电力机车、动车组带电进入停电区。

C20——错误向停电区段的接触网供电。

C21——电化区段攀爬车顶耽误列车。

C22——客运列车分离。

C23——发生冲突、脱轨的机车车辆未按规定检查、鉴定而编入列车。

C24——无调度命令施工，超范围施工，超范围维修作业。

C25——漏发、错发、漏传、错传调度命令导致列车超速运行。

有下列情形之一，未构成一般 C 类以上事故的，为一般 D 类事故。

D1——调车冲突。

D2——调车脱轨。

D3——挤道岔。

D4——调车相撞。

D5——错办或未及时办理信号致使列车停车。

D6——错办行车凭证发车或耽误列车。

D7——调车作业碰轧脱轨器、防护信号，或未撤防护信号动车。

D8——货运列车分离。

D9——施工、检修、清扫设备耽误列车。

D10——作业人员违反劳动纪律、作业纪律耽误列车。

D11——滥用紧急制动阀耽误列车。

D12——擅自发车、开车、停车、错办通过或在区间乘降所错误通过。

D13——列车拉铁鞋开车。

D14——漏发、错发、漏传、错传调度命令耽误列车。

D15——错误操纵、使用行车设备耽误列车。

D16——使用轻型车辆、小车及施工机械耽误列车。

D17——应安装列尾装置而未安装发出列车。

D18——行包、邮件装卸作业耽误列车。

D19——电力机车、动车组错误进入无接触网线路。

D20——列车上工作人员往外抛掷物体造成人员伤害或设备损坏。

D21——行车设备故障耽误本列客运列车 1 h 以上，或耽误本列货运列车 2 h 以上；固定设备故障延时影响正常行车 2 h 以上（仅指正线）。

任务 4.2　铁路交通事故应急救援

知识目标

- 了解铁路交通事故应急救援的基本规定；
- 认识铁路交通事故应急救援报告；
- 了解铁路交通事故应急救援的紧急处置；
- 了解铁路交通事故应急救援的响应；
- 了解铁路交通事故应急救援的现场救援；
- 了解铁路交通事故应急救援的善后处理；

- 了解铁路交通事故应急救援后的处罚及问责。

技能目标

- 掌握铁路交通事故应急救援的基本规定；
- 掌握铁路交通事故应急救援报告的流程和内容；
- 掌握铁路交通事故应急救援的紧急处置；
- 掌握铁路交通事故应急救援的响应；
- 掌握铁路交通事故应急救援的现场救援要求；
- 掌握铁路交通事故应急救援的善后处理；
- 掌握铁路交通事故应急救援后的处罚及问责。

相关知识

4.2.1 基本规定

（1）为了规范和加强铁路交通事故（以下简称事故）的应急救援工作，最大限度地减少人员伤亡和财产损失，尽快恢复铁路运输秩序，依据《铁路交通事故应急救援和调查处理条例》（国务院令第 501 号）及国家有关规定，制定铁路交通事故应急救援规则。

（2）国家铁路、合资铁路、地方铁路、专用铁路和铁路专用线发生事故，造成人员伤亡、财产损失、中断行车及其他影响铁路正常行车，需要实施应急救援的，适用铁路交通事故应急救援规则。

（3）事故应急救援工作应当遵循“以人为本、逐级负责、应急有备、处置高效”的原则。

（4）中国国家铁路集团有限公司（以下简称国铁集团）成立事故应急救援领导小组并设工作机构，建立健全工作制度，制定和完善事故应急救援预案，按照国家规定的权限和程序，组织、指挥、协调事故应急救援工作。

各铁路安全监督管理办公室（以下简称安全监管办）应当指导、督促铁路运输企业落实事故应急救援的各项规定，依法组织、指挥、协调本辖区内的事故应急救援工作。

（5）铁路运输企业应当相应成立事故应急救援领导小组并设工作机构，建立健全工作制度，制定和完善事故应急救援预案，加强救援队、救援列车的建设，负责事故应急救援的人员培训、装备配置、物资储备、预案演练等基础工作，积极开展事故应急救援。

（6）公安机关应当参与事故应急救援，负责保护事故现场，维护现场治安秩序，进行现场勘察和调查取证，依法查处违法犯罪嫌疑人，协助抢救遇险人员。

（7）事故应急救援工作必要时，由国铁集团、安全监管办协调请求国务院其他有关部门、有关地方人民政府、当地驻军、武装警察部队给予支持帮助。

4.2.2 救援报告

（1）事故应急救援实行逐级报告制度。国铁集团、安全监管办和铁路运输企业应当明确报告程序、方式和时限，公布接受报告的各级事故应急救援部门及电话。

（2）事故发生后，有关单位、部门应当按规定程序向上级单位和部门报告。（现场铁路工作人员或者其他有关人员应当立即向邻近铁路车站、列车调度员、公安机关或者相关单位负

责人报告）

接到报告的单位、部门应当根据需要立即通知救援队和救援列车。

遇有人员伤亡或者发生火灾、爆炸、危险货物泄漏等事故时，接到报告的单位、部门应当根据需要采取防护措施，并立即通知当地急救、医疗卫生部门或者公安消防、环境保护等部门。

（3）铁路运输企业列车调度员接到事故报告后，应当立即按规定程序报告本企业负责人，并向本区域的安全监管办和列车调度员报告。

（4）国铁集团列车调度员接到事故报告后，应当立即按规定程序上报。发生特别重大事故时，国铁集团应当立即向国务院报告。

（5）救援报告的主要内容。

① 事故发生的时间、地点（站名）、区间（线名、公里、米）、线路条件、事故相关单位和人员。

② 发生事故的列车种类、车次、机车型号、部位、牵引辆数、吨数、计长及运行速度。

③ 旅客人数，伤亡人数、性别、年龄及救助情况，是否涉及境外人员伤亡。

④ 货物品名、装载情况，易燃、易爆等危险货物情况。

⑤ 机车车辆脱轨数量及型号、线路设备损坏程度等情况。

⑥ 对铁路行车的影响情况。

⑦ 事故原因的初步判断，事故发生后采取的措施及事故控制情况。

⑧ 需要应急救援的其他事项。

（6）事故应急救援过程中，人员伤亡、脱轨辆数、设备损坏等情况发生变化时，应及时补报。

（7）事故应急救援情况需要向社会通报时，由国铁集团、安全监管办的宣传部门统一负责。

4.2.3　紧急处置

（1）事故发生后，列车司机或者运转车长等现场铁路工作人员应当立即采取停车措施，并按规定对列车进行安全防护。遇有人员伤亡时，应当向邻近车站或者列车调度员请求施救，并将伤亡人员移出线路、做好标记，有能力的应当对伤员进行紧急施救。

为保障铁路旅客安全或者因特殊运输需要不宜停车的，可以不停车。但是，列车司机或者运转车长等现场铁路工作人员应当立即将事故情况报告邻近车站、列车调度员，接到报告的邻近车站、列车调度员应当立即组织处置。

（2）客运列车发生事故造成车内人员伤亡或者危及人员安全时，列车长应当立即组织车上人员进行紧急施救，稳定人员情绪，维护现场秩序，并向邻近车站或者列车调度员请求施救。

（3）救援队接到事故救援通知后，救援队长应当召集救援队员以最快速度赶赴事故现场。到达事故现场后，应当立即组织紧急抢救伤员，利用既有设备起复脱轨的机车车辆，清除各种障碍，搭设必要的设备设施，为进一步实施救援创造条件。

（4）发生列车火灾、爆炸、危险货物泄漏等事故时，现场铁路工作人员应当尽快组织疏散现场人员并采取必要的防护措施。

（5）事故发生后影响本线或者邻线行车安全时，现场铁路工作人员应当立即按规定采取紧急防护措施。

4.2.4 救援响应

（1）接到事故救援报告后，应当根据事故严重程度和影响范围，按特别重大、重大、较大、一般四个等级由相应单位、部门做出应急救援响应，启动应急预案。

（2）特别重大事故的应急救援，由国铁集团报请国务院启动，或者由国务院授权的部门启动。国铁集团在国务院事故应急救援领导小组的领导下开展工作，开通与国务院有关部门、事发地省级事故应急救援指挥机构及现场事故救援指挥部的应急通信系统，征求有关专家建议及国务院有关部门意见提出事故应急救援方案，经国务院事故应急救援领导小组确定后组织实施，并派出专家和有关人员赶赴现场参加救援。

（3）重大事故的应急救援，由国铁集团启动。国铁集团事故应急救援工作机构应当组建现场事故应急救援指挥部（以下简称现场指挥部），并根据事故具体情况设立医疗救护、事故起复、后勤保障、应急调度、治安保卫、善后处理等工作组，开通与事发地铁路运输企业和现场指挥部的应急通信系统，咨询有关专家，确定事故应急救援具体实施方案，立即派出有关人员赶赴现场，调集各种应急救援资源，组织指挥应急救援工作。必要时，协调请求事发地人民政府、当地驻军、武装警察部队提供支援。遇有超出本级应急救援处置能力时，及时向国务院报告。

（4）较大事故、一般事故的应急救援，由相关部门启动或者督促铁路运输企业事故应急救援工作机构启动，组织成立现场指挥部，并根据事故具体情况设立医疗救护、事故起复、后勤保障、应急调度、治安保卫、善后处理等工作组，开通与现场指挥部的应急通信系统，咨询有关专家，确定事故应急救援具体实施方案。有关负责人和专业人员应当立即赶赴现场，调集各种应急救援资源，组织指挥应急救援工作。必要时，由相关部门协调事发地人民政府、当地驻军、武装警察部队提供支援。超出本级应急救援处置能力时，及时向上级报告。

4.2.5 现场救援

（1）现场救援工作实行总指挥负责制，按照事故应急救援响应等级，由相应负责人担任总指挥，或者视情况由上级事故应急救援工作机构指定人员担任临时总指挥，统一指挥现场救援工作。各工作组及参加事故应急救援的单位、部门应当确定负责人。救援列车进行起复作业时，由救援列车负责人或者指定人员统一指挥。

现场总指挥及参加事故应急救援的各工作组负责人、各单位和部门负责人、作业人员应当区别佩戴明显标志。

（2）现场指挥部应当在全面了解人员伤亡及机车车辆、线路、接触网、通信信号等行车设备损坏、地形环境等情况后，确定人员施救、现场保护、调查配合、货物处置、救援保障、起复救援、设备抢修等应急救援方案，并迅速组织实施。

在实施救援过程中，各单位、部门应当严格执行作业规范和标准，防止衍生事故发生。

（3）事故发生后，运输调度部门应当根据需要及时发布各类救援调度命令。重点安排救援列车出动和救援物资运输。需要其他铁路运输企业出动救援列车时，由国铁集团发布调度命令。

造成列车大量晚点时，应当尽快采取措施恢复行车秩序。预计不能在短时间内恢复行车时，应当尽量将客运列车安排停靠在较大车站，并组织向站车滞留旅客提供必要的食品、饮用水等。

（4）事故造成人员伤亡时，现场指挥部应当立即组织协调对现场伤员进行救治，紧急调集有关药品器械，迅速将伤员转移至安全地带或者转移救治，采取必要的卫生防疫措施。

遇有重大人员伤亡或者需要大规模紧急转移、安置铁路旅客和沿线居民的，应当及时通知事发地人民政府组织开展救治和转移、安置工作，必要时可以由相关部门进行协调。

（5）现场指挥部应当根据需要迅速调集装备设施、物资材料、交通工具、食宿用品、药品器械等救援物资。铁路运输企业各单位、部门必须无条件支持配合，不得以各种理由推诿拒绝，延误救援工作。

物资调用超出铁路运输企业自身能力时，可以向有关单位、部门或者个人借用。

（6）事故涉及货运列车时，货运部门应当迅速了解事故货车及相关货车的货物装载情况，组织调集装卸人员和机具清理事故货车及相关货车装载的货物，处置事故列车挂运的危险、鲜活易腐等货物，编制货运记录。

（7）事故应急救援需要出动救援列车时，救援列车应当在接到出动命令后 30 min 内出动，到达事故现场后，救援列车负责人应当迅速确定具体的起复作业方案，经现场总指挥批准后立即开展起复作业。救援列车在桥梁或坡道等特殊地段作业时，应当连挂机车。两列及以上救援列车分头作业时的指挥，由现场总指挥协调分工后各自负责。两列及以上救援列车在同一个作业面集中作业或者联动作业时，由负责本区段救援任务的救援列车或者由现场总指挥指定人员负责指挥。救援列车在电气化区段实施救援作业时，应当在确认接触网工区接到停电命令并做好接地防护后方准进行。起复动车组、新型机车车辆等，应当使用专用吊索具。

（8）事故应急救援需要通信保障时，通信部门应当在接到通知后根据需要立即启用“117”应急通信人工话务台，组织开通应急通信系统。事故发生在站内，应当在 30 分钟内开通电话、1 小时内开通图像传输设备。事故发生在区间，应当在 1 小时内开通电话、2 小时内开通图像传输设备。并指定专人值守，保证事故现场音频、视频和数据信息的实时传输，任何人不得干扰、阻碍事故信息采集和传输。

（9）事故造成铁路设备设施损坏时，有关专业部门应当立即组织抢修，根据实际情况及时切断事故现场电源，拆除、拨移和恢复接触网，及时架设所需照明设备，调集足够的救援队伍、材料和机具，积极组织抢修损坏的线路、通信信号等行车设备设施，协助事故机车车辆的起复。对可以运行的受损机车车辆进行检查确认，符合挂运条件的方准移动，必要时派人护送。起复作业完毕后，应当迅速做好开通线路的各项准备。

（10）事故遇有装载危险货物车辆时，现场指挥部应当在采取确保人身安全和作业安全措施后，方可开展救援。危险货物车辆需卸车、移动或者起复时，应当在专业人员指导下作业，及时清除有害残留物或者将其控制在安全范围内。必要时，由安全监管办协调环保监测部门及时检测有害物质的危害程度，采取防控措施。

（11）公安机关应当组织解救和疏散遇险人员，设置现场警戒区域，阻止未经批准人员进入现场，指定专人进行现场勘查取证，必要时实施现场交通管制，负责事故现场旅客、货物及沿线滞留列车的安全保卫工作。

（12）事故应急救援过程中，有关单位和个人应当妥善保护事故现场及相关证据，并及时移交事故调查组。因应急救援需要改变事故现场时，应当做出标记、绘制现场示意图、制作现场视听资料，并做出书面记录。任何单位和个人不得破坏事故现场，不得伪造、隐匿或者毁灭相关证据。

（13）事故救援完毕后，现场指挥部应当组织救援人员对现场进行全面检查清理，进一步确认无伤亡人员遗留，拆除、回收、移送救援设备设施，清除障碍物，确认具备开通条件后，立即通知有关人员按规定办理手续，由列车调度员发布调度命令开通线路，尽快恢复正常行车。

4.2.6 善后处理

（1）事故善后处理工作组应当依法进行事故的善后处理，组织妥善做好现场遇险滞留人员食宿、转移和旅客改签、退票等服务工作，以及伤亡人员亲属的通知、接待及抚恤丧葬、经济补偿等处置工作。负责收取伤亡人员医疗档案资料，核定救治费用。

（2）对事故造成的伤亡人员，现场指挥部应当在积极组织施救的同时，负责协调落实伤亡人员的救治、丧葬等临时费用，待事故责任认定后，由事故责任方承担。

（3）事故造成人员死亡的，应当由急救、医疗卫生部门或者法医出具死亡证明，尸体由其家属或者铁路运输企业存放于殡葬服务单位，或者存放于有条件的急救、医疗卫生部门。尸体检验完成后，由事故善后处理工作组通知死者家属在 10 日内办理丧葬事宜。对未知名尸体，由法医检验后填写《未知名尸体信息登记表》。经核查无法确认死者身份的，经事故善后处理工作组负责人批准，刊登认尸启事，刊登后 10 日无人认领的，由县级或者相当于县级以上的公安机关批准处理尸体。

（4）事故造成境外来华人员死亡的，事故善后处理工作组应当通知死者亲属或者所属国家驻华使（领）馆，尸体处置事宜按照我国有关规定办理。

（5）对事故现场遗留的财物，事故善后处理工作组或者公安部门应当进行清点、登记并妥善保管。

（6）对事故造成的人员伤亡、财产损失及事故应急救援费用等应当进行统计。借用有关单位和个人的设备设施和其他物资，使用完毕后应当及时归还并适当支付费用，丢失或者损坏的应当合理赔偿。

（7）对事故造成的人员伤亡和财产损失，按照国家有关法律、法规和《铁路交通事故应急救援和调查处理条例》的有关规定给予赔偿。

事故当事人对损害赔偿有争议时，可以协商解决，或者请求组织事故调查组的机构进行调解，也可以直接提起民事诉讼。

（8）属于肇事方责任给铁路运输企业造成损失的，应当按照事故认定书由肇事方赔偿。

（9）因设备质量或者施工质量造成事故损失的，铁路运输企业有权依据事故认定书向有关责任方追偿损失。

（10）事故应急救援工作结束后，现场指挥部应当对事故应急救援工作进行总结，于 5 日内形成书面报告，并附事故应急救援有关证据材料，按事故等级报国铁集团事故应急救援领导小组或者安全监管办备案。由国铁集团事故应急救援领导小组组织进行全面总结分析，对事故应急救援的组织工作进行评价认定，总结经验教训，制定整改措施，修改完善应急预案及有关制度办法。

4.2.7 处罚及问责

（1）铁路运输企业及其职工违反《铁路交通事故应急救援规则》规定，不立即组织事故应急救援或者迟报、漏报、瞒报、谎报事故等延误救援的，由国铁集团或者安全监管办对责任单位处 10 万元以上 50 万元以下的罚款，对责任人处 4 000 元以上 2 万元以下的罚款。

（2）国铁集团工作人员以及其他人员违反《铁路交通事故应急救援规则》规定，未立即启动应急预案或者迟报、漏报、瞒报、谎报事故等延误救援的，对主管负责人和其他直接责任人依法给予行政处分。涉嫌犯罪的，依照有关规定移送司法机关处理。

（3）违反《铁路交通事故应急救援规则》规定，干扰、阻碍事故应急救援的，由国铁集团或者安全监管办对责任单位处 4 万元以上 20 万元以下的罚款，对责任人处 2 000 元以上 1 万元以下的罚款。情节严重的，对责任单位处 20 万元以上 100 万元以下的罚款，对责任人处 1 万元以上 5 万元以下的罚款。属于国铁集团工作人员的，依法给予行政处分。违反治安管理规定的，由公安机关依法给予治安管理处罚。涉嫌犯罪的，依照有关规定移送司法机关处理。

素质拓展

学习宣传贯彻好党的二十大精神，是当前和今后一个时期中国铁路各级党组织和广大党员干部的首要政治任务。中国铁路要牢牢守住安全底线，坚决维护铁路安全持续稳定，扎实开展铁路安全生产大检查，以铁路安全持续稳定服务党和国家工作大局。

项目5

高速铁路站车工作人员劳动安全

思政目标

● 坚持“以人为本”的原则，牢牢守住铁路安全政治红线、职业底线。

引导案例

扎实开展劳动安全攻坚年行动 确保实现“两杜绝一控制”目标

为认真贯彻落实中国铁路上海局集团有限公司部署要求，加强劳动安全风险管控，有效防范责任伤亡事故，确保从业人员人身安全，南京客运段扎实开展“劳动安全攻坚年”行动。

一 总体要求

深入学习贯彻习近平总书记关于安全生产的重要论述和对铁路工作重要指示批示精神，坚持人民至上、生命至上，坚持管专业必须管安全，扎实开展“劳动安全攻坚年”行动，严格落实全员共管共保劳动安全的安全生产责任，深入推进劳动安全标准化规范化建设，运用“预警、评价、应变、慎终如始”安全工作方法，超前防控劳动安全风险，健全人防、物防、技防的劳动安全保障体系，落实劳动安全“八防”措施，保障劳动安全稳定受控。

二 总体目标——“两杜绝一控制”

1. 两杜绝

（1）杜绝铁路交通一般 B 类及以上和程度相当的其他生产安全责任从业人员伤亡事故。

（2）杜绝段属机动车道路交通安全责任一般事故。

2. 一控制

控制从业人员责任轻伤事故。

三 工作安排

第一阶段：部署动员，自查自改

各部门要认清劳动安全攻坚年工作的意义，召开劳动安全攻坚年动员部署会，主要负责人要亲自研究，紧密结合本部门劳动安全管理实际，组织细化工作方案，制定实施细则，明确工作目标、责任分工和完成期限，并对照《安监室关于劳动安全基础管理综合检查情况的通报》（安监函〔2025〕1 号）开展自查，举一反三，抓好整改。

第二阶段：集中整治，推进落实

各部门要围绕劳动安全攻坚年的工作任务和实施细则，按规定的期限抓好落实，指派专人实时跟进任务进度，同时对现场发现的问题，做好整改，落实复查验证，严格落实闭环管理。安全科及片区检查组要加强过程督查指导，确保劳动安全攻坚年各项工作落实落地。

第三阶段：提高巩固，总结验收

段成立专项检查组，对照劳动安全工作目标和具体工作任务，结合年度劳动安全评估，对劳动安全攻坚年各项工作推进情况进行全面验证，查漏补缺，同时，可以通过召开现场会、经验交流会等方式展示劳动安全管控亮点，总结推广好的做法，固化工作成果。

四 客运工作中的劳动安全示例

严格遵守劳动纪律和作业纪律，班前必须充分休息，保持精力充沛。严禁在接班前 6 小时内和乘务途中以及折返站、公寓待勤期间饮酒、赌博，如图 5–1 所示。

图 5–1 劳动安全宣传图 1（待勤期间禁酒）

上下班途中，驾驶机动车时要严格遵守道路交通安全规定，系好安全带，不超速、不超载、不闯红灯，如图 5–2 所示；骑行电动车时遵守道路交通规则，佩戴安全头盔，禁止超速，禁止骑车带人，禁止骑行中单手扶把、接打电话或浏览电子设备。

图 5–2 劳动安全宣传图 2（驾驶机动车安全）

通过站场线路时，应走天桥、地道，严禁从线路上横越。必须横越线路或通过平交道时，必须落实“一站、二看、三通过”制度，执行“眼看、手比、口呼”有形化措施，注意左右来往机车、车辆动态及脚下障碍物，如图 5–3 所示。

图 5–3　劳动安全宣传图 3（站内安全）

班组出退勤（包括折返站）由列车长带队，按规定路线集体列队行走；乘坐班车出退乘时，按规定系好安全带；在公寓待勤时，严格执行请销假制度，如图 5–4 所示。

图 5–4　劳动安全宣传图 4（请销假）

禁止飞乘飞降，严禁在机车车辆运行中上下车，如图 5–5 所示。乘务人员在上下车、登车等候发车时，要紧握扶手并注意车体与站台缝隙。严禁随车奔跑，严禁下站台拾捡物品。

图 5–5　劳动安全宣传图 5（乘降安全）

车门立岗时，若为低站台应以面向旅客放行方向立岗，如图 5–6 所示；高站台应站在车厢主体一侧面向车厢连接处立岗，防止因旅客拥挤而坠落站台。

图 5–6　劳动安全宣传图 6（若为低站台应以面向旅客放行方向立岗）

生产作业场所不得违规安装、使用大功率电器，严禁私自接线用电、乱接乱拉电源线，如图 5–7 所示。

图 5–7　劳动安全宣传图 7（用电安全）

上下楼梯、行走及现场作业时，要注意察看脚下有无障碍物或坑、沟等，防止跌倒、扭伤或踩空摔伤，如图 5–8 所示。

图 5–8　劳动安全宣传图 8（上下楼梯安全）

广大干部职工要充分认识开展“劳动安全攻坚年”的重大意义，要压实责任、狠抓落实，坚持红线意识、底线思维、遵章守纪、按标作业，做好自身安全的第一责任人，全力确保劳动安全稳定受控。

任务 5.1 劳动安全的基础认知

知识目标

- 掌握劳动安全、铁路劳动安全的基础知识。

技能目标

- 树立劳动安全意识，安全开展工作。

相关知识

5.1.1 劳动安全

1. 劳动安全的概念

劳动安全，又称职业安全、职业岗位安全，是劳动者享有的在职业劳动中人身安全获得保障、免受职业伤害的权利。

劳动安全涉及以防止职工在职业活动过程中发生各种伤亡事故为目的的工作领域及法律、技术、设备、组织制度和教育等方面所采取的相应措施。

劳动安全就是要在生产劳动过程中，防止中毒、车祸、触电、塌陷、爆炸、火灾、坠落、机械外伤等危及劳动者人身安全的事故发生。

2. 劳动安全的特点

劳动安全的特点主要包括以下几个方面。

1）强制性

劳动安全标准具有法律强制性，用人单位必须严格执行国家规定的劳动安全卫生规程和标准，建立健全劳动安全卫生制度，对劳动者进行安全教育，确保劳动过程中的安全和健康。

2）综合性

劳动安全标准涉及多种学科和专业领域，包括生产工艺、生产工具、生产设备、工作场所环境条件、劳动防护用品等，具有综合性特点。

3）预防性

劳动安全制度以预防为主，通过改善劳动条件和劳动环境，消除不安全和不卫生的因素，保护劳动者的生命安全和身体健康。

4）技术性

劳动保护制度以技术性法律规范为主，规定具体的保护规则时必须遵循自然科学规律，将各种技术措施、技术要求规范化、法律化。

5）法律性

劳动安全卫生标准具有法律强制性，用人单位必须严格遵守，否则需承担相应的法律责任。

5.1.2　铁路劳动安全

铁路劳动安全是指在铁路施工、运营与维护的过程中，为保障铁路职业岗位工作人员的生命财产安全而采取的各种措施。铁路劳动安全的重要性不言而喻，因为铁路工作与大量的机械设备操作、高空作业、强电场等危险因素存在关联。为此，我们应采取一系列的管理与预防措施，保障铁路职业岗位工作人员的劳动安全。

铁路作为国家先导性、基础性、战略性重大基础设施，是国民经济大动脉、重大民生工程和综合交通运输体系的骨干。铁路安全稳定事关人民群众生命财产安全，事关铁路事业持续健康发展，事关党和国家工作大局，也事关每一名铁路从业人员的切身利益。铁路从业人员从入路的那一天起，就必须把“安全”二字印在脑中、刻在心上，并贯穿于职业生涯的全过程。

1. 铁路劳动安全的意义和目标

铁路是交通的重要组成部分，关乎国家经济发展、人民生活和国家安全等方面的重大利益。因此，铁路劳动安全具有极高的重要性。

（1）劳动安全关系到保护劳动者的基本权利和维护国家的声誉和形象。

（2）劳动安全关系到职工安全、健康和家庭幸福。

（3）劳动安全关系到企业生产发展和社会稳定。

铁路劳动安全的目标主要包括保障铁路职业岗位工作人员的生命安全和身体健康，防止事故发生，确保铁路运输的正常进行。

2. 铁路劳动安全管理措施

1）加强安全意识教育

铁路企业应该通过各种渠道，加强员工的安全意识教育，提高员工对安全工作的重视程度。

2）严格培训与考核

铁路企业应该建立完善的员工培训制度，提供必要的培训课程，并进行考核。只有经过专业培训和考核合格的员工，才能承担相应的岗位工作。

3）加强安全设施建设

铁路企业应该投入足够的资金和资源，加强对铁路线路、站场、车辆等安全设施的建设和维护，确保设施的合理性和有效性。

4）完善安全管理制度

铁路企业应该制定和完善相关的安全管理制度，明确安全责任、安全管理程序和工作标准，规范员工的行为和操作，确保各项安全工作的有序开展。

5）加强应急管理和救援能力

铁路企业应该建立健全应急管理和救援体系，配备必要的应急设备和器材，培训专业的救援人员，提升应急管理和救援能力。

3. 铁路劳动安全相关术语

（1）劳动安全卫生：以保障劳动者在职业活动过程中的安全与健康为目的的工作领域及

在法律、技术、设备、组织制度和教育等方面所采取的相应措施，又称职业安全健康。

（2）劳动安全：为防止职工在职业活动过程中发生各种伤亡事故为目的的工作领域，以及在法律、技术、设备、组织制度和教育等方面所采取的相应措施，又称职业安全。

（3）劳动卫生：以职工健康在职业活动过程中免受有害因素侵害为目的的工作领域，以及在法律、技术、设备、组织制度和教育等方面所采取的相应措施，又称职业健康、职业卫生。

（4）职业病：劳动者在职业活动中接触职业性因素所直接引起的疾病。

（5）法定职业病：国家根据社会制度、经济条件和诊断技术水平，以法规形式规定的职业病。

（6）劳动防护用品：为劳动者配备的，保护劳动者在劳动过程中免遭或者减轻事故伤害及职业病危害的个体防护装备和用品。

（7）个体防护装备：从业人员为防御物理、化学、生物等外界因素伤害所穿戴、配备和使用的防护品的总称。

（8）机车车辆伤害：铁路机车车辆在运行过程中碰、撞、轧、压、挤、摔等造成的伤害。

（9）触电：电流流经人体或带电体与人体间发生放电而造成的人身伤害。

（10）高处坠落：由站立工作面失去平衡，在重力作用下坠落（坠落高度超过 2 m）造成的伤害。不包括触电后、受打击后、被设备及车辆冲撞后等引发的坠落。

（11）机械伤害：机械设备运动（静止）部件、工具、加工件直接与人体接触引起的夹击、碰撞、剪切、卷入、绞、碾、割、刺入等伤害。

（12）起重伤害：各种起重作业（包括起重机安装、检修、试验）中发生的挤压、坠落（吊具、吊重）、折臂、倾翻、倒塌等引起的对人的伤害。

（13）物体打击：物体在重力或其他外力的作用下产生运动打击人体造成的人身伤亡事故。不包括因机械设备、车辆、起重机械、坍塌等引发的物体打击。

（14）火灾：在时间或空间上失去控制的燃烧所造成的灾害。

（15）中毒和窒息：接触有毒物质，引起人体急性中毒或窒息，以及缺氧造成窒息的伤害。

（16）机动车辆伤害：由运动中的机动车辆挤、压、轧、碾、撞、摔、倾覆等引起的伤害。

（17）淹溺：人落入水中，水侵入呼吸系统造成的伤害。

（18）灼烫：因接触酸、碱、蒸气、热水或因火焰、高温引起皮肤及其他器官、组织损伤的伤害。

（19）坍塌：建筑物、构造物、堆置物、土石方等因设计、堆置、摆放或施工不合理而发生倒塌造成的伤害。不包括因爆炸引起的塌方和隧道、井巷冒顶片帮。

（20）冒顶片帮：矿井、隧道、涵洞开挖、衬砌过程中因开挖或支护不当，顶部或侧壁大面积垮塌造成伤害的事故。工作面、侧壁坍塌称为片帮，顶部垮落称为冒顶，二者常同时发生。

（21）透水：矿山地下开采、隧道开挖过程中，意外水源造成的伤害。

（22）爆破伤害：施工中爆破作业造成的伤害。

（23）火药爆炸：在火药、雷管、鞭炮、发令纸等生产、运输、储存、使用过程中发生爆炸造成的伤害。

（24）瓦斯煤尘爆炸：瓦斯或煤尘混合气体含量达到爆炸极限，遇明火发生爆炸造成的伤害。

（25）其他爆炸：凡不属于火药、瓦斯煤尘爆炸的爆炸事故均属于其他爆炸，如固定式锅炉，各种承压容器（如气瓶、气桶、罐车、盛装容器、换热容器、分离容器等）发生的爆炸；化学品爆炸；炉膛、钢水包爆炸；粉尘（不含煤尘）爆炸等。

（26）煤与瓦斯突出：煤或瓦斯从岩层中大量释放涌出，将人员掩埋或使人员缺氧窒息造成的伤害。

任务5.2 铁路站车客运劳动安全

知识目标

- 掌握铁路站车客运劳动安全的相关规定。

技能目标

- 树立铁路站车客运劳动安全意识，安全开展客运工作。

相关知识

客运劳动安全是指客运作业人员在生产劳动过程中的人身安全。严格执行客运劳动安全相关规定，深刻吸取典型事故案例教训，熟练掌握相关安全知识和防范技能，是保障客运岗位作业人员安全生产的基本前提。

5.2.1 客运作业人身安全通用规定

客运作业人身安全通用规定是从事客运作业的所有人员必须认真落实的劳动安全控制措施，是预防事故、确保安全的行为准则。

（1）作业人员应熟知作业区域内客运和涉及人身安全的设备设施，并随时注意使用情况；遇设备设施出现异状或发生变化时，应及时通知有关人员并采取安全措施。

（2）接班前必须充分休息，保持精力充沛。接班点名时，开展劳动安全预想预防活动，作业中携带和正确使用劳动安全防护用品。班前、班中禁止饮酒。除因工作需要的人员以外，工作期间严禁使用作业终端之外的手机或电子娱乐产品。

（3）作业人员禁止穿着高跟鞋、露脚趾的凉鞋、硬底等易滑鞋。禁止戴未设耳孔的双耳帽，禁止将双耳包裹；手套应五指分开。

（4）上下楼梯、行走及现场作业时，要注意察看脚下有无障碍物或坑、沟等，防止跌倒、绊倒或踩空摔伤。

（5）在线路股道中作业时，应从站台两端（或中部）平交道进入线路。不得从站台上直接跨入线路。作业中应按规定落实防护，随时注意线路列车通过情况。需穿越停有机车车辆的线路时，必须先确认机车车辆暂不移动，然后在该机车车辆较远处通过。严禁在运行中的机车车辆前面抢越。

（6）顺线路走时，应走两线路中间，人体及所携带的工具（料）不得侵入机车车辆限界，并注意邻线的机车车辆和货物装载状态。严禁在道心、轨枕头上行走、坐卧，不准脚踏轨面、道岔连接杆、尖轨、辙叉心等。严禁打闹、嬉戏、接打（玩）手机。雨、雪、霜等不良天气行走时，应防止滑倒。

（7）通过线路时，应走天桥或地道，严禁翻越栏杆。必须横越线路或通过平交道时，应“一站、二看、三通过”，注意左右来往机车车辆的动态及脚下有无障碍物。

（8）必须横越列车、车列（组）时，应先确认列车、车列（组）暂不移动，然后由通过台越过，并注意邻线机车车辆动态；严禁钻爬车底、跨越车钩。严禁扒乘机车车辆和行包、邮政拖车（行包装卸人员按规定执行），以车代步。

（9）冬季作业人员行走的露天通道及场所要及时清除积水、积雪，防止结冰，必要时应加铺防滑垫，保持平整，防止滑倒摔伤。

（10）车站客运人员除上道保洁、列车上水及另有规定的应急处置等情况外，禁止跳下站台或进入线路。

（11）电气化区段有关作业人员，必须正确佩戴、使用、保管绝缘防护用品（具），在电气化区段作业必须遵守相关规定。

5.2.2 车站客运作业人身安全规定

车站客运作业是车站客运服务的重要环节之一，也是贯穿整个旅客运输过程的作业，涉及安检查危、列车上水、上道保洁、行包装卸等作业内容，相关作业人员应全面掌握和严格遵守相关人身安全规定。

（1）列车上水、上道保洁等作业应按规定落实专人防护措施，未落实防护措施不得作业；作业时，现场防护员必须严格遵守“防护人员不作业、作业人员不兼任防护”的规定。作业时应携带无线电台（对讲机）并试验良好，加强联系，掌握列车运行动态，及时安全避车。

（2）列车上水、上道保洁人员作业时，应按照固定走行线路行走，按照事先指定的地点避让列车或车列（组）。必须按规定穿戴防护用品，穿着铁路高可视性警示服（3 级），衣服穿戴整齐、鞋绳系扣牢靠，防止刮、擦、摔倒。

（3）上道保洁须分作业区域（或作业股道），由现场防护员向驻站联络员申请，得到允许上道作业的通知后，方可通知现场作业人员上道作业。每名现场防护员监控一组上道保洁人员，前后控制距离按照各铁路局集团公司规定执行，作业中应加强瞭望，接到来车通知后及时组织所有作业人员下道，到安全地点避车。

（4）上道保洁作业必须安排在天窗时段内进行。遇大雨、大雾等恶劣天气时，禁止作业。上道保洁作业中，作业人员原则上不得站在股道内、轨枕头上，遇道岔区等必须进入股道内作业时，防护人员应加强现场防护。正线有列车通过时，未隔站台的相邻线路应停止保洁作业。

（5）上水作业人员要全面掌握本站旅客列车上水方案、上水列车时刻、进路、编组、作业区域、路线环境及邻线运行列车等情况，遇邻线机车车辆移动时，必须停止作业，待机车车辆驶过或停妥后方可进行作业。作业过程中，要做好相互防护工作。紧邻高速铁路（客运专线）正线且无隔离的到发线不得安排上水作业。

（6）每趟列车上水作业小组人员必须同出同归，做好互控，严禁单人作业；作业完毕，按照上岗作业行走固定线路，撤除工具备品，集体撤岗。

（7）行包装载要用绳索捆牢，不致被甩落。四周护栏拖车运行中，侧向护栏应锁闭。装卸超重、超大、超宽等货物时，要有专人指挥，装卸人员要互相配合、协调一致，防止人员伤害。

（8）行包装卸人员装卸作业，必须严格执行车停开始、铃响停止的作业规定，严禁车动时抢装、抢卸、抓车、跳车和随车奔跑。

（9）行包牵引车、行包拖车行驶过程中，只允许拖车上最后一辆的尾部站人，站立人员必须面向前方，双脚站立踩稳，双手紧握护栏，不得手抓捆扎绳索，不得飞乘飞降，其余拖车严禁坐、卧、站人，连接部位禁止任何人站立。除行包装卸作业人员按规定执行外，其他人员严禁扒乘行包、邮政拖车，以车代步。

（10）行包牵引车、行李电瓶搬运车和其他作业车辆在站内行驶时不超速、不抢越。严禁行包牵引车在坡道停留时司机离开驾驶室。

5.2.3 列车客运作业人身安全规定

旅客列车客运乘务人员在客运作业过程中，必须严格落实列车客运作业人身安全相关规定，确保自身安全。

（1）乘务员在站台候车时，必须站在站台安全标线以内的指定位置等候。乘务员在车厢车门处瞭望确认站台情况时，要紧握扶手，双脚不得伸出车厢车门处地面边缘。

（2）乘务员在上下车时，要紧握扶手，高站台要注意车门与站台缝隙，不得从车窗上下列车，防止踩空坠落、跌倒摔伤。严禁随车奔跑，飞乘飞降。

（3）冬季上下车及通过车厢连接处时，要注意脚梯、车梯扶手和连接处有无冰雪，防止滑跌。

（4）列车运行中严禁开车门乘凉、探身瞭望及向车外清扫垃圾，严禁向车外抛扔杂物，严禁列车工作人员在乘务途中下车给列车补水。

（5）配备燃煤锅炉设备的列车，列车乘务人员应落实防火防爆措施，使用设备前做好安全检查，使用中严禁缺水、干烧。

（6）列车客运乘务人员不得带电清洁和自行拆卸列车上的电气设备，不得用水冲刷地板、墙板及电气设备。

（7）行李车应保持正常行走通道，在行李车作业时要注意脚下滤水格，走平踏稳，防止扭伤。

（8）行包堆码应做到大不压小、重不压轻、方不压圆、长横短竖、箭头向上、标签向外、按批分区、堆码整齐。拆解货物堆码时，应自上而下，不得底部抽心导致货物堆码倒塌。

（9）发生旅客或行李物品掉落站台时，严禁在未通知司机并得到确认的情况下私自跳下站台对旅客施救及取出行李物品。

（10）列车乘务员需从反面下车作业或在区间停车需下车作业时，必须有专人进行防护，严禁在无安全防护或防护措施未到位的情况下下车作业。乘坐铁路通勤车人员严禁反面上下车。

（11）在客车整备所、动车所作业时，作业人员应按照一体化作业管理要求，加强联系沟通，提前掌握作业计划变化情况。严禁追逐未停妥的车底进行作业或向动态的车底抛扔作业工具、料具等。

（12）客运乘务人员集体出退乘，线路相对固定，有安全行走线路图。客运班组出退勤（包括折返站）由班组长带队，按规定路线集体列队出入车站（客车整备所、动车所），必须横越线路时应指定专人防护，并执行相关规定。

5.2.4 站台作业和客服设备作业人身安全规定

站台作业和客服设备的安全风险属于客运安全关键，直接关系铁路运营安全和旅客满意度。在站台作业中，环境、设备设施及火灾爆炸等风险隐患均可能对作业人员和旅客安全构成威胁。因此，确保站台作业的安全对于维护铁路运输秩序，保障人员生命安全至关重要。

（1）站台组织旅客乘降或接发列车时，非作业需要，不得侵入安全标线；作业过程中应密切关注列车动态。

（2）严禁在站台、平过道骑行自行车、电动自行车、三轮车、摩托车等车辆。行包、电瓶搬运车和其他作业车辆在站内通过平交道时必须派人引导，随车人员应下车步行，车辆行驶中不超速、不抢越。

（3）进出直梯应确认轿厢与候梯厅地面水平，电梯门未完全开启或有关闭迹象时，不得进出轿厢。不乘坐明示处于非正常状态、超过额定载重量的电梯。不采用非安全手段开启电梯层门，不拆除、破坏电梯部件及其附属设施。不做其他危及电梯安全运行或危及他人安全乘降的行为。

（4）搭乘自动扶梯前应确认扶梯运行方向，顺向乘梯。搭乘自动扶梯时，应留意前方并抓紧扶手，注意落脚，避免因踩在阶梯交界处而摔倒。保持与前后同行乘客的安全距离，避免相互碰撞、挤压。不得蹲坐在梯级上；不得倚靠扶梯侧面裙板；不得用脚踢扶梯端盖；不得让手和衣服碰触到两侧扶手带以下部位；不得将头部、四肢伸出扶手装置以外；不得在扶手带或内外盖板处攀爬，到达时确保快速稳步离开，不得停下交谈或四处张望。

项目 6

高速铁路客运应急实务

思政目标

- 树立“人民铁路为人民”的服务宗旨，妥善处理客运突发事件。

引导案例

6·4 贵广线列车脱线事故

2022 年 6 月 4 日 10 时 30 分许，贵阳北至广州南的 D2809 次旅客列车行驶在贵广线榕江站进站前的月寨隧道口时，撞上突发溜坍侵入线路的泥石流，导致 7 号、8 号车发生脱线，造成 1 名司机殉职，1 名列车员与 7 名旅客受伤。

据中国铁路成都局集团有限公司官方微博消息，2022 年 6 月 4 日，贵阳机务段动车组司机杨勇，值乘 D2809 次列车从贵阳北开往广州南。经车载数据分析，杨勇在危急时刻，发现危险，果断停车，撂下了生命中的最后一把闸，保障了车上旅客的安全。

铁路部门迅速启动应急预案，1 名列车员、7 名旅客被迅速送至榕江县医院进行全力救治，得到妥善治疗，没有生命危险；列车上其他 136 名旅客被安排转运疏散。

任务 6.1 铁路突发公共卫生事件的应急处理

知识目标

- 了解铁路突发公共卫生事件应急处理的基本规定；
- 了解铁路突发公共卫生事件的组织保障体系；
- 了解铁路突发公共卫生事件的预防与应急准备；
- 了解铁路突发公共卫生事件的信息报告制度；
- 了解铁路突发公共卫生事件的应急处理；
- 了解铁路突发公共卫生事件的责任追究。

技能目标

- 掌握铁路突发公共卫生事件应急处理的基本规定；
- 掌握铁路突发公共卫生事件的组织保障体系；
- 掌握铁路突发公共卫生事件的预防与应急准备要求；
- 掌握铁路突发公共卫生事件的信息报告制度；
- 掌握铁路突发公共卫生事件的应急处理程序和内容；
- 掌握铁路突发公共卫生事件的责任追究。

相关知识

6.1.1　基本规定

（1）为保障广大旅客、铁路职工的身体健康与生命安全，维护正常的运输生产秩序，结合铁路实际，制定铁路预防和控制突发公共卫生事件的相关规定。

（2）铁路突发公共卫生事件（以下简称突发事件）是指国内突然发生重大传染病疫情、群体性不明原因疾病，造成或者可能造成社会公众健康严重损害，并有可能借铁路传播的事件；铁路车站、列车发生 3 人以上集体性或有死亡的食物中毒事件；铁路单位内部发生 3 人以上集体性职业中毒、食物中毒、传染病暴发流行事件。

（3）国铁集团统一领导、指挥铁路突发事件的预防、控制、消除等工作，其主要职责如下：

① 采取应急处理措施，防止疫情借铁路传播或事态扩大。

② 做好旅客、铁路职工家属的健康保护。

③ 保证突发事件急需物资的运输。

④ 做好病人的医疗救治。

（4）铁路预防和控制突发事件应坚持以下原则，最大限度地降低突发事件产生的可能和危害。

① 依靠科学、加强合作、反映及时、措施果断。

② 领导负责、分级负责、系统负责、岗位负责。

③ 防治结合、专群结合、路地联控。

④ 早发现、早报告、早隔离、早治疗。

（5）国铁集团、各铁路局对参加突发事件应急处理人员，应给予适当补助；对做出贡献的，应给予表彰和奖励；对因参与应急处理工作而致病、致残、死亡的，应按照国家有关规定，给予相应的补助或抚恤。

6.1.2　组织保障体系

（1）国铁集团建立突发事件应急处理组织保障体系，实行领导负责、逐级落实、相关部门协调配合的工作机制，建立完善的网络指挥系统和疫情报告制度。

（2）发生突发事件时，国铁集团成立“铁路突发公共卫生事件应急处理领导小组”，统一领导、指挥铁路突发事件应急处理工作。领导小组组长由主管卫生工作的国铁集团领导担任，国铁集团的卫生、外事、运输、安全、公安、宣传等部门分工负责，相互配合、协调开展工作。

（3）国铁集团所属各单位成立相应的突发公共卫生事件应急处理领导和指挥机构，积极开展突发事件的预防控制工作。

（4）突发事件发生后，在服从国家统一指挥的前提下，发生在铁路范围内，需要两个及两个以上铁路局采取应急处理措施时，由国铁集团突发公共卫生事件应急处理领导小组负责指挥并协调处理。

6.1.3 预防与应急准备

（1）国铁集团所属各单位要制定公共卫生突发事件处理方案，并组织实施；建立预防工作检查监督和效果评价制度，确保公共卫生突发事件预防与应急准备工作的落实。

（2）铁路站车应加强对国家和地方政府防病信息和技术措施的广播宣传，提高广大旅客的防范意识。加强对站车工作人员识别和处理突发公共卫生事件的培训，使其掌握铁路常见应急处理事件的报告、防范、处理方法。

（3）认真开展爱国卫生运动，做好传染病预防和有关公共卫生工作，提高站车和铁路生产、生活环境卫生水平。

（4）加强对铁路职工，特别是站车工作人员和医护人员的个人防护，保证清洁和饮食卫生，提高防御疾病的能力。

（5）铁路站车按照规定配备医疗救护药箱、应急设备及必需的个人防护用品。

（6）铁路各级卫生主管部门及其卫生监督机构要加强对传染病、食物中毒、职业中毒等突发事件的预防、治疗、检测、控制等相关工作的监督检查，防范突发公共卫生事件的发生。

（7）加强卫生机构建设，健全信息网络，配备食品、有毒化学物、微生物等突发事件检测设备，提高铁路系统疫情检测、卫生检疫、医疗救治、追踪调查和疫情处理等方面的公共卫生应急处理水平。

（8）鼓励和支持卫生、科研机构开展预防控制铁路突发公共卫生事件的科研工作。

6.1.4 信息报告制度

（1）有下列情形之一的，各铁路局应当在接到报告后 2 h 内报告国铁集团卫生主管部门。

① 旅客列车上发生 30 人以上旅客食物中毒或有人员死亡。

② 铁路沿线城市人民政府宣布传染病或不明原因疾病暴发流行。

③ 铁路单位职工发生 3 人以上职业中毒事故或发生死亡事故。

④ 铁路运输过程中有毒化学品泄漏引起公共人群急性中毒。

⑤ 铁路运输放射性物质包装失去屏蔽效能，放射性物质泄漏或丢失。

（2）发生以上①、③、④、⑤项情形时，各铁路局卫生主管部门应在 2 h 内报告所在地省级卫生行政部门。

（3）铁路站车发生 30 人以上或者死亡 1 人以上的重大食物中毒事故需要立即组织抢救病人时，执行公务的卫生、客运人员可直接向国铁集团卫生主管部门报告。

（4）任何单位和个人对突发公共卫生事件，不得隐瞒、缓报、谎报或者授意他人隐瞒、缓报、谎报。

6.1.5 应急处理

（1）国内发生突发公共卫生事件，要求铁路部门采取措施时，由国铁集团决定启动应急处理程序；各地发生突发公共卫生事件，要求铁路局启动应急处理程序时，由铁路局决定启动应急处理程序，并向国铁集团报告。铁路突发事件发生时，各铁路局卫生主管部门应向国铁集团报告，组织专家对突发事件进行综合评估，并提出初步处理建议。突发事件应急处理领导小组及时决策，组织各成员单位按照“铁路突发公共卫生事件应急处理预案”开展工作。

（2）铁路各级卫生部门负责领导小组的日常工作；对铁路突发事件应急处理提供技术咨询，指导相关单位预防和控制疫情在铁路职工和家属中传播；及时组织和协调医疗卫生单位进行医疗救护和现场救援，组织控制和消除疫情。

（3）铁路各级公安部门负责维护突发事件现场的治安秩序，为抢救、隔离、运送病人提供安全保障，协助卫生部门对拒绝按规定隔离处理的传染病患者和接触者依法强制执行，打击利用突发事件扰乱秩序的违法行为，维护稳定，保证铁路运输安全。

（4）铁路各级运输部门负责组织客货运输部门防止和控制疫情借铁路交通工具传播，保证突发事件预防和控制过程中的人员、医疗救护设备、救治药品、医疗器械和其他物资的运输。

（5）铁路各级外事部门负责掌握进出境旅客的情况和信息，组织协调处理涉外有关工作；指导铁路有关部门配合国境卫生检疫机构，做好铁路口岸出入境人员、交通工具、各类货物需要采取的应急处理措施，保证突发事件应急处理所需的医疗救护药械等物资优先经铁路口岸及时运送。

（6）铁路各级安全监察部门负责组织职业危害事件的现场勘察、事故原因及定性分析。

（7）宣传部门负责组织铁路各单位做好职工、家属和旅客的宣传教育工作。

（8）计划、财务部门负责落实突发事件应急处理所需的设备经费。

6.1.6　责任追究

（1）对有下列情况之一的，分别给予领导者、直接责任者行政警告、记过、记大过、降级、撤职、开除留用察看、开除等相应处分。

① 对突发事件隐瞒、缓报、谎报或者授意他人隐瞒、缓报、谎报，对铁路突发公共卫生事件处理不力、工作失职，造成一定影响和损失的。

② 在突发事件调查、控制、医疗救治工作中玩忽职守、失职、渎职的。

③ 未按照优先安排的原则，完成突发事件应急处理所需设施、设备、药品、医疗器械等物资运输的。

④ 突发事件发生后，对调查不予配合，或者采取其他方式阻碍、干涉调查的。

（2）铁路卫生机构有下列行为之一的，由铁路卫生主管部门责令改正、通报批评。

① 未按规定履行报告职责，隐瞒、缓报或者谎报的。

② 未按规定及时采取控制措施的。

③ 未按规定履行突发事件监测职责的。

④ 拒绝接诊病人的。

（3）造成传染病的传播、流行或者对社会公众健康造成其他严重后果，构成犯罪的，依法追究刑事责任。

案例分析

G6×次列车旅客食物中毒事件

1. 案例概况

某年2月，在广州南开往北京西的G6×次列车上，北京旅客孔×一行3人在食用列车上销售的盒饭后，出现呕吐症状。

2. 处置程序

（1）乘务员通知列车长，列车长马上通过列车广播寻找医生职业的旅客进行医治。

（2）旅客中的医务人员初步判断3名旅客可能是食物中毒。

（3）对患者进行医治急救，听取医务人员的意见做好记录，并编制客运记录，通知下一车站，到站后将旅客交车站送医院抢救。

（4）列车向有关部门及时报告，主送前方铁路卫生防疫站，抄送有关客运、卫生主管部门。报告内容：旅客发病时间、地点、患者人数、餐饮食物名称，要求派员处理。

（5）保护现场，稳定旅客情绪，封存可疑食物、呕吐物样品，停止销售可疑食物，追回售出的可疑食物，等待卫生监督人员到现场查验。

（6）调查取证。调查发病原因及餐饮食物，收集发病人、周围旅客及有关人员的证明材料。

案例分析

G2××次列车传染性疾病旅客处理

1. 案例概况

某年2月5日，A客运段担当的青岛始发的G2××次动车组列车，在潍坊开车后，5号车厢乘务员发现本车厢5A、5B、5C座位的三位旅客不停出现呕吐现象，立即上前询问。这三位旅客自述：李×，男，33岁；王×，女，35岁；周×，男，36岁，上车前在一家小餐馆用餐。列车长立即通过广播寻找医生职业的旅客进行医治，旅客中的医务人员初步判断为食物中毒，建议下车继续治疗，列车长编制客运记录交前方停车站青州，并向有关防疫站拍发电报，请其派员检查处理。

当列车运行至青州站时，接站方通知：潍坊防疫站检查出三位旅客家属属霍乱病人，要求封锁该车车厢，并电告前方防疫站上车进行处理。

2. 处置程序

（1）旅客在列车上发生疾病，要立即设法组织抢救（广播找医生职业的旅客，遵医嘱发动旅客提供药品等）。

（2）发生食物中毒时，保存好呕吐物，并拍发电报，主送前方卫生防疫站，抄送铁路局客运处、客调。

（3）编制客运记录并将伤病员移交最近车站。

（4）保护现场，稳定旅客情绪，封存可疑食物、呕吐物样品（如旅客使用列车出售食品，应立即停止销售，并追回已售出的可疑食物），等待卫生防疫人员检查。

（5）调查取证，向发病人（同行人）、周围旅客及有关工作人员调查发病原因及所饮食物。

（6）发现传染病人后，应立即控制车厢人员及接触过传染病人的人员，等待防疫人员进行处理。

（7）向有关部门拍发电报。

任务6.2　铁路旅客人身伤害及携带品损失事故的处理

知识目标

- 了解铁路旅客人身伤害及携带品损失事故处理的基本原则；
- 认识铁路旅客人身伤害及携带品损失事故的现场处置与报告；
- 铁路旅客人身伤害及携带品损失事故的善后处理；
- 认识铁路旅客人身伤害及携带品损失事故的调查报告与统计；
- 了解铁路旅客人身伤害及携带品损失事故的处理保障措施；
- 了解铁路旅客人身伤害事故中外国人在华死亡后的处理。

技能目标

- 能掌握铁路旅客人身伤害及携带品损失事故处理的基本原则；
- 能按照规定完成铁路旅客人身伤害及携带品损失事故的现场处置与报告；
- 能合理进行铁路旅客人身伤害及携带品损失事故的善后处理；
- 能完成铁路旅客人身伤害及携带品损失事故的调查报告与统计；
- 能掌握铁路旅客人身伤害及携带品损失事故的处理保障措施；
- 能掌握铁路旅客人身伤害事故中外国人在华死亡后的处理办法。

相关知识

6.2.1　基本原则

在铁路旅客人身伤害及携带品损失事故的处理中，要维护旅客合法权益。在处理旅客人身伤害或携带品损失时，应当坚持实事求是、依法依规、就近及时的原则。

6.2.2　现场处置与报告

（1）列车、车站发生旅客人身伤害时，站车工作人员应当到场查看旅客伤害情况，报告列车长、站长组织救护，稳定人员情绪，维护现场秩序。

（2）因旅客伤害需交车站处理时，应移交前方县、市所在地车站或当地具有公共医疗条件的停车站；需要提前报告运行所在铁路局客运调度时，由客运调度通知车站做好救护准备工作。

（3）旅客不同意在规定的停车站下车处理时，应当由旅客出具拒绝下车治疗的书面声明，收集两份及以上证人证言。

（4）列车因旅客伤害严重需紧急停车处理或发生 3 人以上疑似食物中毒的，应立即报告运行所在铁路局客运调度。接到报告后，客运调度应当立即根据列车长提出的要求，通知有关车站及值班主任，并报告本铁路局客运处。

（5）列车发现旅客在区间坠车时应当立即停车按照第（1）项处理，通知就近车站或将受伤旅客移交就近车站。需要防护时，按有关规定处理。

不具备停车条件或者迟延发现时，列车长应当报告运行所在铁路局客运调度，客运调度接到报告后立即通知值班主任，值班主任通知相关列车调度员和铁路公安局指挥中心，由列车调度员和铁路公安局指挥中心分别通知邻近车站及车站铁路公安派出所派人寻找。列车运行至前方停车站时，列车应拍发电报，向发生地和列车担当铁路局主管部门报告。

（6）车站对本站发生的及列车移交的受伤旅客，应当及时联系当地医疗急救机构或送至就近医院抢救。

（7）产生医疗费用时，应当根据对责任的初步判断，属于旅客自身责任或第三人责任的，由旅客或第三人支付医疗费用。

暂不能区分责任或者责任人不明、无力承担的，经处理站站长或车务段段长批准，可用站进款垫付。动用站进款时，填写或补填“运输进款动支凭证”，10 日内由核算站或车务段财务拨款归还。

（8）受伤旅客经现场抢救无效死亡，或对站内、区间发现的旅客尸体，经医疗部门或公安机关确认死亡，公安机关现场勘查结束后，车站应当转送殡仪馆存放，并尽快通知其家属。尸体存放原则上不超过 10 日。

死者身份不明且在地（市）级以上报纸刊登寻人启事 10 日后仍无人认领的，应当根据铁路公安机关书面意见处理尸体；系不法侵害所致的，应当根据公安机关的书面意见并协商死者家属意见处理死者尸体。

对死者的车票、衣物、随身携带物品等应当妥善保管，并于善后处理时一并转交其继承人；死者身份不明或者家属拒绝到站处理的，按无法交付的物品处理。

（9）外国人在铁路站车死亡的，按照《关于转发〈民政部　外交部　公安部关于外国人在华死亡后处理程序有关问题的实施意见〉的通知》进行处理。

（10）发生旅客人身伤害，需要保护现场时，应当及时采取措施保护现场，禁止与救援、调查无关的人员进入。必要时，可请求地方政府提供协助。

（11）发生旅客人身伤害后，列车长、站长应当及时组织现场查验，全面搜索、梳理相关证据资料，检查旅客所持车票的票种、票号、发到站、车次、有效期及有效身份证件信息等，描绘现场旅客定位图，收集不少于两份同行人或见证人的证言及查验记录、现场照片、录像等其他相关证据，形成比较完整的证据链，即能够证明发生的过程和原因，初步明确性质，并妥善保管。

旅客或第三人能够说明事件发生经过或责任的，应当由其出具书面材料，并签字确认。

涉及违法犯罪或者旅客死亡的，由铁路公安机关组织现场勘查。

证人应当具有完全民事行为能力。证人证言中应当记录证人的姓名、性别、年龄、地址、联系方式、有效身份证件信息等内容。有医务工作人员参加救治时，应当由其出具参与救治经过的证言。证言、证据应当真实，能够反映事故发生的时间、地点、过程、原因和结果。

（12）列车向车站移交受伤旅客时，车站不得拒绝接收。办理移交手续时，列车应当编制客运记录和旅客携带品清单一式两份，一份由列车存查，另一份连同车票、证明材料、相关证人或其联系方式等一并移交。客运记录应载明日期、车次、旅客姓名、性别、年龄、国籍、民族、职业、单位、有效身份证件号码、联系方式、住址，车票种类、号码、发站、到站、车厢席位，受伤地点、受伤原因、受伤部位，处理简况，以及证据材料清单等内容。因时间来不及记明前述内容的，可在客运记录中简要记明日期、车次、移交原因，并在 3 日内向处理单位补交有关材料。特殊情况来不及编制客运记录的，列车长或其指定的专人应随同伤害旅客下车办理交接。涉及第三人时，应将第三人同时交站处理。对已经控制的违法、犯罪嫌疑人，应当及时移交车站铁路公安派出所。

（13）列车发现精神异常的旅客时，应重点关注，并按规定交到站或下车站妥善处理。列车运行途中，旅客有同行成年人的，应要求其同行成年人看护；无同行成年人的，应指派专人看护。必要时，可安排在适当位置看护。

车站发现进站乘车的旅客精神异常时，可不予其进站乘车，并为其办理退票手续。

（14）旅客在法定时限内索赔且能够证明伤害是在铁路旅客运输过程中发生的，受理单位应及时通知事故发生单位，并本着方便旅客的原则，移交旅客就医所在地车站或旅客发、到站处理，被移交站应当受理。发生单位应当在 10 日内收集并向处理单位移交相关证据材料。

（15）在站内或区间线路上发现有坠车旅客时，发现或接到通知的车站应当迅速通报有关列车。有关列车接到通报后，应当立即调查。发现列车应当收集相关证据材料和旅客携带物品，并向处理站移交。

（16）对下列情况造成的旅客人身伤害应当立即向铁路公安机关报警。

① 杀人、抢劫、抢夺、强奸、爆炸、纵火、绑架、结伙斗殴、寻衅滋事、故意伤害、击打列车、故意损坏、移动站车设备等违法犯罪行为。

② 因散布谣言，谎报险情、疫情、警情，扬言放火、爆炸、投放危险物质，非法阻拦行车、堵塞通道等，引起公共秩序混乱。

③ 火灾、爆炸、中毒等灾害事故。

④ 精神病人肇事、肇祸，醉酒者滋事。

⑤ 自然灾害。

⑥ 铁路设备、设施故障造成的事故。

（17）发生旅客人身伤害及携带品损失且有下列情形之一的，应当及时通知铁路公安机关。

① 应当控制、约束违法犯罪嫌疑人和扣押相关涉案物品的。

② 应当保护现场、维持秩序、协同救助的。

③ 应当由铁路公安机关介入调查、获取证据、查明原因的。

④ 引发治安纠纷或者酿成群体性事件并影响站车秩序，应当及时处置的。

⑤ 造成旅客死亡的。

（18）车站、列车发生旅客人身伤害事故时，可用电话向所在单位或上级主管部门报告概况；但发生重伤及以上旅客人身伤害时，应在第一时间向所属铁路局主管部门报告，随后向有关铁路主管部门拍发速报，并逐级向上级主管部门和宣传部门报告。报告（含速报）主要包括以下内容。

① 事故发生时间、车次、地点。

② 伤亡旅客的姓名、性别、年龄、国籍、民族、职业、单位、有效身份证件号码、联系方式、住址及车票种类、号码、发站、到站、车厢、席位等基本情况。

③ 事故发生经过、旅客伤亡及现场处理情况。

6.2.3 善后处理

（1）发生旅客人身伤害后，发生地车站（车务段）或处理站（车务段）应当组织发生单位、车站铁路公安派出所及相关单位成立善后处理工作组（以下简称工作组）。必要时，由发生地或处理站所在铁路局组织。发生旅客轻伤且经旅客或第三人同意现场调解、责任明确的，可由车站会同铁路公安派出所、发生单位、旅客、第三人等共同进行现场处理。

（2）工作组负责如下工作。

① 办理受伤旅客就医、食宿等事宜。

② 收集有关资料，建立案卷。案卷中应有：客运记录、证人证言、车票、医院证明、现场照片或图示、寻人启事及铁路公安机关处理尸体意见等材料；铁路公安机关制作的现场勘验笔录、法医鉴定结论，在不影响案件办理的情况下，可以收集存入案卷。

③ 核查伤亡旅客身份，通知其家属或发布寻人启事。

④ 处理旅客遗留物品或死亡旅客遗体。

⑤ 向旅客或其继承人、代理人通报有关情况，协商处理善后事宜。

⑥ 其他与善后处理有关的事宜。

（3）受伤旅客临床治疗结束或死亡旅客遗体处理完毕，工作组应当根据铁路安全监督办公室对责任的确定情况，核实各项费用及授权委托书、亲属关系证明等有关证明后，涉及铁路运输企业责任的，应尽快按有关法律规定与旅客或其继承人、代理人协商办理赔付。

（4）医疗费用应根据实际产生或后续治疗需要，凭治疗医院单据或建议核定。旅客需转院治疗时，应与处理单位协商一致，并经治疗医院同意。

（5）残疾赔偿金应根据有关鉴定机构出具的旅客人体损伤残疾程度鉴定意见，或者根据旅客受伤程度，比照有关人体损伤残疾程度鉴定标准所对应的残疾等级，按照有关标准计算。

（6）办理赔付时，编制“铁路旅客人身伤害及携带品损失最终处理协议书”，经各方确认、签字或加盖处理单位公章后，将赔偿金依据法定顺位支付给旅客或其继承人、代理人，旅客或其继承人、代理人出具收据交处理单位。

（7）根据责任确定情况，处理旅客人身伤害所发生的赔偿金及其他费用，由责任单位承担；无法确定责任单位的，由发生单位承担。

（8）需向责任单位或发生单位转账时，由处理单位所属铁路局财务部门开具“转账通知书”，连同“铁路旅客人身伤害及携带品损失最终处理协议书”转送责任单位或发生单位所属铁路局财务部门。责任单位或发生单位所属铁路局财务部门应当在收到“转账通知书”等材料次日起 30 日内将费用转拨至处理单位所属铁路局；超过 30 日的，每超过 1 日，按应付费用的 0.5%支付滞纳金。

旅客人身伤害是旅客自身原因或第三方造成时，铁路运输企业在垫付相关费用后，可向旅客或第三方追偿。

6.2.4 调查报告与统计

（1）旅客人身伤害处理完毕后，处理单位和发生单位应在 3 日内逐级向铁路局客运主管部门报送“调查处理报告”。

（2）铁路局应当在每月 20 日前汇总上月本局处理的旅客人身伤害情况，按要求填写“铁路旅客人身伤害统计表”和“安全情况报告”，报国铁集团运输部。案卷一案一卷，由处理单位保管，保存期为 5 年。

6.2.5 保障

（1）车站、列车应当按规定配置安全防护设备和视频监控装置，合理设置安全警示标志，建立健全日常管理、维护机制。视频监控管理部门应当定期采集视频监控数据，涉及旅客人身伤害纠纷的视频监控数据保存期不得少于一年。铁路局应当积极采用信息化手段，建立站车安全、设备等信息平台，确保信息沟通快速畅通。

（2）铁路局应加强旅客人身伤害及携带品损失处理费用的预算和支出管理，确保各项费用依法合理使用。

（3）铁路局及站、段应根据需要设置旅客人身伤害及携带品损失处理的工作人员，配备照相机、摄像机、录音笔等必要的设备，给予适当的岗位、交通、通信等补贴，定期组织相关人员参加培训，提高其业务能力。

（4）铁路局企业法律部门应当加强对旅客人身伤害及携带品损失处理的指导，定期组织法律专业知识培训。

（5）在铁路运输过程中发生旅客携带品损失时，旅客或其继承人、代理人应当向铁路运输企业提出可确认的证据；铁路运输企业确认后，使用“铁路旅客人身伤害及携带品损失最终处理协议书”，由参与协商各方签字盖章后，办理赔付。

（6）在铁路旅客运输过程中遇有急病、分娩的旅客时，车站、列车应当尽力予以救助，其救助程序参照相关规定办理。

6.2.6 其他规定

（1）在铁路旅客运输过程中（自旅客进站检票时起至出站检票时止）发生的铁路旅客人身伤害及携带品损失，由发生地或处理站所在地的铁路安全监督管理办公室（客运专业管理部门）组织处理站或其上级主管部门、铁路公安派出所或其上级铁路公安机关、相关专业管理部门等开展调查工作，了解相关情况，确定责任主体，提出处理意见。

（2）下列情况造成的铁路旅客人身伤害及携带品损失，依据有关法律、法规由相关部门组织调查。

① 因铁路交通事故造成铁路旅客人身伤害及携带品损失的，依据《铁路交通事故调查处

理规则》由相关部门组织调查。

② 属于铁路公安机关管理职责范围的，由铁路公安机关组织调查。

③ 旅客食品安全事故调查处理由铁路食品安全监督管理办公室负责，并依据有关法规规定的程序执行。

（3）发生旅客轻伤且经旅客或第三人同意现场调解、责任明确的，可由车站会同铁路公安派出所、发生单位、旅客、第三人等共同进行现场处理。

（4）在铁路安全监督管理办公室（客运专业管理部门）组织调查过程中，相关单位或人员应当按要求及时提供相关证据资料。

旅客人身伤害及携带品损失可能涉及设施设备、列车运行等原因的，应当通知有关管理单位。被通知单位接到通知后，应当按要求在 5 日内提交有关证据材料。

（5）在旅客人身伤害及携带品损失调查中，涉及旅客或第三人责任，且旅客、第三人或其代理人没有异议的，应当在有关调查报告中载明，并经其签字确认后，作为善后处理的依据；旅客、第三人或其代理人不予认可的，可告知其协商解决或通过司法途径处理。

（6）铁路安全监督管理办公室（客运专业管理部门）在调查中，对涉及铁路运输企业责任的，应按发生原因、铁路运输企业及其各部门职责等确定责任单位；两个以上单位都负有责任时，可以列两个以上单位的责任。

（7）铁路运输企业责任中客运部门责任分为车站责任和列车责任。

① 遇下列情形之一的，车站应当承担相关责任。

- 旅客持票进站或下车后在出站前，因车站组织不当造成人身伤害的。
- 车站引导标志缺失或不准确，误导旅客造成其人身伤害的。
- 车站设施设备不良造成旅客人身伤害的。
- 车站在停止检票后继续检票放行或检票放行时间不足，致使旅客抢上列车造成人身伤害的。
- 车站组织不力导致旅客上车时造成人身伤害的。
- 因车站客运工作人员违章、过失造成旅客人身伤害的。
- 有理由认为属于车站责任的。

② 遇下列情形之一的，列车应当承担相关责任。

- 车门漏锁致旅客坠车造成人身伤害的。
- 因列车工作人员过错导致旅客误下车、背门下车、在不办理乘降的车站（包括区间停车）下车、列车运行中开启车门造成人身伤害的。
- 列车组织不当或列车工作人员违反作业标准，导致旅客乘降时造成人身伤害的。
- 列车客运工作人员对设备管理不善造成旅客人身伤害的。
- 因列车客运工作人员违章操作、过失造成旅客人身伤害的。
- 有理由认为属于列车责任的。

（8）发生原因基本确定，但由于发生单位或相关设施、设备管理部门未及时收集或妥善保管相关证据资料，导致不能确定责任主体时，发生单位或相关设施设备管理部门应承担相应责任。

列车需将伤病旅客交站处理，调度部门因信息处置或安排停车不及时，车站因推诿或未及时联系医疗机构影响救治的，可将调度部门、车站与责任单位共同列为责任主体。

（9）对责任划分有争议时，铁路安全监督管理办公室（客运专业管理部门）应将调查报告、案卷、处理意见等有关资料报告发生、处理单位共同的上级主管部门或其授权的主管部门裁决。

发现定性不准确或处理不符合规定的，上级主管部门可以责令重新审查或纠正。

（10）确定铁路运输企业责任后，铁路安全监督管理办公室（客运专业管理部门）应当及时出具“铁路旅客人身伤害事故定责通知书”，交善后处理工作组，并于 10 日内寄送责任单位及其上级主管部门。

（11）铁路安全监督管理办公室（客运专业管理部门）工作人员应当符合铁路运输安全管理人员的任职条件，参加培训并经考核合格后取得相应的任职资格，持有相关执法证件，在规定的管辖范围和相应的专业分工范围内，严格按照规定程序进行调查处理工作，正确履行职责。

站段处理旅客人身伤害的工作人员应当持有铁路安全监督管理办公室工作证。

6.2.7 外国人在华死亡后的处理

（1）外国人在华死亡后，死者家属、亲友、接待人或者聘用单位按照《民政部 外交部公安部关于外国人在华死亡后处理程序有关问题的实施意见》（国发〔2008〕39 号）的规定，向有关部门报告情况，并及时提出处置遗体的书面意见。死亡发生地殡仪馆凭据死亡证明和死者家属、亲友、接待人或者聘用单位提出的书面意见并签字确认后，按照我国殡葬管理规定，实施遗体火化或者协助办理遗体运输出境事宜。所需费用由死者家属、亲友、接待人或者聘用单位承担。

（2）外国人在华死亡且无家属、亲友、接待人或者聘用单位的，根据死者有效身份证件，由死亡发生地公安机关向省、自治区、直辖市人民政府公安厅（局）报告，省、自治区、直辖市人民政府公安厅（局）向死者国籍国驻华使、领馆发出照会，要求其在照会发出 30 日内回复处理遗体的书面意见。回复意见不明确或者逾期未予回复的，省、自治区、直辖市人民政府公安厅（局）再次照会死者国籍国驻华使、领馆，限期回复处理遗体的书面意见，并告知其回复意见仍不明确或者逾期未予回复的，我方将由省、自治区、直辖市人民政府公安厅（局）做好档案记录后，函告死亡发生地殡仪馆火化死者遗体。遗体火化后，骨灰保管期限为 1 年。

（3）外国人在华死亡且无家属、亲友、接待人或者聘用单位的，死者有效身份证件标明的国籍国未与我国建立外交关系，但在华有领事事务代管国驻华使、领馆的，由死亡发生地省、自治区、直辖市人民政府公安厅（局）按前项规定程序照会代管国驻华使、领馆；在华没有领事事务代管国驻华使、领馆的，由死亡发生地省、自治区、直辖市人民政府公安厅（局）商同级人民政府外事部门提出处理遗体的书面意见。

（4）死者疑似外国人，既无家属、亲友、接待人或者聘用单位，又无任何有效身份证件的，死亡发生地公安机关应当及时核查并将结果报省、自治区、直辖市人民政府公安厅（局），由省、自治区、直辖市人民政府公安厅（局）商同级人民政府外事部门提出处理遗体的书面意见。

（5）外国人在华死亡后，死者家属、亲友、接待人或者聘用单位要求将死者遗体在华土葬的，一般可以我国实施殡葬改革、提倡火葬为由，予以婉拒。对于死者生前做出重要贡献或者特殊原因，需要在华处置骨灰或者土葬遗体的，由省、自治区、直辖市人民政府殡葬事务主管部门商同级人民政府外事部门决定。

（6）对于生前患有甲类传染病，或者乙类传染病中传染性非典型肺炎、炭疽中的肺炭疽和人感染高致病性禽流感的遗体，死者家属、亲友、接待人或者聘用单位应当配合医疗卫生机构，做好遗体消毒处理后，立即送往死亡发生地殡仪馆火化。所需费用由死者家属、亲友、接待人或者聘用单位承担。

铁路旅客人身伤害及携带品损失最终处理协议书如图 6－1 所示。

铁路旅客人身伤害及携带品损失最终处理协议书

No.________

一、旅客基本情况：

姓名：________ 居民身份号码：________________________

性别：________ 年龄：________ 职业：________ 电话：________________

住址：________________________________

二、车票情况：

号码：________________________ 日期：________________

车次：________ 发站：________ 到站：________ 席位：________

三、发生情况：

日期、时间、车次：________________________

地点、车站、区间：________________________

四、旅客人身伤害及携带品损失发生经过、救治及善后处理简要情况：

____

____

____

____

____

____

____

____

____

____

____

____

五、处理意见：

____

____

____

____

____

图 6－1 铁路旅客人身伤害及携带品损失最终处理协议书

六、协议人签字：

旅客签字：________________　　　　处理单位（章）

代理人签字：________________

公民身份号码：________________

联系电话：________________

日期：______年______月______日　　　　______年______月______日

第三人签字：________________

代理人签字：________________

居民身份号码：________________

联系电话：________________

日期：______年______月______日

发生（责任）单位代理人签字：________________

职务：________________

联系电话：________________

日期：______年______月______日

注：本协议由处理单位填写，一式五份：一份报铁路局主管部门，一份转铁路局财务部门，处理单位、责任（发生）单位、旅客或家属各一份。

图 6－1　铁路旅客人身伤害及携带品损失最终处理协议书（续）

铁路旅客人身伤害及携带品损失赔付通知书如图 6－2 所示。

铁路旅客人身伤害及携带品损失赔付通知书

No.________

________旅客：

对______年______月______日所发生旅客人身伤害（携带品损失），依据有关法律规定，经当事各方共同协商同意，赔付旅客共计人民币________元（大写________）。请您携带本通知和本人有效身份证件，于 30 日内到我站领取。如继承人、代理人领取时，请携带领取人有效身份证件及与旅客身份关系证明或授权委托书（以上证件或证明均需原件）。

特此通知。

处理单位（章）

______年______月______日

联系人：________　电话：________　单位地址：________________

图 6－2　铁路旅客人身伤害及携带品损失赔付通知书

铁路旅客人身伤害统计表（样式）如图 6－3 所示。

铁路旅客人身伤害统计表（样式）

××××铁路局旅客人身伤害统计表

单位：人

责任	伤害种类			责任	主要原因							
	死亡	重伤	轻伤		挤伤	摔伤	砸伤	烧烫伤	跳车	石击列车	疾病	其他
铁路企业												
旅客自身												
第三人责任												
不可抗力												
其他												
人数合计												

图 6－3　铁路旅客人身伤害统计表（样式）

安全情况报告（格式）如图 6－4 所示。

安全情况报告（格式）

旅客×××，性别，年龄，籍贯。××××年×月×日持××次××站—××站车票，列车运行至××线××—××间（或在××站），××原因，在××处死亡（或重伤）。

图 6－4　安全情况报告（格式）

铁路旅客人身伤害及携带品损失定责通知书如图 6－5 所示。

铁路旅客人身伤害及携带品损失定责通知书

No.________

__________铁路局：

__________站（段）：

关于________年________月________日发生____旅客人身伤害（携带品损失），经调查处理工作组研究，列__________站（段）__________责任。

特此通知。

××安全监管办公室（公章）

________年________月________日

注：本通知一式四份，一份交善后处理工作组，一份处理站（段）留存，寄送责任单位及其上级主管部门各一份。

图 6－5　铁路旅客人身伤害及携带品损失定责通知书

案例分析

G1××次列车旅客突发疾病事件

1. 案例概况

某年 3 月，G1××次列车，从郑州东站开车后，旅客赵××，持二等座车票，突发疾病，要求下车治疗。

2. 注意事项

旅客因病不能继续旅行时，应注意以下问题。

（1）有同行人时，在客运记录中注明同行人的姓名、性别、住址、身份证号码、车票票号等主要事项。

（2）无同行人且旅客不能自理时，在客运记录中附上旅客车票、有效身份证件、携带品清单等，连同客运记录一并交予车站。

素质拓展

生命重于泰山，安全高于一切。党的十八大以来，中国铁路坚持人民至上、生命至上，统筹好发展和安全两件大事，把新发展理念贯穿铁路发展全过程和各领域，构建新发展的格局，实现更高质量、更有效率、更加公平、更加持续、更为安全的发展。

项目 7

高速铁路动车组应急实务

思政目标

- 危急时刻，发现危险，对突发情况采取果断的应急处置措施，在保障国家和人民生命财产安全面前，必要时牺牲个人利益，甚至生命。

引导案例

G40 次列车碰撞侵限异物事故，遭质疑应急处置、救援不力

20××年 8 月 12 日 23 时 04 分，G40 次列车在京沪高铁廊坊至北京南运行期间发生撞击侵限异物事故，撞上彩钢板，立即采取了紧急停车措施，事故直接造成驾驶室玻璃龟裂，列车车身刮伤，接触网破损，列车受电弓等取流装置损坏。列车断电停水无空调，相当多的乘客心情焦躁，对此表示不满，在长达近 5 h 的停车等待后，到 8 月 13 日 3 时 49 分，设备故障才排除，列车恢复运行。

网友“叨叨先生 my”在微博上发布了亲历全程：

23:06：列车像是受到不明物体撞击，发生一阵晃动，随后就紧急制动停车。

23:55：乘务员通知乘客，安排了返京大巴车，会接所有乘客乘坐大巴车返京。目前所有乘客在断电的封闭车厢中焦灼等待。

3:02：G40 次复兴号列车还未启动，没电，没灯，没空调，车上乘客汗如雨下。

3:37：4 个半小时，G40 次列车来电了，有空调了。

3:43：G40 次列车广播寻找医务工作者，3 号车厢一位孕妇身体不适晕倒。

4:02：G40 次列车已经跑起来啦！

4:54：G40 次列车已到达北京南站！两位乘客晕倒，两台担架在 3、4 号车厢准备就绪，两位乘客被直接抬上救护车送往医院。

13 日早晨，@北京铁路再次发布消息称，13 日 7 时许，京沪高铁北京南至廊坊间又发生了设备故障，导致部分列车晚点、停运。铁路部门及时启动应急预案，目前故障已排除，列车运行秩序正在逐步恢复。

受其影响，其后的 20 多趟高铁被迫停运：

8 月 13 日北京南—上海虹桥 G121、G123、G125、G127、G119、G105、G111、G113、G117、G155、G149、G157、G159 次列车停运；

北京南—青岛 G201、G203、G205、G181、G182 次列车停运；

北京南—福州 G45 次列车停运；

北京南—杭州东 G39、G31 次列车停运。

足见，本次事故影响之大。

是否存在应急处置、救援不力？

北京南站至廊坊站区间为 59 km，G40 次列车与侵限异物相撞点在廊坊万庄镇附近，距北京南站 40 km 左右，距廊坊站 10 km 左右。但列车恢复运行却用了 5 h……相当多的乘客表达了不满，质疑救援不力。有网友表示：设备故障或意外是由天灾引起可以理解，但救援不力就是人祸，需要调查是否存在应急救援组织和处理不力的情况了。

根据《铁路交通事故调查处理规则》，碰撞侵限异物本身只是一个一般 C 类事故，但是事故最终造成线路单/双线中断 3 h 以上，客运动车组耽误超过 4 h，这两个后果都足以判定该事故已经升级为一个一般 A 类事故，需要深度调查。

从目前网友曝光信息及事发现场图片中可以明显感到存在以下几个疑点：

（1）列车蓄电池的一大作用就是应急，在紧急情况下提供照明和应急通风，且可以持续

几小时，为什么没有打开呢？

（2）12 日晚天气情况很差，列车时速近 300 km，司机看到侵限异物时紧急制动肯定来不及了，车头与挂在接触网上的彩钢板高速碰撞，列车时速 300 km 紧急制动大概需要 1 min，列车会滑行 2～3 km，这期间受电弓挂上彩钢板会严重拉扯牵引接触网（根据曝光图片可以判断），在这种牵引供电设备与列车受电弓严重损毁的情况下，预期修复时间会超过 2 h，而 G40 次列车距北京南站只有几十公里，为什么没有在抢修牵引供电设备及清除侵限异物的同时第一时间采用热备内燃机车牵引救援拖走列车呢？以 23:04 计，这大概不超过 1 h。

（3）为什么列车停车近 1 h 才开始每节车厢打开一个车门，在停车断电且没有通风的情况下按照应急处置规则应立即打开车门通风，且打开数量偏低。最终造成多名乘客身体不适，乘客情绪激动砸坏了车窗。

（4）应急调度组织决策似乎存在问题。据乘客描述，首先考虑了大巴，其次又考虑了从邻线救援，最后变为内燃机车牵引……G40 次列车外，后续几个末班车次救援，除等待设备完全修复，可以在廊坊站下车通过大巴或者调车从廊坊站紧挨着的廊坊北普铁车站把乘客送回北京，算上调车及换站换车时间，送回北京时间全程也仅在 2 h 左右，而当晚 11 点刚出天津的末班车可以目视驾驶反向运行回退到天津，再经天津枢纽复杂的联络线绕行至京津城际到北京南是否更好点儿呢？

任务 7.1　动车组安全管理概述及应急处置规范

知识目标

- 了解动车组安全管理基本内容；
- 了解动车组设施设备使用；
- 了解动车组运行安全管理；
- 了解电气化区段安全注意事项；
- 了解动车组电器设备安全使用要求；
- 了解动车组应急处置规范。

技能目标

- 能按照动车组运行安全要求制定运行安全注意事项；
- 能根据电气化区段安全注意事项制定电气化区段作业安全防范措施；
- 能正确使用动车组电器设备；
- 能掌握动车组列车应急处置一般程序。

相关知识

7.1.1　动车组安全管理基本内容

动车组安全管理应坚持“安全第一、预防为主”的原则，有健全的安全管理制度，有应急情况下的处置预案。发生影响旅客安全的问题时，本着“先人后物、先重后轻”的原则，客运乘务组应当立即采取有效措施，保护旅客生命、财产安全。

各类安全设施设备齐全，作用良好，安全标志明显。乘务员对消防器材、紧急处置设备做到知位置、知性能、会使用。

1. 乘务人员人身安全管理

（1）出乘前、折返站待乘期间严禁饮酒，必须保证 8 h 充分休息。

（2）出乘时严禁穿高跟鞋，冬季严禁穿塑料底鞋，棉帽、围巾不遮耳。

（3）进出站、出入库统一列队经指定通道线路行走，通过线路时走天桥或人行地道，缺少这些设施时走平交道口，做到“指定专人防护，一停、二看、三通过”，不与运行的机车车辆抢行。

（4）不在横越线路时使用对讲机或手机。

（5）在站台等待接车时，应站在安全黄线以内的安全地点，随时注意站台来往作业车辆。

（6）在车体调车作业和列车运行时，严禁登高作业。

（7）高站台出场时，站立位置必须与站台边缘保持 30 cm 以上的安全距离。

（8）在库内和运行中严禁用水冲刷通过台和用水冲洗电器设备。

（9）严禁无关人员进入司机室、机械室或触碰与本岗位作业无关的电器设备，电器设备发生故障或需要调整时，必须通知随车机械师到场处理。

（10）行李架上物品的摆放应做到平稳牢固，无铁器、锐器、玻璃制品，超大、超重及杆状物品应放置于大件物品存放处。

（11）关门时，要自觉执行“提示当先，先看后关”的程序，随时提示车门附近旅客不要将手扶在门框、门缝处，以免挤伤。

（12）在巡视服务中，必须提示带小孩的旅客做好小孩的安全监护工作，不让儿童在座席、茶桌上站立，在车内来回跑动，单独如厕和取水、倒水。

（13）必须主动为重点旅客做好送水服务工作，杜绝重点旅客到电茶炉取水，提示旅客不要用塑料瓶、罐头瓶等容器接开水，以免容器发生变形或炸裂导致烫伤。

（14）为旅客送开水时要做到“取杯倒水，不站稳不倒，壶嘴不朝向旅客，旅客接稳后松手”。

（15）在运行中发现旅客做织毛衣、掏耳朵、用刀叉往嘴里送水果等不安全动作时，应及时予以提示和制止，以免发生意外伤害。

2. 车门管理

（1）动车组始发或中间站开车前 2 min，列车工作人员（包括乘务员、列车长、随车机械师、司机和乘警）按动车组侧门监控分工到岗监控侧门锁闭状态。

（2）当司机发出集控关门指令后发现车门指示灯显示红色时，立即呼叫列车长和随车机械师，并通知该车门的监控人员检查车门的状态，并按照下列要求进行处理。

① 如监控人员发现所监控车门未关闭，立即检查塞拉门机构是否处于正确位置，采用手动关门措施，关门后立即通知随车机械师，随车机械师通知司机开车。

② 如车门已关闭，车门红色显示灯亮时，监控人员立即通知随车机械师，随车机械师通知司机开门，同时认真查找故障，确保车门运行安全。

③ 如车门未关闭且采用手动措施不能关闭时，监控人员立即通知列车长和随车机械师，由随车机械师采取措施关门，然后通知司机确认车门状态，确保车门运用安全。

④ 如随车机械师采取手动、机械强制或隔离措施后，车门仍不能关闭，由随车机械师负责立即进行处理，在确认车门关闭前不得开车。

（3）开车后，监控人员立即按分工对车门进行一次检查，确保车门锁闭状态良好、安全。操纵端司机室侧门由随车机械师负责检查。

（4）动车组到达停车站前，列车工作人员需根据停车站的站台高低，正确设置侧门及踏板（翻板）、车梯状态，并按分工监控车门开启状态。若车门未开启，监控人员应立即检查开门机构是否处于正确位置，采用手动开门措施，同时向列车长或随车机械师、司机通报有关情况，保证旅客下车安全。

（5）塞拉门故障及停电后的手动开门。

① 动车组到站停稳后，司机操纵控制开关，打开站台一侧塞拉门，自动开关门装置故障（停车超过 5 s，塞拉门仍未激活）时，由司机使用对讲机通知随车机械师和列车长，列车长负责组织乘务员手动打开塞拉门，随车机械师负责处理相关故障。

② 动车组发车前塞拉门出现故障时，列车长立即通知司机和随车机械师处理。

③ 动车组在运行中塞拉门发生故障时，乘务员发现或接到旅客报告后，应立即采取临时安全防护措施，将靠近故障门的内端门和防火隔断门锁闭，同时通知机械师及时关闭故障门，再做进一步处理。

④ 手动开门程序：用三角钥匙将三角锁向右（顺时针）旋转 90°，拉开红色把手的同时推开门即可。

⑤ 手动关门程序：将三角锁向左（逆时针）旋转 90°，门即自动关闭。

3. 消防管理

（1）动车组消防工作在列车长的统一领导下实行岗位防火责任制。

（2）动车组应建立由列车长为组长，本务司机、随车机械师、乘警、乘务员、随车餐饮、保洁人员参加的消防安全小组，履行下列职责。

① 认真贯彻执行上级有关消防工作的规定和工作部署，定期召开消防安全小组会议，安排消防工作。

② 组织乘务人员认真学习消防知识，人人达到“三懂三会”（懂得本岗位火灾危险性、懂得预防火灾的措施、懂得扑救火灾的方法；会报警、会使用灭火器、会扑救初起火灾）。

③ 督促相关人员落实岗位防火责任制。

④ 做好针对旅客的防火安全宣传教育工作，落实控烟制度。

⑤ 发生火灾时，启动火灾事故应急处置预案，疏散旅客，扑救火灾，上报火灾情况。

⑥ 建立消防安全台账。由列车长负责填写和管理消防安全台账，台账在车队存放，包括以下主要内容。

- 上级有关消防工作的文电（复印件或摘抄件）；

- 动车组消防安全小组名册；
- 火灾事故应急预案及人员分工；
- 消防安全小组会议和活动记录；
- 乘务人员消防安全培训记录。

4. 动车组列车设施设备安全

（1）确保车辆外观统一，各部位金属部件无锈蚀。车窗密封良好，不透气、透尘，不漏水。车内各种标牌齐全醒目、型号一致、位置统一。显示屏显示内容准确、规范。洗手间、厕所等设施齐全，作用良好。

（2）车辆设施无违章改造和挪作他用现象，不违章占用厕所、客车座席、行李架、行李存放处等。

（3）车厢紧急设备、破窗锤、灭火器等配置齐全，车门、门锁、紧急出口等设施的状态良好。

（4）各种服务设施、备品齐全，色调协调，实用美观，装饰典雅，清洁卫生。旅客车厢通过台有儿童票标高线。

（5）车厢内座席有靠背头，座席背后的网兜袋中装有旅客服务指南、清洁袋。垃圾箱套有垃圾袋。洗手间内有洗手液、干手器。厕所内有消毒纸巾、卫生纸、洗手液（肥皂）、擦手纸、环保垃圾袋。备品室有清洁工具。

（6）售货车辆美观实用，有制动装置和防撞胶条。各种饮品、食品按规定位置放置。

5. 动车组列车运行安全

（1）动车组应当接入固定站台并停于固定位置。站台上应以颜色区别车型，标出车门位置。站、车有关工种应当紧密配合，组织旅客按照车厢号在标明的车门位置处排队等候，有序乘降。

（2）当站台邻靠正线，一侧有动车组通过时，站台另一侧应当停止组织旅客乘降或设防护栏进行防护。当一个站台两侧同时有动车组通过且没有防护措施时，除有人身安全防护措施的车站工作人员外，站台上不得再有候车旅客、其他工作人员和可移动物品。

（3）有动车组停靠或通过的车站，应当对跨线候车室窗户或天桥进行封闭管理，并有“禁止抛物”等安全提示。没有立体跨线设备的车站，平过道应当有专人管理。旅客或作业车辆通过平过道时应有人引导。

（4）列车注水口处设有加锁式挡板门的动车组，上水人员在给列车注水结束后，应当锁闭挡板门。

（5）列车乘务员在列车运行中应当加强列车安全设备的管理，制止搬动、触碰安全设备等不安全行为。严禁任何人在列车正常运行中打开气密窗，禁止任何无关人员进入司机室。

（6）列车各部位均不得吸烟。乘务员发现旅客吸烟应予以制止。

（7）车站、动车段（所）对进站、段（所）的餐饮、保洁人员和车辆进行安全管理。餐饮、保洁人员出、退乘和进出上述场所时，应当穿着统一服装，列队整齐，佩戴工牌。

6. 乘务作业安全管理

（1）动车组运行中，乘务人员要加强车内巡视，做好针对旅客的禁烟宣传和提示工作。提示旅客取送开水时不要倒得过满。

（2）乘务员在巡视中应加强对列车安全设备的管理，禁止旅客扳动、触碰灭火器、紧急开门阀、紧急制动阀等安全设备，对车门口附近的旅客随时进行“请勿倚靠车门，不要在车门附近站立”的宣传。

（3）列车开车前，提示站在车门口的旅客不要靠近车门，以免被车门挤伤；宣传提示上车旅客注意脚下，防止摔伤。列车终到前，提示旅客注意脚下，防止摔伤（遇有雨雪天气还要进行恶劣天气提示）。

（4）为确保动车组运行安全，乘务员在列车运行中要对司机室连接端门进行锁闭。列车运行中严禁任何人进入司机室。

（5）列车运行中乘务员应加强车内行走安全（尤其是儿童行走安全）的宣传教育。

（6）随时对中途需要照顾的重点旅客进行重点帮扶，防止其摔伤。

7. 电气化区段安全注意事项

（1）电气化区段的作业人员每年须按规定参加电气化安全措施的专门培训和考试，考试合格后方可在电气化区段作业（考试成绩 80 分以上为合格）。非电气化区段调入电气化区段的人员必须参加安全培训并经考试合格后方可上岗。

（2）作业人员拿有长、大物体通过电气化铁路时，必须使长、大物体保持水平状态。

（3）电气化区段接触网未停电时，任何人员严禁登上各种机车车辆顶部进行任何作业，严禁翻越车顶通过线路。

（4）禁止在接触网支柱上搭挂衣物、攀登支柱或在支柱旁休息。禁止在吸流变压器、支柱、铁塔下避雨。在雷雨天气巡视设备时，不准靠近避雷针、避雷器。雨天作业时，必须远离接触网支柱、接地线、回流线等设备。

（5）电气化铁路区段接触网的额定电压为 25 kV，最高工作电压为 27 kV，瞬时最大电压为 29 kV，最低工作电压为 20 kV，非正常情况下，不得低于 19 kV。

（6）为保证人身安全，除专业人员外，其他人员（包括所携带的物件）与牵引供电设备带电部分的距离不得小于 2 000 mm。

（7）在电气化铁路上，接触网的各导线及其相连接部件通常均带有高压电，因此禁止直接或间接地（通过任何物件，如棒条、导线、水流等）与上述设备接触。

（8）客运人员在电气化区段要注意以下几点。

① 严禁登上机车车辆的车顶或翻越车顶通过线路。

② 严禁登上车顶击打餐车、电茶炉的烟囱，也不能用长杆去接触车顶任何部位。

③ 在接触网带电的情况下，严禁用水冲刷车厢外皮。

④ 上水时注意先插胶管后开水阀。客车上水完毕，拔掉水管时，严禁水管口朝上喷射，以免喷射到接触网的带电部分。

⑤ 在接触网带电的情况下，严禁用棒、条等物体处理车辆顶部的物体。

（9）电气化铁路附近发生火灾时的处理方法。

电气化铁路附近发生火灾时，必须立即通知列车调度员、电力调度员或接触网工区值班人员，并遵守下列规定。

① 用水或一般灭火器浇灭离接触网带电部分不足 4 m 的燃着物体时，接触网必须停电。若使用沙土灭火，距接触网在 2 m 以上时，可不停电。

② 距接触网超过 4 m 的燃着物体，用水或一般灭火器浇灭时，可以不停电，但必须特别注意使水流不向接触网的方向喷射，并保持水流与带电部分的距离在 2 m 以上。

8. 电器设备安全

1）餐车电器设备安全

（1）电气化厨房设备的安全操作，直接影响人身的安全、设备的可靠性及使用寿命。因此，厨房设备操作人员必须参加操作培训，并经考试合格后才能进行上岗操作。

（2）随车机械师应对电气化厨房设备进行定期巡视，发现使用人员未按安全操作规定使用设备时，应及时予以制止和纠正。

（3）电气化厨房设备在使用操作前，应确认电源控制柜技术状态，各设备开关是否在正常位，指示灯显示是否正常后，方可操作使用。

（4）无人操作设备时，应及时将各设备开关放置在关闭或零挡位，切断电源控制柜总电源，锁闭电源柜，做到人走电断，防止发生意外。

（5）电气化厨房设备必须在明显位置粘贴操作说明和安全操作规程。

（6）动车组列车餐车内使用的电器，不能超过列车规定的额定功率。餐饮公司不得擅自增大用电设备的功率，以免产生过载。

2）电茶炉安全操作规定

（1）电茶炉必须由参加过操作培训，并经考试合格的人员进行操作。

（2）必须严格执行交接制度。接班人员须确认电茶炉各部位状态良好后，方可开始正常操作。

（3）要检查电茶炉供水系统各阀门状态是否良好，位置是否正确，防止电茶炉缺水干烧。

（4）正常情况下，应将控制开关放置在正常使用位，同时严密监视电茶炉水位。当水位过低或听到报警声时，应立即切断电源。

（5）发生设备故障时，应首先切断电源并及时向随车机械师反映情况，不得擅自拆卸电茶炉配件和打开控制箱。

（6）严禁用水冲刷炉体。不得在电茶炉上堆（存）放各种杂物，保持排水系统清洁通畅。

（7）随时提醒旅客安全使用电茶炉，电茶炉如图7－1所示。

图7－1 电茶炉

3）微波炉安全操作规定

（1）使用微波炉进行烹调时，不得用金属网架及其他带金、银边的器皿装盛食物，仅可用陶瓷、耐热玻璃、耐热塑料等器皿装盛食物。

（2）烹调前应先放入转盘支承及玻璃转盘，再将盛好食物的器皿放在玻璃转盘上进行烹调。

（3）不得直接加热装在密封容器内的液体和其他食物，以免发生爆炸。使用保鲜纸遮盖食物烹调时，需将保鲜纸一角折上或将保鲜纸刺出几个小洞，使蒸汽可以溢出。

当食物在塑料、纸或其他可燃材料制成的简易容器中加热或烹调时，应时刻观察微波炉状况，防止起火。烹调少量食物时，要多留心，防止过热起火。不得用微波炉煎、炸食物。微波炉内无食物时，不得运转微波炉，以免损坏设备。

（4）从微波炉内拿出食物和器皿时，应使用锅夹或戴上隔热手套，以免高温烫伤。烹调过程中发生冒烟或起火现象时，应立即切断电源，不得立即打开炉门，以免火源与微波炉外的空气相遇而使火势变大。

（5）微波炉内禁止加热不符合微波炉烹饪要求的食品。不得加热和存放任何无关物品。微波炉炉门或门封损坏，以及设备出现异常时，须及时向列车长反映情况，不得继续使用。

动车组上的微波炉如图 7－2 所示。

图 7－2　动车组上的微波炉

4）电冰箱安全操作规定

（1）电冰箱必须由参加过操作培训并经考试合格的人员进行操作。

（2）必须严格执行交接制度。接班人员需确认电冰箱各部位状态良好后，方可进行正常操作。

（3）应避免频繁启动电冰箱，每两次启动电冰箱的时间间隔不得少于 5 min，使用中避免长时间开启电冰箱门。存放物品时，应在内腔四周留出不少于 3 cm 的空隙。存取物品时，应轻拿轻放，轻开轻关。

（4）电冰箱不得冷藏过热物品。需存放过热物品时，应先让物品在电冰箱外自然冷却，降至室温后，方可放入电冰箱内。

（5）电冰箱的蒸发器若冰层较厚时，不得敲击冰块，必须停机，待冰块完全融化后，再启动使用。应定期清除电冰箱内的污物，保持电冰箱的排水孔畅通。

（6）电冰箱发生设备故障时，应首先切断电源并及时报告列车长，不得擅自拆卸电冰箱配件和打开控制箱。待故障排除后，方可继续使用。

7.1.2 动车组应急处置规范

动车组应急处置规范如下。

（1）火灾爆炸、重大疫情、食物中毒、空调失效、设备故障和列车大面积晚点、停运、变更径路、启用热备车底等非正常情况下的应急处置预案健全有效，预案内容分工明确，流程清晰。日常组织培训，定期组织演练，培训演练有记录、有结果、有考核。

（2）配备照明灯、扩音器等应急物品，电量充足，性能良好。灾害多发季节增备餐料、易于保存的食品、饮用水和应急药品，并单独存放。

（3）遇火灾爆炸、重大疫情、食物中毒、空调失效、设备故障和列车大面积晚点、停运、变更径路、启用热备车底等非正常情况时，及时启动应急预案，掌握车内旅客人数及到站情况，维持车内秩序，准确通报信息，做好咨询、解释、安抚、生活保障等善后工作。

① 列车晚点 15 min 以上时，列车长根据调度、本段派班室（值班室）或车站的通报，向旅客公告列车晚点信息，说明晚点原因、晚点时间。广播每次间隔不超过 30 min，可利用电子显示屏实时显示。

② 遇列车空调故障时，有条件的，将旅客疏散到空调良好的车厢；需开启车门通风的，在车门处安装防护网，设专人防护。在停车站，开启站台一侧车门；在途中，开启运行方向左侧车门。运行途中劝阻旅客不在连接处停留，临时停车时严禁旅客下车。在站停车须组织旅客下车时，站车共同组织。按规定做好旅客到站退还票价差额时的站车交接。

③ 热备车底的乘务人员、随车备品和服务用品同步配置到位。遇启用热备车底时，做好宣传解释，配合车站组织旅客换乘其他列车，或者按照车站通报的席位调整计划组织旅客调整席位，按规定做好站车交接。

④ 遇变更径路时，做好宣传解释，组织不同径路的旅客下车，按规定做好站车交接。

⑤ 车门故障无法自动开启时，手动开启车门，并通知随车机械师处理；无法关闭时，由专人看守并通知随车机械师处理。使用车门紧急解锁拉手后，及时复位。

⑥ 发生烟火报警时，随车机械师、列车长和乘警根据司机通知立即到报警车厢查实确认，查看指定车厢的客室、卫生间，随车机械师重点查看电气设备。若发生客室或设备火情，列车长或随车机械师立即通知司机按规定实施制动停车，并启动应急预案进行处理；若确认因吸烟等非火情导致烟火报警时，由随车机械师做好恢复处理，乘警依法调查，并向旅客通告。

⑦ 发生人身伤害或突发疾病时，积极采取救助措施，按规定办理站车交接，客运乘务员不下车参与处理。必要时可请求在前方所在地有医疗条件的车站临时停车处理。

任务 7.2 消防安全管理

知识目标

- 了解动车组的消防组织和岗位职责；
- 了解动车组火灾预防规范。

技能目标

- 掌握动车组的消防组织和岗位职责；
- 根据动车组火灾预防思想制定动车组火灾预防的具体措施。

相关知识

旅客列车消防安全管理贯彻“预防为主，防消结合”的方针，按照统一领导，监管部门依法监督，运输企业全面负责，职工群众积极参与的原则，实行消防安全责任制。

旅客列车消防安全工作是铁路运输安全的一项重点工作，必须明确责任，完善制度，加强管理，严格考核，确保安全。

7.2.1 消防安全责任

铁路运输企业应认真贯彻执行消防法律、法规和规章，制定旅客列车消防安全管理制度，组织消防安全教育培训，开展消防安全检查，消除火灾隐患，落实消防安全责任制。旅客列车消防安全管理由客运、车辆部门负责。铁路公安机关和安全监察部门应依法履行监督检查职责，督促有关部门和单位落实消防安全措施，消除火灾隐患。铁路行包运输、多元经营部门均应依照有关规定制定相应的消防安全管理制度，明确责任，严格管理。

1. 客运部门职责

（1）建立健全并组织实施客运系统的消防安全管理制度和火灾事故应急预案。

（2）组织客运系统开展消防安全检查，督促有关单位落实火灾隐患整改措施。

（3）对客运人员进行消防安全教育。

（4）组织落实客运人员岗位防火责任制，加强消防安全管理考核。

（5）采取多种方式向旅客宣传防火安全知识。

（6）协助铁路公安机关组织查堵易燃易爆危险品。

（7）组织有关人员对餐车炉灶台面、墙壁、抽油烟机、排烟罩、烟道的表面可见部位油垢进行清理。

（8）负责旅客列车火灾现场旅客的应急疏散紧急施救组织工作。

2. 车辆部门职责

（1）建立健全并组织实施车辆系统的消防安全管理制度和火灾事故应急预案。

（2）负责车辆设备检修，确保运用客车达到出库质量标准，消除火灾隐患。

（3）组织开展客车消防安全检查，及时发现、处理违章行为和设备故障，保证车辆工作人员严格执行作业标准，保证设备状态良好。

（4）对车辆工作人员进行消防安全培训。

（5）负责消防设备、器材的配备和维护管理。

（6）负责制定车辆设备设施的安全操作规程。

（7）负责清除餐车排风扇、车顶表面及烟筒口、帽的油垢。

（8）组织落实备用客车的看守措施。

3. 安全监察部门职责

（1）依法对旅客列车消防安全管理实施监督检查，督促火灾隐患整改。

（2）督促有关部门和单位制定实施消防安全管理制度、考核办法。

4. 铁路公安机关职责

（1）依照消防法律法规和技术标准对旅客列车消防工作实施监督检查，督促有关单位整改火灾隐患，依法查处消防安全违法行为。

（2）监督检查有关部门和单位制定实施消防安全管理制度和火灾事故应急预案，落实消防安全责任制。

（3）督促、指导有关部门和单位做好对旅客列车相关工作人员的消防安全教育。

（4）制定乘警消防监督检查的工作内容、标准和程序，督促乘警落实消防监督检查职责。

（5）组织查堵易燃易爆危险品。

（6）负责客车火灾事故调查。

7.2.2 消防组织和岗位职责

1. 消防组织

（1）旅客列车的消防安全工作在列车长的领导下，实行岗位防火责任制。

（2）旅客列车应建立由列车长为组长，乘警长、车辆乘务人员为成员的消防安全小组，履行下列职责。

① 认真贯彻执行上级有关消防工作的规定和要求，每月召开一次消防安全小组会议，总结安排消防工作。

② 组织乘务人员认真学习消防知识，提高防火灭火技能。

③ 建立乘务班组消防安全考核制度，定期考核，督促乘务人员落实岗位防火责任制。

④ 按岗位职责落实消防安全管理制度，及时消除火灾隐患。

⑤ 做好对旅客的消防安全宣传，落实易燃易爆危险品查堵措施。

⑥ 组织乘务班组义务消防队定期演练。

⑦ 建立旅客列车消防安全台账。

（3）旅客列车应建立义务消防队，由列车长任队长，乘警长、车辆乘务人员任副队长，下设指挥组、疏散组、灭火组、伤员抢救组、警戒组，根据乘务人员的具体情况，合理分工，明确职责，进行演练。

（4）旅客列车应建立消防安全台账（配备计算机的可建立电子台账），由列车长负责填写和管理。旅客列车消防安全台账应包括以下主要内容。

① 上级有关消防工作的文件（复印件或摘抄件）。

② 列车编组及乘务人员概况。

③ 列车消防安全领导小组名单。

④ 火灾事故应急预案及人员分工。

⑤ 消防安全会议记录。

⑥ 乘务人员消防安全培训记录。

⑦ 乘务人员上岗证登记。

⑧ 餐车油垢清扫记录。

⑨“三乘”联检记录。

⑩ 消防器材登记。

2. 岗位职责

（1）列车长岗位职责。

① 负责领导指挥乘务人员落实旅客列车消防安全管理规定，贯彻上级有关消防工作的部署和要求，接受上级消防检查。

② 主持召开消防安全小组会议，总结分析、安排布置消防工作。

③ 检查督促乘务人员落实岗位防火责任制，组织乘务人员做好车底停留期间的看守。

④ 组织乘务人员学习消防知识，提高防火灭火技能。

⑤ 组织“三乘”联检，针对检查发现的问题，按职责分工进行整改，做好记录。

⑥ 采取多种形式向旅客宣传防火、防爆安全知识，做好查堵易燃易爆危险品工作。

⑦ 列车发生火灾时，启动火灾事故应急预案，做好旅客疏散组织和火灾扑救工作。

⑧ 按规定填写消防安全台账。

（2）车辆乘务人员岗位职责。

① 负责车辆设备的检查、维修和保养，保证设备状态良好。

② 参加“三乘”联检，做好检查、交接，针对设备存在的问题及时进行整改。

③ 运行中按规定巡视检查，发现违章操作及时纠正，发现隐患故障及时处置。

④ 列车发生火灾时，按预案做好应急处置。

（3）乘警岗位职责。

① 负责列车消防监督检查工作。

② 配合列车长做好对乘务人员的消防知识教育和对旅客的防火宣传。

③ 督促乘务人员落实岗位防火责任制，制止和查处消防安全违法行为。

④ 参加“三乘”联检，做好记录，督促整改。

⑤ 负责组织乘务人员做好易燃易爆危险品查堵。

⑥ 列车发生火灾时，按预案做好应急处置。

（4）列车员岗位职责。

① 严格遵守消防安全规章制度，坚守岗位，落实防火措施。

② 严格执行各项操作规程，正确使用车辆设备，发现故障及时报告。

③ 掌握常见易燃易爆危险品的种类、性质和识别方法，做好查堵工作。

④ 认真巡视，劝阻和制止旅客在车厢内吸烟。

⑤ 列车发生火灾时，按预案做好应急处置。

（5）行李员（邮政工作人员）岗位职责。

① 严格执行交接和监装监卸制度，防止夹带易燃易爆危险品的货物上车，督促装卸人员按规定堆码货物。

② 按规定巡视，及时发现货物异常情况，妥善处置。

③ 向押运人员宣传防火注意事项，做好身份登记，收缴火种，制止吸烟、动用明火等违章行为。

④ 行李车（邮政车）发生火灾时，及时报告，正确处置。

（6）餐车人员岗位职责。

① 餐车长负责餐车的防火工作，其他人员做好本岗位的防火工作。

② 出库前认真检查炉灶、电气设备安全状况及灭火器材是否齐全有效，发现隐患及时通知有关人员处理。

③ 按规定清除餐车油垢。

④ 严格按操作规程使用炉灶。

⑤ 严格执行食品加工安全操作规定，落实值班看守制度。

⑥ 列车发生火灾时，按预案做好应急处置。

7.2.3　火灾预防

（1）客车的生产、维修应严格执行国铁集团颁布的相关技术标准，保证质量。验收主管部门和运用单位要严格按质量标准验收，达不到标准的不得接收。

（2）客车采用的非金属材料必须是不燃、难燃材料，其燃烧性能和产烟毒性必须符合国家和国铁集团有关技术标准。

（3）客车电气设备、消防设施器材和非金属材料所采用的产品应是经国家有关质量监督主管部门鉴定合格的产品。

（4）客车电气绝缘、防雷、电气接地、漏电、过流、过热、防水防潮保护及线路敷设、连接应符合相关技术标准。

（5）旅客列车出库前应进行全面的车辆设备检查，达到《铁路客车运用维修规程》规定的质量标准，达不到标准的不得上线运行。

（6）乘务人员应认真履行岗位防火职责，遵守各项操作规程，严格按标准化作业。

（7）严格执行“三乘”联检制度。旅客列车始发前，由列车长组织乘警、车辆乘务人员，对用火用电设备及消防设施、器材进行全面检查，运行中重点检查，终到后彻底检查。检查情况由检查人员分别签字确认，严禁代签、漏签。

（8）运行中列车长、乘警、车辆乘务人员应每 2 h 进行一次防火巡查，并在发电车、邮政车、行李车的巡查记录上签字。

（9）对列车始发前检查发现的设备故障，车辆部门应及时处置，消除隐患；对列车运行中发现不能当场处置的，应采取临时措施确保安全，按规定报告并如实记录；危及行车安全的，应立即停车处理。

（10）乘务人员必须经过全面的消防安全培训，人人达到“三懂三会”（懂得本岗位的火灾危险性，懂得预防火灾的措施，懂得扑救火灾的方法；会报警，会使用灭火器，会扑救初起火灾），熟记岗位防火职责和火灾事故应急处置基本要求，做到严格考核，持证上岗。保洁人员上岗前也应进行消防安全培训，持证上岗。

（11）操作“两炉一灶”和空调、火灾报警器等设备的乘务人员，应参加专门的消防知识培训，取得合格证后方可上岗。

（12）车辆电气设备必须保持状态良好，电器元件应安装牢固，接线及插座无松动，按钮开关、指示灯作用良好；严禁乱拉电线和违章安装、更换电气装置、元件；严禁擅自使用电热器具等电器。

（13）配电室内禁止存放物品，配电箱、控制箱内及上部不得放置物品，门锁必须良好，人离锁闭；可燃物品不得贴靠电采暖装置。

（14）车辆电气绝缘应符合要求，漏电保护、电气接地等装置应匹配、有效。车辆电气绝缘测试、设备巡检和交接应有记录；严禁用水冲刷地板。

（15）使用餐车配备的电烤箱、微波炉、电磁炉等餐饮炉具时，操作人员不得离岗。

（16）发电车乘务员应严格执行操作规程，落实防火制度，确保柴油发电机组及附属设备状态良好，阀门、管路连接部位紧固，油箱及其他各部位不得有积油和油垢，禁止乱堆乱放物品，棉纱应放在指定容器内。

（17）客车取暖和蒸饭锅炉、茶炉应配件齐全、状态良好，落实点火试验和交接制度。使用过程中，乘务人员应按规定检查水位（压）表、水温表、验水阀、水循环状况，做到不漏水、不超温，严禁缺水、干烧。炉灰应先用水浸灭后再处置，炉室内不准堆放杂物，离人加锁。

（18）餐车炉灶、锅炉烟囱防火隔热装置应完好有效，餐车入库应压火。

（19）列车运行中，餐车严禁炼油，使用燃煤炉灶油炸食品和过油时，油量不得超过容器容积的 1/3。

（20）应定期对餐车炉灶台面、墙壁、抽油烟机、排烟罩、烟道、排风扇、车顶外表面和烟囱口、帽的油垢进行清除，保持清洁，并填写记录。

（21）循环水泵箱、检查孔、观察孔、煤箱、取暖器防护罩内部应保持清洁无杂物；停用的炉室应彻底清除可燃物，加固锁闭。

（22）邮政车、行李车货仓应留有安全通道，宽度不小于 0.5 m，不得堵塞端门、边门，货物堆码不得超高。邮政车、行李车严禁使用明火或电炉烧水做饭，未经国铁集团车辆主管部门批准严禁擅自增设使用各种电器。

（23）乘务室、配电室、餐车储藏室、广播室、检车工具间、宿营车、行李车、邮政车、发电车禁止烟火。

不吸烟车厢应有禁止吸烟标志，乘务人员要对在车厢内吸烟的旅客进行劝阻，提醒旅客不得乱扔烟头火种；吸烟处应有明显标志并配备烟灰盒，地板和壁板应保持完好，无孔洞和缝隙。

（24）列车上的通道必须保持畅通，不得堵塞车门。

（25）对查获或旅客交出的易燃易爆危险品应由乘警做好登记，交前方停车站处理。对烟花爆竹、火药等须用水浸湿；对判明不了性质的物品，严禁在车上进行试验。

（26）列车应通过图形标志、电子显示、广播宣传等多种方式，向旅客进行禁止吸烟、严禁携带易燃易爆危险品、逃生知识和灭火器、紧急破窗锤使用方法等消防安全宣传。

（27）客车车底在车站、车辆段、客车技术整备所及其他场所停放或停留时，客运、车辆部门应按规定组织人员看守。铁路运输企业应制定看守制度，明确责任，落实到人。保洁人员不得在车上留宿。

（28）客车灭火器配置和维修应符合下列规定。

① 客车车厢配备 2 kg ABC 干粉灭火器和 2 L 水型灭火器各 2 具；灭火器应设置在车厢两端适当位置（每端各 2 具）。

② 行李车、邮政车、餐车各配备 4 具 4 L 水型灭火器，行李车配备 35 L 推车式水型灭火器 1 具；行李车、邮政车的灭火器应设置在工作间内，餐车的灭火器应设置在餐厅。

③ 发电车配备 4 L 水型灭火器 8 具，其中机房内 6 具，工作间 2 具；冷却间配备 25 kg 推车式 ABC 干粉（或 35 L 水型）灭火器 1 具。

④ 客车配备的灭火器应适应环境温度，适于扑救 A 类（固体）、B 类（液体）、C 类（气体）和 E 类（带电）火灾；挂具应采用套筒结构，安装牢固、便于取用，底部离地面一般不超过 1 400 mm。

⑤ 干粉灭火器维修期限为 1 年，水型灭火器维修期限为 3 年。灭火器应由专业维修企业按照国家有关规定进行维修，张贴维修标志，并在灭火器筒体上刻打到期时间（××××年××月到期）。

（29）做好灭火器日常维护保养和管理，保证灭火器处于良好状态。灭火器上不得搭挂物品，严禁挪作他用。动车组灭火器摆放方式如图 7－3 所示。对灭火器进行日常检查如图 7－4 所示。

图 7－3　动车组灭火器摆放方式

图 7－4　对灭火器进行日常检查

动车组应按有关规定配备紧急破窗锤（见图 7－5），紧急破窗锤击打位置如图 7－6 所示。餐车厨房应配备 2 条灭火毯；发电车、行李车、邮政车各配备 2 套防烟毒面具。

（30）客车安装的火灾自动报警装置应定期检测、维修，保持作用良好。

（31）定期组织旅客列车消防安全检查。铁路运输企业每半年进行一次检查；主管部门每季度进行一次检查；客运段、车辆段每月进行一次检查。

图 7－5　紧急破窗锤

图 7－6　紧急破窗锤击打位置

7.2.4　火灾应急处置

（1）铁路运输企业应根据《铁路火灾事故应急预案》，制定《旅客列车火灾事故应急预案》和《车站处置旅客列车火灾事故应急预案》，定期组织演练，提高处置能力。

（2）旅客列车发生火灾时，事故现场的铁路运输企业工作人员或者其他人员应立即向邻近铁路车站、列车调度员和公安机关报告，有关部门接到报告后，应按规定逐级上报，拨打 119 报警。铁路运输企业应立即启动应急预案，迅速有效地进行处置。应急处置的基本要求如下。

① 立即停车。列车运行中发生火灾威胁行车和旅客人身安全时，应立即停车（停车地点应尽量避开特大桥梁、长大隧道等）。电气化区段应立即通知牵引供电部门停电。

② 疏散旅客。列车发生火灾时，乘务人员应迅速向列车长报告，组织起火车厢旅客向邻近车厢或地面安全地带疏散，采取措施稳定旅客情绪，同时要防止发生旅客跳车、趁火打劫等意外事件。

③ 迅速扑救。列车长接到火灾报告后，应立即组织指挥义务消防队，携带灭火器赶到起火车厢，确认火情，迅速扑救。

④ 切断火源。停车后，列车需要分隔时，司机、运转车长、车辆乘务员应迅速将起火车辆与列车分离，切断火源，防止蔓延。

⑤ 设置防护。对甩下的车辆，由车站值班员（在区间由司机、运转车长和车辆乘务员）负责采取防护措施。

⑥ 报告救援。列车长和乘警应立即向上级机关和行车调度报告事故情况，请求救援。

⑦ 抢救伤员。在疏散旅客、迅速扑救火灾的同时，如有被火围困或受伤的人员，应立即抢救。

⑧ 保护现场。在扑救火灾的同时，乘警应维护好秩序，防止发生混乱，禁止无关人员进入，保护好火灾现场。未经公安机关消防机构同意不得擅自清理火灾现场。

⑨ 协助查访。乘务人员应协助公安机关调查火灾情况，积极提供线索。

⑩ 认真取证。乘警应及时开展调查取证，注意发现肇事者并及时控制，妥善保管物证，为现场勘察、认定火灾原因创造有利条件。

（3）旅客列车在区间发生火灾，当上级领导和公安消防队未到达时，火灾事故应急处置由列车长组织指挥。火灾扑灭后，列车长、乘警长、车辆乘务人员要对起火部位进行检查，确认火已完全熄灭，在确保安全的情况下，列车可继续运行。列车在区间被迫停车时，邻近车站应组织人员、消防器材赶赴现场救援。

列车在车站发生火灾或起火列车进站后，火灾事故应急处置由车站站长组织指挥，立即启动《车站处置旅客列车火灾事故应急预案》。公安消防队到达后，火灾扑救工作由公安消防队统一指挥。

（4）各有关部门接到事故报告后，应立即按照预案响应程序，组织力量、调集救援物资装备赶赴现场，各尽其职，各负其责，保证事故救援高效、快速、有序进行。铁路公安机关要维护好现场秩序，开展火灾事故调查。

案例分析

G2××次列车定远站着火事件

1. 案例概况

某年 1 月 25 日 11 时 53 分，由青岛开往杭州东的 G2××次列车运行至定远站停车，电器设备发生故障，2 号车厢起火冒烟。中国铁路济南局集团有限公司人士表示，事发列车配属于该局，列车在途中就已开始冒烟，停靠定远站时火势加大，铁路部门立即启动应急预案，组织旅客疏散，没有人员伤亡。

2. 案例亮点

乘务员得知列车着火消息后，马上进入状态，让所有旅客往后走。开始没有宣布着火的消息，仅仅是疏散旅客，向后方安全的车厢疏散。很多旅客不理解，问：“怎么了？为什么？”

在遇到问题时，乘务员的第一反应往往不是告诉旅客怎么了，为什么，而是本能地避开问题本身，直接给出解决方案。乘务组没有慌乱，没有扩散这个容易引起恐慌的消息。乘务组给旅客的感觉是这是一个可以搞定的事情，只要听从专业的指挥。当几位女性乘务员抱着灭火器跑过去的时候，旅客感受到的是专业、干练、训练有素的铁路员工积极进行专业的处置。因为疏散需要排队，后面的旅客一下子上不来，在后面的一个男旅客大喊："快跑啊，火烧过来了！"当时一名乘务员抱着灭火器从他旁边挤过去的时候，大声地对他说："你放心，你不会死的。因为我会死在你前面！"这句话对车厢旅客情绪的稳定起到了关键性的作用。

3. 案例亮点

（1）沉着冷静是乘务人员的基本素质，遇突发事件，乘务人员惊慌失措将给乘客造成极大的负面影响。本案例中，乘务人员的表现体现了一名优秀高铁乘务员的心理素质。

（2）遇到突发事件，正确的处理程序与方法是解决问题的关键，认真学习突发事件的应急预案，定期进行突发事件演练，是遇到真实突发事件时，妥善处置的保障。

4. 案例点评

本案例突出表现了乘务人员遇到突发事件应有的心理素质与专业素质。列车着火极易引发恐慌、窒息、烧伤、踩踏等恶性伤亡事件。本案例中的乘务人员沉着冷静，采取了正确的火灾处理方式，妥善处理了火灾问题，更为重要的是乘务人员良好的心理素质与现场把控能力，对于安定人心，防止乘客恐慌、踩踏，不法分子趁火打劫等起到了至关重要的作用。

案例分析

G9××次列车发生火灾爆炸事件

1. 案例概况

某年1月，由北京西开往广州南的G9××次列车上，过保定东站后，5号车厢发生火灾并伴有爆炸声。

2. 处置程序

（1）乘务人员立即疏散转移旅客至安全车厢，关闭防火隔断门以防火情扩大，同时报告救援。

（2）列车停车后司机立即打开靠站台或路基护坡一侧车厢车门；车门发生故障时由机械师、乘务人员启动紧急开门装置打开车门。

（3）向地面安全地带疏散旅客（如停在高架桥上时，司机与调度联系确定高架桥逃生口位置，列车长组织人员安装列车配备的紧急疏散梯向桥面疏散旅客，乘务人员组织旅客由高架逃生口向地面疏散）。必要时可利用车窗作为紧急出口，向地面疏散旅客。

（4）严禁向线路中间疏散旅客，防止疏散下车的旅客被邻线通过的列车撞、轧，造成伤害事故。

任务 7.3　动车组突发情况应急处置

知识目标

- 了解动车组列车突发情况应急处置预案；
- 掌握应急机构及职责。

技能目标

- 掌握动车组突发情况应急处置方法。

相关知识

动车组列车在运行过程中会遇到一些突发情况，因此要制定相应的应急预案，并针对一些可预见和已经发生过的突发情况制定处理的基本原则，以便于在工作中及时正确地处理。

7.3.1　列车晚点的应急处置

（1）列车运行晚点超过 15 min 时，列车长应及时联系列车运行地所在局客运调度员或通过司机联系列车调度员，了解晚点原因和列车运行情况，代表铁路部门向旅客致歉并通报晚点原因，每次致歉间隔时间不超过 20 min。

（2）列车工作人员应加强车厢巡视，掌握旅客动态并做好宣传、解释、服务工作，稳定旅客情绪，维护好车内秩序。

（3）列车晚点 1 h 以上且逢用餐时间时，列车长应提前统计车上旅客人数并向客运调度员报告，客运调度员接到信息后，应安排前方停车站为列车准备饮、食品由列车免费向旅客提供。

案例分析

D9××次列车广州南站车门事故导致列车晚点事件

某年 1 月 31 日，深圳北开出的 D9××次列车发生因旅客抢上车门造成的晚点情况。

1. 处置过程

当日 D9××次列车晚点 3 min 到达广州南站，上车旅客 134 人。20:20 车站通知客运作业完毕，各车乘务员汇报旅客乘降完毕。列车长与司机联控，20:22 关闭车门。关门过程中，机械师看到监控显示器报警，3、4 号车车门异常，随后赶往现场。因到发车次多，电台频点被占用，乘务员采取口头传递方式通知列车长。列车长闻讯后赶往现场查看。此时机械师对列车长说 3、4 号车车门未能正常关闭的故障已处理完毕。机械师呼叫司机三次无回应，使用手持电台与司机联系处理完毕。20:23 车门关闭。20:27，D9××次由广州南站开车，晚点 12 min。开车后列车长向客调和应急中心汇报。

后经列车长了解车门关闭异常的原因是：某旅客带女儿乘车，车门快关闭时，父亲从3号车车门上车，女儿就近从4号车车门上车，女儿未上去，手中的饼干盒卡在车门处，后由站务员把饼干盒拽出，父亲情急之下扒住3号车车门阻止车门关闭，女儿跑到3号车车门处上车后，全列车门关闭。

2. 情况分析

这是一起站台乘降组织突发事件，从总结过程中，列车长处置正确，能够按规定使用电台进行联控，在事后的音视频记录了解过程中，列车长用语规范，从具体情况分析看：

（1）这一突发事件的发生，进一步明确了站车乘降组织处置突发情况的原则，就是保证旅客安全，保证行车安全，保证列车正点。

（2）站车联控机车联控。车长一定要形成在突发情况下和车站、机车及机械师、乘务员联控、互控，准确熟练地运用1、2、3频，缩短处置时间，提高处置效率。

（3）在站停车要有正点意识。列车长、乘务员在乘降组织中要紧张起来，D9××次列车在广州南站正常停车3 min，车站放行旅客134人，乘务人员注意力要集中，对重点环节敏感，随时关注可能发生的突发事件，在发现站台大部分旅客上下完毕，还有逗留旅客时，相邻车厢的乘务员一定要及时询问、提示，避免出现因各种原因发生旅客抓车等突发情况延误列车。

（4）列车长在事后处置不力。从20:20事情发生后，直到当晚24:00，列车长只做了简要汇报，在应急中心一再提出对汇报中不清楚的地方后，两名列车长都没有对此次突发情况的各方面做详细的沟通交流，没有细致梳理整个过程，没有清楚掌握整个突发事件中的时间节点、旅客乘降细节，没有汇报清楚在处置中各岗位人员的作业情况，汇报不详尽，造成在向上级汇报时，文字材料延迟了3 h，说明列车长对突发情况重视程度不高，对当前大客流返程高峰时期还不够敏感，直至第二日上午，也没有提交比较完整的汇报资料。

（5）添乘干部作用发挥不力。车队添乘干部对现场状况不掌握，事情发生后，在列车长汇报不详细的情况下，没有指导列车尽快做好情况梳理，既没有过问列车长汇报的经过，也没有亲自向车队汇报，更没有向段主管部门汇报。在上级部门一直追问的情况下，作为车队添乘干部，直到第二日早晨还不知道突发事件的处置情况，没有引起足够重视，没有履行干部职责，没有发挥车队干部添乘在应急处置中应有的作用。

3. 案例点评

结合对D9××次列车车门处置分析需要我们在乘降组织、车门故障等非正常情况下，要坚持处置原则、做好与站车联控，充分发挥各岗位作用，切实提高应急处置能力。

（1）要坚持车门应急处置的原则。在突发情况时，要遵循确保旅客安全，确保行车安全，以及尽可能地保证安全正点的处置原则。对任何晚点都要掌握情况，要说明原因，提高高铁和既有列车安全正点的管理。列车长在站停乘降组织上要负起责任，紧张起来，预判情况，亲自组织，掌握了解停车时间，树立正点意识。

（2）切实做好与车站、机车联控。按照有关规定、规范，熟练使用站车用语，充分运用好各频点使用、守候的管理，列车长电台、便携式记录仪、视频记录仪良好使用状态，要把列车音视频记录设备，作为行车的重要保证设备进行管理，车队要加强检查、抽查，确保设备在行车中发挥重要作用。

（3）列车长要具备正点意识。列车长在乘降组织、设备发生故障或列车晚点运行时，要有正点意识。停站前做好充分预想，到站时及时合理组织乘降，正确处置突发情况，对处置过程要有详细记录，列车长应熟知线路情况、站停时刻，掌握当前列车运行情况，尤其是在当前返程客流高峰时期时刻保持紧张状态，与站方全力配合做好乘降组织。

（4）做好非常情况的汇报和信息收集整理。对于列车晚点都要说明情况，形成文字记录，熟知问题概况、原因、经过，问题的性质以及在处置过程中存在的问题和责任，发生非正常情况时，列车长应妥善处理，事后要对处置过程认真梳理关键时间点、发生位置等重要因素做好详细记录，掌握详细情况后及时汇报，通常处置过程较长，应说明后续情况在处置后反馈，并在处置完毕后，要将详细情况及时上报。

7.3.2 动车组列车上发现危险品的应急处置

（1）《铁路旅客运输规程》规定：发现危险品或国家禁止、限制运输的物品，妨碍公共卫生的物品，损坏或污染车辆的物品，按该件全部重量加倍补收乘车站至下车站四类包裹运费。危险物品交前方停车站处理；必要时移交公安部门处理。对有必要就地销毁的危险品应就地销毁，使之不能产生危害并不承担任何赔偿责任。

没收危险品时，应向被没收人出具书面证明。

（2）《铁路旅客运输服务质量规范》规定：发现旅客携带品可疑及无人认领的物品时，配备乘警的列车通知乘警到场处理；未配备乘警的列车由列车长处理，对危险品做好登记、保管及现场处置，并交前方停车站（公安部门）处理。

（3）客运记录中要注明“列车按规定加倍补收四类包裹运费”。

案例分析

D6×××次列车车上危险品处置

1. 案例概况

某年，D6×××次列车开车后，乘务员清扫卫生时，在 8 车厢 2A 号座席下发现汽油 1 瓶，经询问是旅客田×携带的。

2. 处置程序

（1）乘务员第一时间通知列车长（该车未配备乘警）。

（2）列车长对危险品做好登记、保管。

（3）列车长组织乘务员清理现场。

（4）列车长编制客运记录。

（5）到前方车站后，列车长将危险品及客运记录一并交车站处理。

7.3.3 发生旅客冲突事件的应急处置

发生旅客冲突事件（争吵、斗殴）时，一定要保持冷静，遵循以下处置原则。

（1）无论遇到什么情况，都要保障好其他旅客和自身的人身安全。

（2）保持冷静与理智，严格按照列车上的规定办事。

（3）必须坚守岗位，并及时联系列车长和乘警。

（4）在保证自身安全的前提下，一定要劝阻旅客之间的冲突，将大事化小，维护列车秩序。

（5）注意向旅客取证。

案例分析

G3××次列车旅客斗殴事件

1. 案例概况

某年12月，G3××次列车驶出上海站后，一位北京旅客与一位上海旅客因行李摆放问题发生争吵，继而开始殴斗。引起众多旅客围观。

2. 处置程序

（1）乘务员第一时间通知乘警。

（2）乘务员在保证自身安全的情况下，进行劝阻，通过语言让双方冷静。

（3）提醒其他旅客不要围观，注意自身安全。

（4）乘警到场后，协助乘警进行处理。

（5）双方协商和解后，将其中一名旅客调整到其他车厢，防止事件生变。

7.3.4 启用热备动车组的应急处置

1. 站内换乘热备动车组的处置

（1）遇车次变动时，车站应收回原票、换发新票，退还票价差额。旅客要求退票或改乘其他列车时，车站应及时为旅客办理退票、改签等手续。

（2）故障车停靠站台换乘时应尽可能安排在同一站台面，不能在同一站台面换乘时，应组织旅客通过天桥或地道换乘，严禁跨越股道换乘。故障车在站内没有停靠站台时，换乘处置程序比照区间换乘热备动车组的处置程序办理。

（3）换乘时，站车应认真组织验票，严禁持其他车次车票的旅客上车。

2. 区间换乘热备动车组的处置

（1）列车长接到司机转达的组织旅客换乘热备动车组的命令时，应立即向列车工作人员传达，列车工作人员应检查车内情况，坚守岗位。

（2）列车应向旅客通告换乘的决定，告知安全注意事项。对于列车不能如期运行给旅客出行造成的不便，列车长应代表铁路部门向旅客致歉并感谢旅客的配合，做好后续服务工作，取得旅客的支持与谅解。

（3）热备动车组停靠在指定位置后，热备动车组司机通知列车长。列车长接到通知后，组织列车工作人员打开指定车厢车门，放置好应急梯或应急渡板并做好防护，组织旅客有序换乘。在隧道内换乘时，由隧道管理单位操作开启隧道内的应急照明装置，隧道内的应急照明装置应具有远动开关功能。

（4）旅客换乘完毕，列车工作人员应将应急梯和应急渡板收好，定位存放并关闭车门。

用应急梯组织旅客换乘如图 7−7 所示，放置应急渡板如图 7−8 所示。

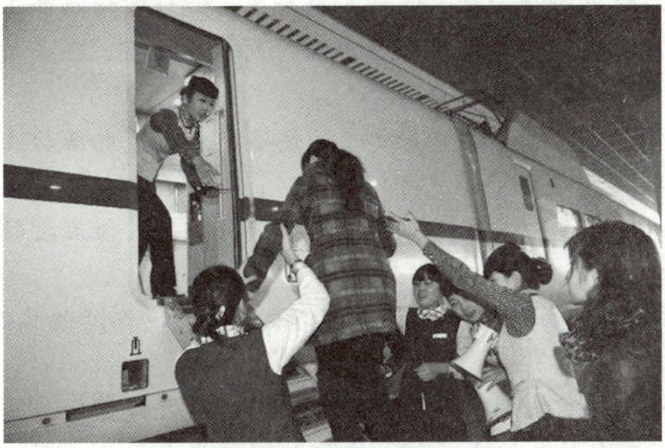

图 7−7　用应急梯组织旅客换乘

图 7−8　放置应急渡板

案例分析

D3××次列车故障启动热备动车组处置案例

1. 案例概况

某年 12 月××日，北京南开往上海的 D3××次列车运行至济南局平原站时，列车发生故障，无法继续运行。车内共有旅客 359 人，其中，卧铺 248 人，二等座 111 人。列车长及时向司机及所属济南局了解故障情况、修复时间。济南局客调告知暂时不能确定开行时间，国铁集团正在启动应急预案，要求列车长向旅客做好解释工作，等待救援。列车长立即向北京局客调、段应急中心、车队汇报，并启动列车晚点应急预案，经国铁集团决定由北京铁路局北京南动车所启动临时热备车底救援。救援车底由北京南出发赶往平原站进行救援。13 h 后列车到达上海站，事故造成列车晚点 10 h。

2. 处置程序

12 月 25 日 00:45，列车运行至济南局平原站，发生故障，无法继续运行。

1:00，列车长向司机及所属局了解具体情况后，及时向北京客调、段应急中心、车队汇报，立即启动列车故障晚点应急预案，做好人员分工，做好宣传解释工作，因列车无电只有应急灯，严禁旅客一切明火照明，要求乘警加强对列车的巡视，乘务员、餐服员、乘服员按照预案程序，坚守岗位，各负其责。

1:39，段乘务科值班接到列车故障需要启动热备车底救援电话后立即向值班领导汇报，并要求派班室掌握救援调度命令，并立即汇报。

2:40，北京局客调口头通知做好启动临时热备车底准备、值班段领导立即组织高铁一、二队热备班组人员待命。

4:30，接国铁集团客调通知，启动北京铁路局北京南站动车所的临时热备车底进行救援，但具体时间未定，车队组织备班人员等候调度命令。

6:16，北京客运段派班室接调度命令 63110 号，通知救援热备车底从北京南站发车。

9:40，救援车底乘务人员到达平原站，立即按照事先人员分工倒换卧具，有序组织旅客进行换乘。

10:17，列车换乘完毕，确认无滞留旅客后从平原站发车。

13:30，经上级领导协调，列车在徐州站进行补水作业车站为旅客配送免费饼干和矿泉水 360 份。

13:40，列车从徐州站开出后，乘务员迅速将食品发放至每名旅客手中，段领导、车队干部全部下车对旅客进行安抚，列车长在部分情绪激动的旅客面前表现得沉着、冷静，耐心地做着解释，通过各方面的努力和补救服务稳定了旅客的情绪，慢慢地得到旅客的谅解。

16:32，列车到达南京站前，列车长提前向客调汇报列车动态。并与南京站方取得联系，为改签、换乘旅客开通绿色通道，顺利与车站办理交接。

19:00，列车晚点 10 h 到达上海站，经全体乘务人员的努力，没有滞留一名旅客，圆满完成热备救援任务。

3. 案例点评

（1）人员组织到位。接到调度命令后，段领导对救援工作高度重视，副段长带队组织高铁一、二队干部职工 20 人赶赴现场参与救援，确保救援人员充足。

（2）人员分工到位。结合现场的实际情况制订人员分工计划和救援方案，将热备车底的救援人员及车队干部分配到车厢，要求负责卧具的倒换工作，原 D3××次乘务人员负责引导旅客换乘。人员分工合理，卧具倒换有序，换乘秩序井然。

（3）解释宣传到位。列车发生故障后，列车长沉着、冷静，立即启动列车晚点应急预案，做好人员分工，统一口径，充分预想。要求面对情绪激动的旅客要保持冷静，注意说话的方式方法，态度诚恳，耐心、细致解答。并对重点旅客进行安抚，要求乘务员重点盯控、重点掌握。

（4）协调组织到位。途中列车长及时向所在局客调汇报列车运行情况及旅客动态。对改签、换乘旅客提前与车站联系，加快办理交接手续。车队与上海保洁公司进行协调，增配保洁人员进行整备工作，保洁公司组织了 60 名保洁人员到站参与整备工作，为列车折返站正点发车提供了保障。

案例分析

G××次列车临时启动热备动车组，未及时传递信息，导致列车长未赶上列车应急处置案例

1. 案例概况

某年 6 月××日北京南开往上海虹桥的 G2××次列车，由于车体发生故障无法运行。调度临时变更乘务交路，由 G3×次列车乘务组值乘 G2××次，G3×次列车改由热备班组值乘。由于 G3×次列车为重联编组，前后列共需要 2 长（乘务长）4 员（乘务员），而热备班组为 1 长 4 员，须借用客运段 1 名热备列车长。因通知较晚造成热备列车长未赶上列车。

2. 处置程序

6 月 22 日 G3×次乘务组（2 长 4 员）于 7:00 到达北京南站 7 站台，做好接车准备，7:30 列车未到达该站台。

7:30，派班室接动调通知由原 G3×次乘务班组值乘济南局 G2××次，随即派班员立即通知高铁二队，车队办事员接派班通知后立即通知 G3×次乘务组临时改为值乘当日 G2××次列车，站台改为 12 站台。

7:36，该班组赶到 12 站台，立即配合车站组织旅客乘车，列车于 7:44 开出北京南站，G2××次列车正点开车时间为 7:36，列车晚开 8 min。

7:37，车队值班干部副队长杨锦第一时间组织乘务组启动应急预案，于第一时间（7:37）向车队长及乘务科汇报情况。

7:51，车队向派班室核实情况，问询 G3×次由谁担当，派班员郑建辉即刻反映，询问动调。动调通知由上海局担当，由北京客运段派 1 名热备车长值后列。

7:56，派班室通知京津城际热备列车长吕虹，担当 G3×次后列值乘任务。

7:56，吕虹接命令后，立即从 24 站台赶往 7 站台。吕虹到达 7 站台时间为 8:02，列车已关闭车门驶出站台，未能赶上列车。

3. 案例点评

（1）此案例为高铁动车组因车体故障，临时改变值乘交路，动调通知未明确的情况下，派班接令后未核对和问原车次担当变化，导致热备列车长在极短时间内未赶上列车的案例。

（2）G3×次列车乘务组处置过程中，车队干部、列车长乘务班组处置反应迅速，组织旅客乘降有力，缩短了列车晚点时间，消灭旅客不良反应。

（3）存在的主要问题：一是列车变换乘务交路，车队敏感意识不强，反应慢，对后续开行的 G3×次没有提前预想是派班员接令后，考虑不周全，敏感性不强，接到临时改乘命令后，没有主动向调度核实后续列车开行方案。

7.3.5 恶劣天气情况下动车组乘务应急处置

因恶劣天气（含暴雨、大雾、大雪、冰雹、台风等）影响列车正常运行时，客运调度员应及时将天气情况通知客运管理部门、沿线车站及滞留列车，客运管理部门应了解现场情况，指挥相关人员开展应急处置，动车组应及时公告列车非正常运行情况并向旅客致歉。

（1）列车长接到客运调度员或上级主管部门动车组列车因恶劣天气影响导致非正常运行的通知后，应立即了解车内情况，加强对重点旅客的服务。出现异常情况及时向客运调度员或上级主管部门报告。

（2）列车长应与司机或滞留地所在铁路局调度所客运调度员保持联系，了解动车组列车的运行安排，及时向旅客通报。

（3）列车应备足餐食和饮用水，确保供应。需补充餐食和饮用水时，列车长应向滞留地所在铁路局调度所客运调度员或通过司机向列车调度员报告，请求车站为动车组列车补充餐食和饮用水。

案例分析

京哈线受恶劣天气影响多趟列车晚点处置案例

1. 案例概况

某年5月3日，京哈线受大风暴雨影响造成京哈线所有动车组列车大面积晚点。各次列车晚点从5 h到7 h不等，其中G5×××次列车全体值乘人员启动应急处置预案，积极协调沟通，现场积极做好旅客安抚解释和服务工作，顺利完成旅客运输任务，未造成一名旅客滞留，特别是在列车长和乘务员的积极努力下，车内大部分旅客对铁路工作给予了理解和支持。

2. 初期处置程序

（1）列车长。

① 了解情况。

发生因雨雪断道、封路或大风天气影响，列车不能继续运行时，列车长及时向司机或列车运行所在局客调取得联系，尽快了解晚点原因，报告车内情况和请求解决的问题，请示处理意见。同时将所有情况依次向车队、段值班室、乘务科、所属局客调进行汇报，请示处理意见。

列车长立即组织“六乘”会议，明确分工，落实措施，加强车内的巡视，检查全列车情况，随时向调度部门汇报，同时与司机沟通停留情况（具体内容：① 停车原因；② 停车区间、公里数；③ 预测停车时间）。

② 掌握车内信息。

- 车内人数；
- 重点旅客去向、需求；
- 预想列车晚点可能造成的后果；
- 机车司机姓名及车底号；
- 列车秩序；
- 饮食供应；
- 旅客反应；
- 列车需求。

③ 及时汇报。

列车长要在第一时间向上级领导（客调）汇报，汇报内容如下：

- 担当列车所属局、担当段、列车车次、列车长姓名；
- 晚点原因；
- 目前列车秩序情况，旅客诉求；
- 晚点的可能后果；
- 饮食供应情况；
- 提报处置方案。

（2）车队。

车队根据列车长现场汇报的信息，设专人进行信息整理，并将整理后的信息第一时间向乘务科及主管领导汇报。车队随时根据现场晚点实际情况与班组取得联系，获取真实有效的信息。

3. 核心处置程序

车队要根据现场实际情况进行部署，给予现场正确的指导，在合理的时间内安排车队干部到现场添乘，帮助一线班组协调解决问题，列车长要根据列车实际情况，做好人员分工，维护好车内秩序、做好重点旅客安置及列车饮食供应工作，做好耐心解释；杜绝不良反应，消除不良后果。

（1）车队。

车队根据现场晚点信息的内容进行记录，收集后根据实际情况将迫切需要解决的问题（饮食供应、伤病旅客交接、情绪较为激动的旅客，车厢设施设备的问题等）向对口主管部门及主管领导进行汇报，寻求解决最佳解决方案。列车终到后，车队干部要到现场接车，指导现场班组解决实际问题及处理相关需要交接事项，车队要将晚点信息处置程序最终形成文字材料上报主管部门。

（2）列车长。

① 加强车内巡视，做好耐心解释，关注重点旅客（老、幼、病、残、孕）及反应较为强烈、情绪较为激动的旅客。

② 对各个部门进行关注部署。

部署内容：发生突发情况，列车长要组织六乘人员立即启动应急处置预案，加强与六乘的指挥领导，协调沟通，分工负责，客运乘务员要加强车内的巡视检查，做好解释和服务工作，稳定旅客情绪，乘警要求加强车内的治安工作（无乘警的由列车长负责），维护车内秩序；机械师要求加强对设备设施的检查和检修，保证车内照明充足，饮水供应正常，温度适中；乘服人员要做好车内的卫生清理工作，加强对车厢内的卫生清理，同时，加强对车内的巡视检查；餐服负责车厢内的饮食供应工作并及时将餐车内的餐食数量随时向列车长汇报，发生短缺时要提前与前方站联系保证饮食供应，同时，加强对车内的巡视检查。

③ 及时拍发电报（电话），请求相关部门协助；

④ 做好事故处理随时汇报；

⑤ 编制记录，业务处理（为需要办理改签的旅客做好登记记录）。

根据实际情况做好应急处置。

（3）列车员。

① 遇有接触网断电需要打开车门时听从列车长的安排挂防护网；加强车内巡视协助乘警维护车内秩序；

② 关注车内状况，耐心解释，及时向列车长汇报；

③ 做好车内服务，关注重点旅客（老、幼、病、残、孕及反应较为强烈情绪较为激动的旅客），按照列车长的要求做好旅客服务和对旅客的安抚解释工作，勤于巡视车厢，密切关注车内的重点旅客动态，有特殊情况及时向列车长汇报。

列车停车时还需广播：列车现在停车等候通车，列车现在大约晚点×小时×分，请您谅解。

（4）乘警。

① 加强车内巡视，耐心解释，维护好车内秩序；

② 做好应急突发事件处理（损坏设备、设施或哄抢列车食品等）；

③ 做好请求公安派出所协助处理。

（5）机械师。

① 协助列车长做好车内解释工作；

② 做好恢复车内供电工作；

③ 做好设备损坏后的维修工作。

列车因水害、冰雪、强风刮断电网造成受阻，长时间晚点旅客询问原因时，列车长应做如下回答：

旅客询问晚点原因时，列车长应正确解释（因天气原因将前方电网损坏，造成列车晚点，我们铁路工作人员正在积极抢修，我们的工作人员将在您身边，随时为您提供服务）。

4. 案例点评

（1）列车长要组织列车乘务员做好食品的供应，严格控制餐售物价和卫生质量，餐食、饮水短缺时，要及时与列车所在局客调或就近车站、地方政府联系，尽力满足受阻旅客需要的同时，列车长组织列车乘务员做好服务、解释、安抚、致歉和饮食供应工作。

（2）列车受阻断电或造成晚点时，按照《高铁动车组运行中车厢内突然断电应急处置预案》及《高铁动车组晚点的应急处置预案》相关内容处理。

（3）列车受阻需转乘救援列车时，列车长应通过广播通知全体旅客带好随身物品，不要拥挤、推搡，听从列车乘务员的指引，有序快速地转移到其他动车上。

（4）列车乘务员应按照《高铁动车组旅客转乘的应急处置预案》内容，做好旅客换乘前的准备工作，安排好换乘车厢顺序，积极有序地组织好旅客乘降，协助重点旅客上下车，做好防护，提醒旅客注意人身安全以免发生意外。因线路中断停止运行的列车，列车长要按规定及时拍发电报，编写客运记录，并在旅客车票背面注明原因、日期、返回站，加盖列车长名章，作为旅客免费返回、办理退票、换车延长有效期间的凭证（或按照上级要求办理），保证旅客安全转运。

因台风恶劣天气造成列车停电或空调无法使用，列车长应启动《高铁动车组空调装置故障的应急处置预案》，做好车内一切工作。

① 列车长要组织客运乘务组人员坚守岗位，加强车内巡视，认真执行首问首诉负责制，及时解答旅客问询并处理旅客投诉，向旅客表示歉意，避免激化矛盾，禁止使用“与我们无关”“不知道”“没点”等不负责任的语言，不得以任何理由回避旅客询问，做好解释、安抚工作。

② 遇有列车晚点 15 min 以内的，动车组列车应向旅客通报晚点时间。列车长应根据司

机通报的晚点时间、原因，如实地向旅客通报晚点原因及预计晚点时间，安抚旅客。

③ 列车在始发站晚点 30 min 及以上时，车队需派干部添乘，组织乘务组全体人员做好服务、卫生饮食供应和对旅客的安抚解释工作。

④ 遇有因高铁动车组列车晚点发生旅客情绪激动、行为过激等情况，列车长应立即向列车到站所在路局客调报告，特殊情况下可向国铁集团客调汇报，同时向段乘务科汇报。旅客因不满晚点不肯下车时，列车长应立即通知车站值班员，车站领导应及时到场解决。

⑤ 饮食供应。列车晚点 1 h 以上且逢用餐时间时，列车长应提前统计车上旅客人数，向客调报告，安排前方停车站为列车提供饮食品，列车免费为旅客提供（用餐时间为早餐 7:00—8:30，午餐 12:00—13:30，晚餐 17:30—19:00），免费供餐费用由车站据实统计，报客运处审核后向路局清算。

⑥ 旅客提出赔偿要求时，列车客运乘务人员要根据现行法规和铁路规章进行解释和安抚工作，如因旅客列车严重晚点，旅客要求中途下车办理退票时，列车长应编制客运记录交站妥善处理；对于旅客要求使用其他交通工具继续旅行的，列车长要指定列车员做好汇总统计，并向列车运行所在局客调汇报，请前方车站做好接运准备。旅客不肯下车影响列车正常运行秩序时，列车长必须立即通知车站采取果断措施，妥善处理，确保运行秩序正常。

7.3.6 超员情况的应急处置

动车组列车超员是关系到列车安全运行的重要问题，必须引起高度重视。一般来说，严重超员时，列车将停止运行，进行减员处理后，方可恢复运行。未严重超员时，须将无座票旅客均匀分散到全列车中，列车降速后，继续运行。

案例分析

G3××次列车超员事件

1. 案例概况

某年 4 月 7 日是清明小长假的最后一天，从福州站开往北京南站的 G3××次列车在开出山东省内某站后出现超员情况。

2. 处置程序

（1）司机将列车超员信息报告调度员和列车长，调度员命令降速运行。

（2）列车长接到司机发出的列车超员通知后，将信息告知全体乘务员，并要求乘务员对无座票旅客进行疏散。

（3）列车员深入车厢，劝导集中在车厢连接处的无座票旅客分散到车厢的各处，以确保列车安全运行。

7.3.7 动车组故障时的应急处置

动车组在发生如空调故障、车门故障、给排水系统故障等非正常情况下，要坚持处置程序、做好站车联控，充分发挥各岗位作用，切实提高应急处置能力。下面介绍动车组车门故障的应急处置办法。

（1）要坚持车门应急处置的原则。在突发情况时，要遵循确保旅客安全，确保行车安全，以及尽可能地保证安全正点的处置原则。对任何晚点都要掌握情况，要说明原因，提高列车安全正点的管理。列车长在乘降组织上要负起责任，预判情况，亲自组织，掌握了解停车时间，树立正点意识。

（2）切实做好站车联控。按照有关规定，规范、熟练使用站车用语，确保电台、便携式记录仪、视频记录仪使用状态良好，要把列车音视频记录设备，作为行车的重要保证设备进行管理，车队要加强检查、抽查，确保设备在行车中发挥重要作用。

（3）列车长要具备正点意识。列车长在乘降组织、设备发生故障或列车晚点运行时，要有正点意识。停站前做好充分预想，到站时及时合理组织乘降，正确处置突发情况，对处置过程要有详细记录，列车长应熟知线路情况、站停时刻，掌握当前列车运行情况，尤其是在客流高峰时期要时刻保持紧张状态，与站方全力配合做好乘降组织工作。

（4）做好非常情况的汇报和信息收集整理。对于列车晚点要说明情况，形成文字记录，熟知问题概况、原因、经过，问题的性质及在处置过程中存在的问题和责任。发生非正常情况时，列车长应妥善处理，事后要对处置过程认真梳理关键时间点、发生位置等重要因素并做好详细记录，掌握详细情况后及时汇报。

案例分析

G1××次列车站停全列右侧车门故障处置案例

1. 案例概况

某年9月22日，上海虹桥站开出G1××次列车。

15:22，列车正点到达昆山南站，靠站停稳后，全列右侧车门出现故障，不能正常开启。15:34，车门故障仍未能排除，机械师通知列车长指挥乘务员手动开启车门，共开启15个车门，旅客顺利乘降。15:38，乘务员统一手动关闭车门，经司机确认全列车门处于关闭状态后，于15:43开车，列车延时21 min开出昆山南站。

2. 处置程序

9月22日15:05，G1××次列车从上海虹桥站正点开车，指导列车长姜晨晨、列车长王家强、机械师郭姜超、乘警许彬对列车进行巡视。

15:22，G1××次列车正点到达昆山南站，停靠站台右侧后全列右侧车门不能正常开启，列车长王家强立即通知乘务员坚守岗位，车长姜晨晨立刻与司机联系，司机未说明车门未开启的原因，并要求机械师立刻前往司机室。

15:25，列车长姜晨晨、王家强分别去大小号车厢进行巡视，并立即启动车门故障应急预案，要求乘务员、餐服员、乘服员按照车门故障预案分工到岗到位，等待命令，做好手动开启车门准备工作，同时向司机申请手工开启车门未果。

15:28，乘务员、餐服员、乘服员按照预案分工到达指定车门口，列车长姜晨晨通过电台与车站值班员联系告知车门故障，等待司机、机械师命令。并与车站人员确定手动开启车门的位置，要求协助做好乘降组织。立即向局客调、段应急中心进行汇报，并说明下一步具体应对措施。

15:34，机械师通知车门故障无法修复，手动开启车门组织旅客乘降，列车长姜晨晨立即通知到岗人员手动开启车门，共开启 15 个车门。

15:38，乘降组织完毕，统一指挥关闭全列车门，确认状态正常，司机确认全列车门关闭无误后报告行调等待行车信号，并申请无锡东站、泰安站、济南西站变更站停方向改为左侧开门。

15:43 开车，影响本列晚点 21 min。

3. 案例点评

本次突发情况是高铁动车组典型的车门故障处置案例，列车靠站台后全列右侧车门故障无法正常开启，列车及时启动应急处置预案，人员分工明确，“六乘”团结协作，密切配合，有序组织旅客乘降，正确处理车门故障。

（1）现场指挥到位，人员响应迅速。列车长接到司机通知车门故障后，沉着冷静，提前响应，立即按高铁动车组车门故障处置办法，要求乘务员、乘服员、餐服员按照预案分工提前到岗到位，并做好宣传解释和安抚工作。指导列车长业务熟练，思路清晰，与非乘务单位车长配合默契、责任分明，提前预判能力较强。

（2）现场处置妥当，行动统一规范。工作人员到岗到位后，立即向列车长报告车门口旅客现场情况，并对车门口旅客有序进行疏导，做好手动开启车门的准备，接到列车长通知手动开启车门后，按手动开启车门的方法进行手工开启，立即积极组织旅客乘降，随时利用电台与列车长保持联系，听从列车长统一指挥。

（3）信息反馈及时，汇报内容清晰。发生车门故障后，列车长及时了解情况，并对现场处置进行布置后立即向局客调、段应急中心进行汇报，叙述问题简明扼要，过程清晰，并汇报了下一步的应对措施。

案例分析

G4××次列车无法进行吸污作业的应急处置案例

1. 案例概况

某年 7 月 1 日，由北京西开往贵阳北的 G4××次列车到达贵阳北站后，贵阳北站列车吸污设备接口与 CRH380B 统型车底吸污接口不匹配，列车无法进行吸污作业，影响返程旅客使用卫生间，后经列车长积极沟通联系，解决了列车吸污问题，保证返程列车卫生间能正常使用，避免因列车设备问题引起的旅客投诉事件发生。

2. 处置程序

7 月 1 日，京广高铁车队担当的 G4××次列车终到贵阳北站后，列车长孙苦接到车站值班员通知，因贵阳北站吸污设备接口与 GRH380 B 统型吸污口不匹配，无法进行吸污作业，列车长立即向成都、北京局客调、段乘务科及车队汇报。

为保证 7 月 2 日列车返程旅客能够正常使用卫生间，列车长孙苦积极与贵阳北站进行沟通，要求贵阳北站尽快妥善安排列车吸污作业。

19:04，列车长孙苦接到成都局客调指示，列车将在 7 月 2 日早晨进行吸污作业，随后列车长给北京局客运处值班打电话汇报情况，客运处值班领导张兵兵指示列车长 7 月 2 日折返站列车出库后重点关注列车吸污作业，并及时沟通汇报。

22:30，列车长孙苦与随车机械师进行电话联系，机械师称到达贵阳北站列车入库后，站方使用吸污车进库进行吸污作业，由于股道内的登乘架阻挡吸污车的行进路线，吸污车无法开到1号车厢位置进行吸污作业，除1号车厢外，其他车厢已经吸污完毕。

3. 案例分析

（1）此案例为高铁动车组异地折返站无法吸污作业的应急处置案例。

（2）在处置过程中好的方面，列车长处置得当，汇报及时，头脑冷静。一是在7月1日调图我段加开 G4××次列车，列车长孙苦担当7月1日首趟车值乘任务，初次到达成都局贵阳北站，能够在线路、环境都不熟悉的情况下及时联系当地客调协调解决问题；二是在问题没有解决前，能够及时与客运处值班领导沟通，并请求帮助；三是列车长能够保持与随车机械师的沟通联系，及时了解内况；四是列车长头脑冷静，问题处置，情况汇报有条不紊，始终把解决问题放在第一位。

（3）在处置问题中存在的问题，一是返程途中应联系列车运行所在局客调，在有条件的车站对1号车厢进行吸污作业；二是列车长对处理问题的经过要仔细，将评估情况及时反馈车队，以便车队能够及时向上级详细汇报。

4. 案例总结

（1）对新开行列车担当车队要提前了解车底信息及列车折返站作业设备使用情况；

（2）列车长要时刻保持信息沟通，积极请示汇报，请求上级协调解决；

（3）对未能解决的问题，列车运行途中，列车长要及时联系所在局客调、拍发电报，以帮助解决；

（4）发生影响旅客使用的设备问题时，车队要根据实际情况及时协调解决，以保证设备的正常使用；

（5）车队在加强培训的同时要不断强化列车长的应急处置能力，针对突发情况能够及时、准确地做出判断；

（6）针对突发问题，列车长、车队必须第一时间向段有关领导准确反馈情况、汇报，做好现场处置。

7.3.8 动车组乘务组织过程中突发情况应急处置

动车组乘务组织过程中的突发情况非常复杂，下面以案例的形式进行介绍。

案例分析

G5××次列车故障停留期间旅客击碎玻璃的应急处置案例

1. 案例概况

某年4月18日，由长沙南开往北京西的G5××次列车为重联16辆编组。列车运行至岳阳东站前，接客调通知列车齿轮箱疑似漏油，降速运行至岳阳东站，要求随车机械师在岳阳东站下车排查故障，经随车机械师排查后确认齿轮箱漏油列车无法运行，司机向广铁集团客调请求救援，因列车晚点部分旅客情绪激动，列车长积极与客调联系，汇报情况，做好旅客安抚工作。在此期间 3 号车厢 01A 旅客情绪激动，用列车紧急破窗锤将车厢内侧玻璃击碎。

2. 处置程序

G5××次列车岳阳东站前接客运调度通知列车故障，列车降速运行，于 15:42 停靠岳阳东站。

15:46，前列机械师边欣从 16 车厢运行方向右侧下车对列车故障进行排查，后列机械师王军从 8 号车厢运行方向右侧查看故障，列车长随时与机械师保持联系，乘务员坚守岗位在车内向旅客做解释安抚工作，同时通过广播加强宣传和致歉工作。

16:09，机械师对漏油故障未能修复，随车机械师向本单位汇报故障情况，列车不能运行，司机向广铁集团申请列车救援，列车通过广播向旅客致歉并如实通报晚点情况，并通知列车员统计车内实际人数和需中转换乘旅客。

16:11，部分旅客因列车晚点情绪激动，多人提出要在岳阳东站进行换乘。

16:12，列车长立即向广铁集团客调汇报，请求指示，广铁客调称按规章办理，列车长根据现场情况与岳阳东站和本务司机联系。

16:14，3 号车厢 01A 旅客情绪较为激动，找到列车长孙梦楠提出需要立即下车中转赶到武汉办事。列车长孙梦楠告知正在等待上级指示，并让 3 车厢乘务员毛宏羽重点做好安抚。

16:16，列车长孙梦楠拨打岳阳东站中控室电话无人接听，用 1 频电台呼叫岳阳东站无人应答。

16:18，列车长孙梦楠对全列进行巡视并嘱咐乘务员要加强对需要中转换乘旅客的重点安抚工作，列车长正在积极联系岳阳东站。

16:20，列车长孙梦楠再次向客调汇报无法联系岳阳东站客运人员，要求中转换乘人员较多，情绪较为激动，广铁客调告知耐心等待，安抚旅客做好统计，并继续联系岳阳东站。

16:22，8 号车厢乘务员张东芝发现在 8 号车厢站台处，有车站值班人员在站台，并立即通知列车长。

16:24，列车长孙梦楠到达 8 号车厢，用 1 频电台呼叫司机，经司机同意后手动开启 8 号一位车门并做好防护下车。

16:25，列车长孙梦楠找到车站客运值班员转达广铁集团客调要求及旅客需求并请求帮助。

16:27，岳阳东站值班人员田副站长告知因为不是同站台换乘，救援车底还未到达，表示暂时不能开启车门。对中转换乘人员做好统计后，统一进行中转换乘安排。

16:29，列车长孙梦楠向车站转达车内有 191 名旅客，是否可以分流中转换乘时。接到 3 号车厢乘务员毛宏羽电台通知，告知 3 号车厢 01A 旅客使用列车安全锤将 5 车 07F～08F 间内侧玻璃击碎，无人员伤亡并对周边旅客进行疏散。

16:31，列车长孙梦楠和乘警行斌赶到现场，并组织乘务人员安抚周边旅客。乘警行斌立即控制了该旅客，同时通知车站派出所。列车长立即向广铁集团客调、北京铁路局客调、段乘务科汇报，随后编制客运记录交站处理。

16:40，广铁集团客调称已联系岳阳东站组织旅客换乘，列车长需与岳阳东站保持联系，等待车站通知。

16:43，岳阳东站田站长用电台联系列车长孙梦楠，称车站已具备换乘条件，可以开启车门。列车长利用广播向旅客宣传，引导乘客按照站方指定线路进行换乘。

17:36，救援列车到达岳阳东站，乘务员协助救援车底顺利换乘完毕，列车开车晚点

115 min，原班组便乘回京。受岳阳东站无电报所限制，列车长随后到达长沙南站，给长沙站拍发传真。

3. 案例点评

此案例为高铁动车组故障列车停留旅客击碎玻璃应急处置案例。

处置过程中的不足之处：

（1）列车长在处置列车晚点过程中，面对情绪激动的部分旅客进行重点安抚和盯控缺失，未及时通知前列乘警赶到现场协助处理。

（2）现场掌控及应对问题能力有待提高，从列车停车到玻璃被旅客击碎期间，列车长、乘务员对列车个别旅客情绪失控的情况掌握不清楚，风险研判，预想能力不强。

（3）乘务人员在巡视车厢时对旅客的诉求回答不及时，列车长未能将汇报情况的结果及时告知乘务员，信息反馈较慢，未能给出实质性的回答，造成旅客烦躁情绪加大。

好的方面：

（1）列车长孙梦楠在接到乘务员告知车窗被旅客击碎后，能够快速反应立即通知乘警现场控制旅客，以防旅客再有过激行为继续破坏列车。

（2）乘务员毛宏羽发现旅客将车窗击碎后，立即向列车长报告，对破损车窗周边的旅客检查伤亡情况，并有序组织进行疏散。

（3）列车长孙梦楠被告知岳阳东站无电报所后，并编制好电报委托回京中转站长沙南站电传长沙站代为拍发。电报业务熟练，现场办公应变能力较强。

案例分析

G1×次座位重号应急处置案例

1. 案例概况

某年6月20日，由北京南开往上海的G1×次列车，在北京南站临时更换车体，由原CRH380BG重联（定员556+556）更换为CRH380B统型重联（定员551+551），因换挂车体导致售票重号造成后列130名旅客无座，旅客情绪激动，意见很大。列车运行到第一停车站济南西站，才将后列旅客安排到前列车厢座位，其中30名旅客强烈要求退票，列车长开具客运记录将旅客交到站处理。

2. 处置程序

6月20日G1×次列车，因临时倒换车底，7:50出库停靠站台（列车正点开车时间8:00），车体靠站后，车站随即组织旅客上车。

7:55，有旅客找到列车长反映车上没有座位，由于距离开车时间较短，列车长解释先让旅客上车，等开车后再给旅客安排。

8:00，组织旅客上车完毕，列车长通知司机关闭车门准备开车。

8:03，关门后，后列列车长李丹丹发现有好多旅客没有座位，而且还有重号现象，李丹丹立即与前列列车长王丽娟联系汇报情况，得知前列6～8车有大量空余座位，列车长王丽娟立即与司机联系，请求再次开门，将旅客转移至前列。由于已经到了开车时间，司机没有同意，表示信号即将开放，马上开车。

8:12，列车启动。

列车开车后，列车长李丹丹再次对车内重号情况进行统计，重号旅客达 130 多人，并对重号车票拍照留存。在此过程中，车内百十名旅客情绪激动，围住列车长讨要说法，列车长及乘务员始终保持冷静，在车内做好旅客安抚和组织工作，但由于当前客流较大，列车无能力安排无座旅客，待列车到达济南西站，才将无座旅客调至前列。

重号旅客调整车厢后，仍然要求退票，列车长对要求强烈的到达曲阜东的 26 名和上海 4 名旅客交到站处理，并在客运记录中显示“旅客强烈要求退票，请车站按章办理”。

3. 案例点评

（1）此案例为高铁动车组临时更换车体，且靠站较晚，同时出现数量较多旅客重号的应急处置案例。

（2）整个处置过程中，列车长处置较好方面：总体处置得当，态度冷静，耐心稳妥。一是在距正点开车不足 10 min 的情况下，积极与车站组织旅客上车；二是当发现少量旅客重号时，并在列车未启动前，请求司机开门调整到前部；三是对更多重号旅客能及时进行统计并拍照留存；四是始终耐心解释，保持冷静，积极做好旅客安抚和解释工作；五是对到站要求退票旅客按规定编制客运记录，记录内容“旅客强烈要求退票，请到站按章办理”，描述客观准确。

（3）处置存在的主要问题：一是对列车更换车体，车队敏感意识不强，组织不到位，对可能产生的调号情况没有提前预想，同时车队没有干部添乘协助列车工作；二是列车长在整个应急处置过程中，头脑还不够清晰，不能够在发现大量旅客（130 名）重号，后列 130 名旅客无座，而前列 6～8 车有大量座位空余情况下，没想到向调度汇报，请求中间站要点停车，组织旅客倒换车厢，反映了在高铁应急处置过程中，依靠客调处置突发情况意识还很不明确。

4. 案例总结

（1）对车底倒号或者变更车底要提前预想，及时沟通，车队干部要提前核对调度命令，对车底发生的变化要及时掌握，对定员变化情况要及时与车站联系，确定调整方案并及时组织乘务班组提前预想、提前组织。

（2）熟悉车厢定员情况，加强日常应急组织培训，首先车队要组织所有乘务员熟悉各类车型定员情况，同时车队要针对不同车型调整后的调号方案提前梳理，组织乘务班组培训其熟练掌握不同车型间的调整方案。

（3）加强添乘、协调组织。发生临时调整车底造成需要倒号的情况，车队要根据实际情况安排干部协助列车做好调整、服务工作。

（4）强化应急处置能力。车队在加强培训的同时要不断强化列车长的应急处置能力，针对突发特殊情况能够及时、准确地做出判断。

（5）加强信息反馈。针对突发问题，列车长、车队必须第一时间向段有关领导准确反馈情况，做好现场处置。

7.3.9　动车组非正常行车时非乘务岗位应急处置办法概述

1. 动车组列车运行中出现故障时

动车组列车运行中出现故障时，司机应按车载信息监控装置的提示，按规定及时处理；需要随车机械师处理时，司机应通知随车机械师。经处置确认无法正常运行时，司机应按车载信息监控装置的提示和随车机械师的要求，选择维持运行或停车等方式，并报告列车调度员或车站值班员。

2. 动车组列车在区间被迫停车时

（1）随车机械师、客运乘务组、乘警均应听从动车组列车司机的指挥，配合处理有关行车、列车防护和事故救援等事宜。

（2）需下车处理时，列车调度员发布邻线列车限速 160 km/h 及以下的调度命令，限速位置按停车列车位置前后各 1 km 确定；需组织旅客疏散时，必须扣停邻线列车。司机在接到列车调度员已发布邻线列车限速调度命令或邻线列车已扣停的口头指示后，应通知有关作业人员办理。

（3）道岔故障需现场准备进路。

① 列车调度员负责非故障道岔的操纵、准备进路。

② 工务、电务等有关部门人员现场检查前，应本线封锁、邻线限速 160 km/h 及以下。待工务、电务等有关部门现场检查和确认具备现场准备进路放行列车条件，确认本线封锁及邻线限速命令下达后，车务应急值守人员组织电务、工务等人员现场操纵道岔准备进路，确认进路正确并按规定加锁，列车调度员根据现场人员汇报的故障道岔开通方向及控制台上非故障道岔的显示，确认进路正确。车站应急值守人员须及时向列车调度员汇报进路准备情况。

③ 列车调度员得到现场进路准备妥当、道岔加锁良好、作业人员已撤至安全地点的汇报后，确认进路正确，解除封锁，取消限速后方可办理行车凭证，准备接发列车。

（4）站内轨道电路故障红光带。

工务、电务等有关部门人员现场检查前，应本线封锁、邻线限速 160 km/h 及以下。待工务、电务等有关部门现场检查和确认具备列车放行条件，列车调度员确认故障区段空闲后，按以下规定办理行车。

站内无岔区段出现红光带、可开放引导信号时，办理引导接（发）车进路，列车凭引导信号进（出）站；引导信号不能开放（故障）时，人工操纵道岔、准备进路，列车凭调度命令进、出站。

（5）动车组司机运行途中接到危及行车安全的通知时。

① 立即采取停车措施，并报告列车调度员或车站值班员，待危及行车安全情况消除后，方可恢复正常运行。

② 需下车处理时，列车调度员发布邻线列车限速 160 km/h 及以下的调度命令，限速位置按停车列车位置前后各 1 km 确定。司机在接到列车调度员已发布相关调度命令的口头指示后，通知随车机械师手动开门下车处理，下车处理人员下、上车时与司机共同签认。

（6）动车组故障不能继续运行而请求救援。

① 列车调度员接到动车组司机请求救援的报告后，应根据实际情况，组织符合要求的动车组或机车担当救援，并立即将有关情况向调度所值班主任报告。

② 已请求救援的动车组，不得再行移动。列车调度员发布救援命令后，动车组司机应了解救援列车开来的方向，通知随车机械师做好防护工作。

如需接触网停电作业，须按规定办理停电手续。

③ 故障动车组应尽可能保证辅助供电系统工作正常，若辅助供电系统不能保证工作正常时，应优先保持基本的列车通风、照明。

动车组无外部供电的情况下，如蓄电池不能维持供电运行到终点站，应将故障动车组牵引至客运站后，再组织旅客换乘或启用热备车底组织换乘。

（7）接触网故障停电。

① 列车调度员接到接触网故障停电的报告后，立即通知供电调度员确认原因并处理，同

时向值班主任报告，及时扣停未进入停电区域的列车。

② 接触网故障需立即抢修时，供电调度员将本线处理故障时的影响范围、邻线放行列车条件等内容登记清楚，列车调度员根据登记要求办理。

如果需开行轨道车，要报请调度所值班主任（副主任）批准，并向轨道车司机发布准许运行的调度命令。

③ 采取越区供电方式供电前，须确认停在无电区的列车已全部降弓。

④ 接触网送电后，列车调度员必须确认供电调度的签认，准确掌握线路开通后的行车条件。

（8）运行途中晃车。

① 运行途中列车司机发现晃车时，应立即减速运行并报告列车调度员，待无异常状况后恢复常速运行。

② 列车调度员向后续列车发布限速调度命令，后续列车通过晃车地点立即向列车调度员汇报运行情况。限速位置按司机汇报的晃车地点前后各加 1 km 确定。后续首列为时速 300～350 km 的列车，限速 160 km/h；首列为时速 200～250 km 的列车，限速 120 km/h；首列为普速旅客列车，限速 80 km/h。若后续列车仍晃车，列车调度员不能再向该地点和该区间放行列车（关系区间车站为非常站控模式时应封锁该区间），发布邻线限速 160 km/h 及以下的调度命令后，通知工务部门立即上道检查。若后续列车不晃车，则按 160 km/h、250 km/h、常速逐级逐列提速。

（9）动车组运行中碰撞障碍物或撞人。

① 动车组运行中碰撞障碍物影响行车安全或撞人时，司机应立即采取停车措施，并报告列车调度员或车站值班员，通知随车机械师。

② 需下车处理时，列车调度员发布邻线列车限速 160 km/h 及以下的调度命令，限速位置按停车列车位置前后各加 1 km 确定。司机在接到列车调度员已发布相关调度命令的口头指示后，通知随车机械师手动开门下车，确认动车组技术状态。

③ 经检查确认可以继续运行时，司机按随车机械师签认的要求常速或限速运行并报告列车调度员；若不能继续运行，应及时请求救援，并按规定进行防护。

④ 列车调度员接到碰撞障碍物和撞人的报告后，应立即通知邻近车站和公安派出所派员到现场处置。到达现场人员应及时了解、上报现场勘查处置情况。

⑤ 发生重大路外伤亡造成动车组紧急停车时，司机应立即报告列车调度员或附近车站值班员，并协助有关人员保护事故现场，采取措施抢救人员和财产，尽快排除线路障碍恢复正常行车，将人员伤亡和损失降到最低程度。

（10）动车组因故停于分相区时。

由列车调度员、供电调度员根据动车组类型、停车位置、牵引供电设备状况，共同确定采用换弓、向接触网无电区送电或开行救援列车等方案。

（11）恶劣天气行车。

① 遇大雾、暴风、雨雪、冰冻等恶劣天气，在地面信号作为行车凭证且显示距离不足 200 m 时，司机应报告列车调度员。列车调度员应及时发布调度命令，改按天气恶劣难以辨认信号的办法行车。

机车信号良好时，按机车信号显示运行，遇地面信号与机车信号显示不一致时，司机应立即采取减速或停车措施。天气转好时，司机应及时报告列车调度员，恢复正常行车。

② 遇有降雨天气，重点防洪地段 1 h 降雨量达到 45 mm 及以上时，列车限速 120 km/h；1 h 降雨量达到 60 mm 及以上时，列车限速 45 km/h。当 1 h 降雨量降至 20 mm 及以下，且持续 30 min 以上时，可逐步解除限速。沿线雨量信息由防灾安全监控系统提供，当雨量超标时，由列车调度员根据防灾安全监控系统报警提示发布限速调度命令。

动车组列车运行中，司机发现积水高于轨面时，应立即停车，根据现场情况与随车机械师共同确定行车条件或请求救援，并立即报告列车调度员，列车调度员及时采取应急措施，下达相关调度命令。司机以随时能够停车的速度（不超过 40 km/h，下同）通过积水地段。列车调度员立即通知已进入区间的后续列车停车（避免停在隧道内），并禁止向该区间放行列车。

③ 遇有落石、倒树等障碍物危及行车安全时，司机应立即停车并报告列车调度员，待障碍排除确认安全后，方可继续运行。

④ 列车遇到线路塌方、道床冲空等危及行车安全的突发情况时，司机应立即停车，并报告列车调度员或车站值班员，列车调度员或车站值班员应立即通知追踪列车、邻线列车。需要退行时，按有关规定迅速将列车退至安全地段。

⑤ 调度所、工务部门应掌握大风天气情况，遇有防灾安全监控系统提示大风报警信息时，列车调度员及时发布限速调度命令。司机接到调度命令后，须立即确认大风地点、限速区段，限速运行，收到禁止运行的报警，须按照要求立即采取停车措施。动车组列车运行途中，遇大风天气，司机根据情况控制列车运行速度，并报告列车调度员。列车调度员通知后续通过该地段的列车司机注意运行。

（12）列控车载信号与机车信号不一致时。

① 列控车载信号显示停车信号而机车信号显示进行信号时，按列控车载信号显示立即停车。

② 列控车载信号显示进行信号而机车信号显示停车信号：

- 在区间运行时，动车组司机须立即停车，并向列车调度员汇报。列车调度员确认前方闭塞分区无车占用后通知司机。司机以遇到阻碍能随时停车的速度运行至前方次一信号机或闭塞分区入口处，如列控车载信号与机车信号均显示进行信号，按车载信号显示运行；如列控车载信号显示进行信号而机车信号仍显示停车信号，按上述规定处理。
- 在车站发车时，司机应立即向列车调度员汇报。列车调度员应确认第一个闭塞分区空闲、道岔位置正确及进路空闲后通知司机发车，司机在出发信号机前以遇到阻碍能随时停车的速度运行，如列控车载信号与机车信号均显示进行信号，按车载信号显示运行；如列控车载信号显示进行信号而机车信号仍显示停车信号，司机以遇到阻碍能随时停车的速度运行至前方次一信号机或闭塞分区入口处，按上述规定处理。

（13）利用动车组列车运送人员处理故障。

① 设备管理部门向列车调度员申请利用动车组列车运送人员处理故障时，须报告清楚上、下车地点。

② 列车调度员接到报告后，经值班主任（副主任）同意，方可向指定动车组列车发布调度命令，准许该次动车组列车运送故障处理人员，并须注明上、下车地点。司机接收调度命令后，向列车长和随车机械师进行转达。

③ 故障处理人员在列车运行前方驾驶室后的车门处上车。

④ 列车运行至停车地点停车后，司机在接到列车调度员已发布邻线列车限速 160 km/h 及以下的调度命令的口头指示后，方可通知随车机械师人工开启列车运行前方驾驶室后的动

车组左（非会车）侧车门，客运乘务员配合做好人员上下车工作。

⑤ 随车机械师确认故障处理人员全部下车并撤至安全地点后，关闭车门并通知列车司机，司机确认行车凭证后即可开车。

3. 动车组脱轨事故的应急处置办法与救援

1）应急处置

（1）发生动车组脱轨事故后，随车机械师应立即短接邻线轨道电路，司机应立即报告列车调度员或车站值班员，列车调度员或车站值班员接到报告后应立即扣停后续列车和邻线列车，通知已进入区间的后续列车和邻线列车停车。

（2）报告内容。

① 事故发生时间（年、月、日、时、分）。

② 事故发生地点（线路名称、行别、区间、km、m、停车位置）。

③ 列车车次、型号、编组、总重、计长及关系人姓名。

④ 人员伤亡及动车组、线路损坏等情况。

⑤ 事故概况及初步原因判断。

⑥ 应当立即报告的其他情况。

（3）列车调度员根据司机或车站报告的情况，向值班主任报告，值班主任按规定向应急领导小组及有关成员单位通报，根据事故等级和应急领导小组指示，启动相应等级的应急预案。

（4）现场救援的协调配合。

① 调度所按照救援响应程序立即设置区间封锁标识，发布封锁区间和救援出动命令，命令附近车站的救援人员立即赶赴现场，开展救援工作；负责运输组织计划的调整，安排救援所需的机车车辆，为救援工作提供运输条件保障；向沿线站车发布列车晚点原因、时间及预计晚点时间信息。

② 客运部门负责妥善安置事故中受伤的旅客，收集、清理、看守旅客携带物品，并做好旅客的安抚、疏散、转运工作。

③ 机务部门负责制定救援起复方案并组织实施。

④ 供电部门负责现场照明和电力供应，根据救援需要，组织对事故现场接触网的拆除和恢复工作，确保人身安全。

⑤ 工务部门负责组织足够的人力、物力，尽快抢修、恢复线路，配合救援列车做好救援起复工作。

⑥ 电务部门负责现场通信保障及信息传输工作，负责组织对相关设备进行修复。

⑦ 车辆部门负责配合救援列车做好车辆起复和检查工作。

⑧ 劳卫部门迅速组织开展现场卫生防疫处置工作，并联系地方医疗机构，实施紧急医疗救护。

⑨ 公安部门负责现场警戒，组织现场勘查和调查，收集有关资料、可疑物。

⑩ 安监部门负责组织和协调事故调查处理工作。

⑪ 宣传部门负责组织和协调新闻报道及舆论引导工作。

2）事故救援

（1）高速铁路发生动车组脱轨事故后，现场救援实行统一指挥。

（2）事故救援以拉复为主，顶复为辅，合理采用吊复法。

（3）救援起复方法。

① 拉复起复法。动车组轮对脱轨后距基本轨距离具备拉复条件，且车辆未颠覆，线路基本条件良好时，应采用拉复法进行救援起复作业。动车组两端车辆脱轨，救援起复时，原则上不进行动车组解编；动车组中部车辆或动车组在道岔、桥梁、隧道内脱轨，救援起复时，应根据实际情况，将妨碍救援的其他车辆解编后进行起复作业。

② 顶复起复法。动车组轮对脱轨后距基本轨距离不具备拉复条件但距离较小，且车辆未颠覆、线路基本条件良好时，或在桥梁上、隧道内等其他不适用拉复起复法和吊复起复法救援的情况下，应采用顶复法进行救援起复作业。

③ 吊复起复法。动车组轮对脱轨后距基本轨距离较大或车辆倾斜、颠覆，不能实施拉复起复法、顶复起复法作业时，应采用吊复起复法进行救援起复作业。

任务 7.4 动车组空调故障的应急处置

知识目标

- 掌握动车组空调故障的应急处置相关知识。

技能目标

- 动车组运行途中空调故障的处理办法。

相关知识

7.4.1 基本原则

为减少旅客列车空调失效对旅客运输造成的影响，充分体现“和谐铁路，以人为本”的服务宗旨，须做好旅客列车空调失效时的应急处置工作。

7.4.2 基本要求

（1）各铁路局应加强空调列车值乘人员的培训，定期组织应急演练，不断提高应急处置能力。动车组列车客运乘务人员应掌握防护网的安装使用方法。

（2）旅客列车空调失效时，按规定启动相应的应急预案。列车长组织乘警、列车员做好秩序维护、宣传解释、旅客安抚和车厢巡视工作，及时处置突发情况。各单位、各部门应紧密联系、密切配合，以解决旅客通风透气工作为首要任务。

（3）有关人员应及时向铁路局调度汇报，铁路局调度应及时向国铁集团调度汇报。必要时，铁路局客运调度员应通知前方办客站限制或停止发售车票。区间换乘或救援时，司机应将区间封锁、接触网停（送）电命令通知列车长。

（4）严格执行动车组、直供电机车、发电车管理制度，认真落实出库检查制度，动车组、直供电机车、发电车故障或空调机组故障时不得上线运行。

7.4.3　列车长、司机间通信方式和通信设备配备

（1）动车组内列车长与司机的通信，采用动车组列车专用频率进行通信（无信令），使用频率为 467.200 MHz。

（2）在无线列调区段，列车长、司机间通信采用列车当前区段无线列调频点 f4 进行通信。在 GSM－R 区段，列车长、司机间通信采用进入 GSM－R 区段前的无线列调频点 f4 进行通信。通信方式为同频单工方式。列车长呼叫司机按信令方式呼叫。

（3）担当非动车组旅客列车乘务的司机、列车长应配备无线对讲机，按担当交路设置相关区段无线列调频率和呼叫信令，呼叫方式由铁路局规定。列车长手持电台守候和管理办法按有关规定执行。

（4）机车故障救援时，救援机车的机车电台制式和司机用无线对讲机使用频率，应与故障机车电台制式和当前区段无线列调使用频率一致。

7.4.4　客运组织

（1）空调失效但列车可维持运行时，调度部门接到通知后应重点关注。空调失效超过 20 min 不能恢复时，列车长可视情况通知司机向列车调度员提出在前方最近客运营业站停车的请求。

（2）在车站停留时，应打开车门通风。必要时，站车共同组织将旅客疏散到车站安全处所，等待故障修复、救援或组织旅客换乘其他旅客列车。

（3）动车组列车因故停车不能维持运行、空调失效超过 20 min 不能恢复时，列车长应及时与司机、随车机械师沟通，视情况做出打开车门决定，并通知动车组司机转报列车调度员。

（4）列车长组织列车员在司机、随车机械师的配合下，在车厢内运行方向左侧（非会车侧）车门处安装防护网（见图 7－9）、打开车门。打开车门的具体位置、数量由列车长根据动车组乘务人员的配置情况确定。

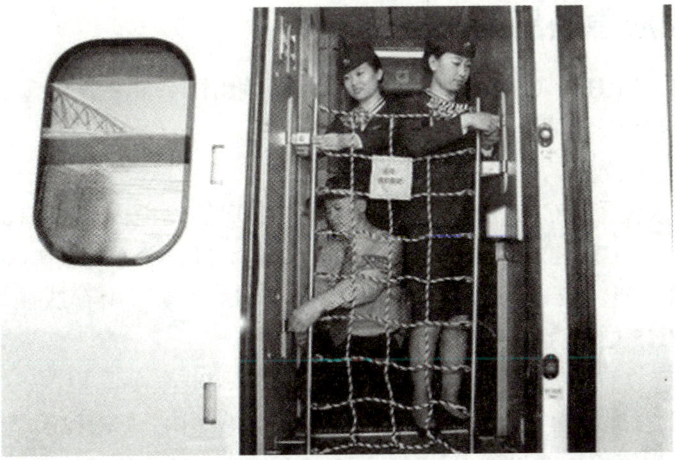

图 7－9　安装防护网

（5）防护网安装完毕，打开车门后，由列车长组织乘警、列车员、餐车工作人员及随车保洁员值守，严禁旅客自行下车。列车乘务员（含餐饮保洁）应当将车门处的旅客动员到车

内，严格值守车门，直到车门关闭。列车长在确认防护网固定状态后通知动车组司机。

（6）需要组织旅客下车或换乘其他列车时，应在车站站台进行，车站与列车一起组织旅客乘降。必须在站内正线或区间组织旅客下车或换乘时，须经铁路局主管运输副局长（总调度长）批准，同时要做好安全防护，以防发生意外。CRH1E、CRH2、CRH3 型动车组若停靠在 500 mm 及以下站台或无站台时，须组织旅客通过应急梯下车。

7.4.5 运行组织

（1）动车组列车安装好防护网、打开部分车门，在列车乘务员防护的情况下允许限速 60 km/h 运行，通过高站台时限速 40 km/h。司机根据列车长的报告，向列车调度员申请打开车门限速运行的调度命令。列车调度员向沿途各站及司机（救援时，同时向救援机车司机）下达“×次因空调失效开放部分车门运行，限速 60 km/h（通过高站台时限速 40 km/h 运行）”的调度命令。

（2）调度部门积极采取启用热备动车组、机车救援或组织旅客改乘其他旅客列车等救援组织方式。特殊情况下，可采取停运其他始发列车、调整动车组交路等方式。

（3）牵引直供电旅客列车的机车发生故障时，就近组织牵引非直供电列车的直供电机车救援（供电制式等须一致）。

（4）牵引直供电旅客列车的机车发生故障（非走行部和制动系统故障），不能牵引运行，但仍能向列车供电时，调度所就近组织机车挂于故障机车前部担当牵引任务，由故障机车供电维持运行。救援机车按图定交路接续至具备更换直供电机车的车站。

（5）担当直供电任务的机车在外段发生故障无法修复时，所在地铁路局要及时通知担当局组织单机接运，来不及时要安排本局直供电机车担当牵引任务或组织非直供电机车和发电车担当牵引任务。

（6）因发电车发生走行、制动故障等需甩车，发电车乘务员应通知有关单位和就近的车辆段。接到通知的车辆段应立即组织有关人员赶赴现场进行处理，同时要准备好备用发电车，当判明必须甩车时，应立即组织换挂。

7.4.6 动车组应急备品的配置要求

CRH1、CRH2、CRH3、CRH5 型动车组每 8 辆编组配备防护网 8 套，CRH1E、CRH2、CRH3 型动车组每 8 辆编组配备应急梯 4 个。

动车组应急备品应分散存放，便于取用。

（1）防护网存放位置：CRH1 型动车组存放在厨房储物柜内；CRH2A 型动车组存放在 03 号一位端备品柜内；CRH2B 型动车组存放在 05、07、11、13 车一位端的备品柜内；CRH2E 型动车组存放在 04、08、12 车二位端备品柜内；CRH3 型动车组存放在 04 车厨房存储柜对面的储物箱内；CRH5 型车存放在 01、08 车备品柜内。

（2）应急梯存放位置：CRH1E 型动车组存放在 01、00 车备品柜内；CRH2A 型动车组存放于 01、00 车司机室配电柜指定位置及 03、07 车备品柜内；CRH2B 型动车组存放在 01、00 车司机室配电柜指定位置及 03、07、11、15 车备品柜内；CRH2E 型动车组存放在 01、00 车司机室配电柜指定位置及 04、08、12 车备品柜内；CRH3 型动车组存放在 01、00 车司机室座椅下及 04 车备品柜内。

动车组应急备品存放在备品柜内的由车辆部门保管，存放在储物柜内的由客运部门保管。

案例分析

G9××次列车空调故障

1. 案例概况

某年 1 月 2 日，由北京西开往广州南的 G9××次列车过保定东站后，6、7 号车厢供电设备故障导致空调系统故障，短时不能恢复。

2. 处置程序

（1）空调失效超过 20 min 不能恢复但列车能够正常运行，列车长向调度员发出请求，希望在前方定州站停车。

（2）列车调度员安排列车在前方定州站停车。

（3）列车在定州站安装好防护网、打开部分车门后，列车调度员根据司机的报告，向司机（救援时还包括救援司机）及沿途各站发布打开车门限速 60 km/h（通过邻靠高站台的线路时限速 40 km/h）运行的调度命令。

（4）在安装防护网的车门处，安排乘务员看守，确保旅客安全。

（5）途中供电系统恢复后，撤销防护网，通知机械师、司机，关闭车门，恢复正常运行速度。

（6）期间，乘务人员要做好解释工作，稳定旅客情绪；如果其他车厢旅客较少，可向正常车厢疏导旅客。

项目 8

高速铁路车站应急实务

思政目标

● 建立技防、物防、人防相结合的高铁安全保障体系，切实保障高速铁路运输安全。

引导案例

毕节高铁站：落实安全责任 严守安全红线

6 月是全国“安全生产月”。为全面落实安全生产责任制，严守安全规章制度、抓好安全风险防控，毕节高铁站始终坚持“人民至上、生命至上、安全至上”的理念，通过积极开展演练活动和加强巡逻等方式，全面落实安全责任，守牢安全红线。

高铁站积极组织员工学习安全法律、法规，提升员工安全意识和责任意识，并开展应急演练，以实战模拟演练的方式提升员工的反应能力、应急处理能力和协调配合能力，保障乘客的生命财产安全。此外，当前我国已进入汛期，强降雨天气给铁路行车安全带来巨大挑战。为此，毕节高铁积极应对，提前制定应急方案和应急措施，集中力量排查并消除危及铁路行车安全的隐患，全力以赴做好预防、避险、抢险等工作，确保铁路行车运行安全。

为压紧压实安全生产责任制，车站全面排查安全风险隐患，同时通过教育培训、案例警示多种方式，弘扬安全文化，增强员工安全意识，促进车站管理水平全面提升。

另一边，毕节车站派出所民警也加强巡逻，并积极配合高铁站工作人员完成维持秩序等工作，全力保障旅客出行安全，践行“人民铁警为人民”的初心与使命，坚决保障铁路行车安全。

下一步，毕节高铁站将持续提高全体干部职工对安全生产的重视程度，落实安全责任，防范化解安全风险，将安全生产宣传教育、巡查预防有机结合，营造发展和安全形势双向稳定的车站氛围。

任务 8.1　高速铁路车站火灾、防爆、大型设施设备发生事故应急处置

知识目标

- 了解高速铁路车站火灾的应急处置知识；
- 了解高速铁路车站防爆的应急处置知识；
- 了解高速铁路车站大型设备设施发生故障的应急处置知识。

技能目标

- 掌握高速铁路车站火灾的应急处置办法；
- 掌握高速铁路车站防爆的应急处置办法；
- 掌握高速铁路车站大型设备设施发生故障的应急处置办法。

相关知识

8.1.1 高速铁路车站火灾应急预案

1. 应急响应

（1）各级员工应尽快发现、及时处理、减少损失、缩小影响。

（2）疏散转移现场无关人员和附近的危险物品和无关设备。

（3）迅速做出反应，判明火势大小，根据现有消防能力决定是否报警。

（4）如需消防部门协助救援，报警时要迅速、准确、清晰、详细地讲明火场地点、燃烧物、火势和报警人员姓名、联系电话并做好详细记录。

（5）如需医疗救护部门协助救援，要讲明事发地点、火情、伤亡情况，可能造成的人员伤害情况及报警人员姓名、联系电话并做好记录。

（6）如需公安保卫部门协助救援，要讲明事发地点、火灾范围、现场情况、初步判定事发原因和需要协助的要求及报警人员姓名、联系电话并做好详细记录。

（7）保持信息沟通渠道畅通有效，并做好信息传递记录。

（8）安全保卫部指派专人等待、引导外部救援人员和车辆，清理救援通道，确保道路畅通。

（9）指定专人登记伤亡人员数量、姓名、伤情和转移目的地。

（10）根据灾情，组织人员撤离现场。

2. 发生火灾后的应急措施与抢救方案

（1）职工发现火情后，立即向车站应急指挥办公室报告，火情确认后，车站应急指挥办公室通知车站应急指挥部及相关部门人员赶赴现场进行抢救。

（2）根据火情，拨打 119 报警电话。

（3）对初起小火，在场人员可使用附近的灭火器材及灭火工具迅速将火扑灭，然后报告综合管理部。

（4）起火点附近的部门组织本部门人员采取灭火行动，在车站应急指挥部领导赶到现场后，根据指示继续进行灭火工作。

（5）工程管理部在接到通知后，应立即赶至现场，根据指挥人员的命令，调配人员采取断电、供水、照明等技术措施。

（6）综合管理部等相关部门应视火情，根据应急方案抢运、调配救灾物资。

（7）医务人员接到命令后应立即赶至现场，按照现场指挥人员的指令，做好救治、转运伤员的工作。

（8）安全保卫部根据现场指挥人员的部署做好人员的疏导工作。

（9）其他部门在没有接到车站应急指挥部的命令时，必须坚守岗位，严守现场。根据灭火情况，车站应急指挥部调动各部门人员赶赴现场进行更大规模的扑救工作。

3. 发现火险的行动措施

（1）安全保卫部巡视人员或其他岗位人员在发现火情，且火势不大时，要及时进行扑救，并将详细情况上报（时间、地点、火源、燃烧物、附近情况等）本部门领导。

（2）火势较大或预计无法控制时，迅速上报应急指挥部，在取用附近消防器材扑救的同时，注意维护现场秩序，阻止无关人员盲目冲进火场，等待消防人员前来救火。

4. 接到报警的行动措施

（1）车站应急指挥办公室要详细记录报警人的姓名、部门。

（2）车站应急指挥办公室要冷静、详细地了解火情发生的位置和火势大小。

（3）车站应急指挥办公室要迅速将火势情况上报车站应急指挥部。

（4）车站应急指挥部要立即赶赴现场调查了解情况。查明火情的具体位置、燃烧物品、燃烧范围及火势走向；查清火源和起火原因；查明火场的详细情况，有无人员被困等。

（5）在确定火情后，由车站应急指挥部现场负责人视火情大小，迅速做出是否通知消防队的决定。

（6）车站应急指挥部要在便于指挥、方便联络的地方设立现场应急指挥部。现场所有人员均需服从现场应急指挥部的领导和指挥。

5. 各有关部门的任务

（1）所有铁路职工在发现火情后，都有报告险情、扑救火灾、协助事故调查处理的责任。

（2）车站应急指挥办公室负责掌握全面情况，做好上传下达工作。

（3）现场应急指挥部负责现场的指挥工作。

（4）综合管理部负责救援车辆的调集工作。

（5）各单位兼职消防员在接到报警后，立即携带消防灭火器材和工具赶赴现场进行扑救。

（6）安全保卫部的任务。

① 安全保卫部的消防组成员要携带通信器材和必备物品赶赴现场灭火。

② 内勤人员要坚守岗位，保持与消防、公安部门的联系。

③ 做好迎接消防车辆到达现场的引导工作，并配合他们进行抢救。

④ 保安人员要阻止一切无关人员进入现场并要担负防止治安案件发生的重任。

⑤ 加强对要害部门的巡逻和戒备。

（7）工程管理部的任务。

① 携带抢险工具进入现场进行设备抢修、清理障碍物等工作。

② 切断失火部位的电源，防止引发电气火灾。

③ 保证救援用水。

④ 提供救援所需的临时照明。

（8）医务室的任务。

① 值班医务人员迅速准备好抢救受伤人员的药品和担架等器材。

② 组织抢救受伤人员并根据情况送往医院。

③ 负责与地方医疗部门的沟通。

6. 组织疏散

现场应急指挥部下达疏散命令，各有关部门按照疏散计划组织疏散。

（1）广播室在接到现场应急指挥部的疏散命令后，立即反复用中英文进行 10 min 不间断的广播通知。通知的主要内容是要求旅客听从高速铁路车站工作人员的指挥，在工作人员的引导下，有序地从最近的安全疏散通道撤离。

（2）从起火区域开始，沿火场周围区域依次疏散。

（3）人员疏散顺序：旅客、一线职工、二线职工、管理人员、指挥人员、安保人员等。

在疏散的过程中要优先帮助老、弱、病、残和妇女、儿童等人员撤离。

（4）在疏散的过程中要将易燃品和煤气罐、氧气瓶等危险品迅速进行转移。

（5）在人员撤离后，安保人员配合协助专业消防人员一起检查每一个角落，确认无滞留人员后，方可撤离。

（6）在人员疏散到安全地带后，要将人员进行集中核实，再次确认火场内无滞留人员，最后将清点人员的情况上报指挥中心。

7. 善后处理

（1）保护好现场。

（2）配合相关部门取证。

（3）与保险公司联系。

（4）进行事故调查和总结经验教训。

8.1.2 防爆应急处置预案

1. 目的

指导全体员工掌握处置爆炸物品的办法。

2. 范围

高速铁路车站管辖范围内的危险爆炸品均在应急处置的范围内。

3. 职责

（1）全体铁路职工在高速铁路车站管辖范围内发现可疑危险爆炸物品时，都有报警和协助进行案情调查的责任。

（2）车站应急指挥办公室负责掌握全面情况，做好上传下达工作。

（3）综合管理部负责救援车辆的调集工作。

（4）现场应急指挥部负责现场的指挥工作。

（5）安全保卫部的任务。

① 安全保卫部组织的消防组成员进行爆炸后火灾的扑救工作。

② 内勤人员要坚守岗位，保持与消防、公安部门的联系。

③ 做好迎接消防车辆到达现场的引导工作，并配合他们进行抢救。

④ 保安人员要阻止一切无关人员进入现场并要担负防止治安案件发生的重任。

⑤ 加强对要害部门的巡逻和戒备。

⑥ 安保人员负责现场搜索、组织疏散人员、排除险情、保护现场及善后处理等工作。

（6）工程管理部的任务。

① 及时清理通道障碍物。

② 切断失火部位的电源，防止引发电气火灾。

③ 负责抢险物资的供应，确保通信、照明、供水系统正常运行。

（7）医务室的任务。

① 值班医务人员迅速准备好抢救受伤人员的药品和担架等器材。

② 组织抢救受伤人员并根据情况送往医院。

③ 负责与地方医疗部门的沟通。

4. 报警程序

所有铁路职工在发现可疑爆炸物品后应立即向安全保卫部门报警，讲清自己的姓名，所在部门及发现的可疑物品、爆炸物的放置地点和现场基本情况，同时要保守秘密以免引起旅客的恐慌。严禁谎报，如有谎报将追究谎报者的法律责任。

5. 接警程序

（1）接获报警人员：详细记录报警时间及报警人员讲述的情况，立即通知安保值班队长及高速铁路车站领导。接获任何恐吓电话，须保持镇定，争取与对方详谈，留意对方电话的背景音及有何要求，将恐吓电话内容通知上级领导。

（2）接到报警的领导：对相关信息迅速做出正确判断，部署下一步工作。

（3）安保人员：按照现场应急指挥部或上级领导的部署，携带防爆毯赶赴现场进行搜索。

6. 现场处置程序

（1）安全保卫部在接到报警后，按照应急处置方案立即展开工作。

（2）安保人员使用专业探测设备搜索可疑物品，当搜索到可疑物品后，对相关区域进行封锁。

（3）安保人员不得轻易拨弄、移动爆炸（可疑）物品。对当即能够判定的爆炸物品如雷管、导火索、定时器及自制爆炸装置，要立即罩上防爆毯，并在现场周围拉上警戒绳，设立警戒、警示标志，疏散围观职工和旅客。

（4）现场应急指挥部通知公安部门，报告爆炸（可疑）物品的形式、数量及位置，并按照公安部门的要求进行前期处理工作。

（5）安保人员在做好现场保护的同时，加强对周边地域的巡视检查，严防犯罪分子声东击西或连续作案。待公安人员到达现场后，听从指挥，并为其排除爆炸（可疑）物品提供一切便利条件。

7. 组织疏散

现场应急指挥部下达疏散命令，各有关部门按照疏散计划组织疏散。

（1）公安部门的专业人员要在现场排除险情时，现场应急指挥部应立即做出疏散决定。

（2）广播室在接到现场应急指挥部的疏散命令后，立即反复用中英文进行 10 min 不间断的广播通知。通知的主要内容是要求旅客听从高速铁路车站工作人员的指挥，在工作人员的引导下，有序地从最近的安全疏散通道撤离。

（3）从爆炸物所在区域开始，沿爆炸物品周围区域依次疏散。

（4）人员疏散顺序：旅客、一线职工、二线职工、管理人员、指挥人员、安保人员等。在疏散的过程中要优先帮助老、弱、病、残和妇女、儿童等人员撤离。

（5）在疏散的过程中要将易燃品和煤气罐、氧气瓶等危险品迅速转移。

（6）相关部门要组织有关人员做好发生爆炸后引起火灾的预防和灭火准备工作。组织人员做好旅客的宣传疏导工作，避免发生秩序混乱。

（7）在人员撤离后，安保人员配合公安部门的人员一起检查每一个角落，确认无滞留人员后，方可撤离。

（8）在人员疏散到安全地带后，要将人员进行集中核实，再次确认现场内无滞留人员，最后将清点人员的情况上报指挥中心。

8. 发生爆炸后的处理

（1）安保人员在接到爆炸事故的通知后要立即赶赴事发现场，设立警戒线，保持现场原状，等待公安机关人员来勘查现场。同时，搜索可疑物品和可疑人员。

（2）组织有关人员在本单位责任区域范围内进行仔细的检查，以防还有其他爆炸物品。

（3）若由于爆炸引起火灾事故的发生，相关部门按照消防应急处置预案进行处置。

9. 善后处理

（1）保护好现场；（2）配合相关部门取证；（3）与保险公司联系；（4）进行事故调查和总结经验教训。

8.1.3 大型设施设备发生意外事故应急预案

设备在运行中突发故障时，岗位操作人员应立即关掉电源开关，迅速将设备周围旅客带离现场，确认所有旅客安全后，立即向上级汇报情况并及时通知维修人员进行检修。

（1）及时转移易燃、易爆危险物品和贵重设备。

（2）抢修因事故受损坏的需应急使用的设施设备。

（3）关闭可能会使事故扩大或引发其他事故的设施设备。

（4）水管破裂、电气事故应先关闭设施总闸。

（5）停电事故，应及时启动发电机以保障应急设备的正常运行。

任务 8.2 高速铁路车站重大活动安全保卫预案及紧急疏散应急处置

知识目标

- 了解高速铁路车站重大活动安全保卫预案；
- 了解高速铁路车站紧急疏散应急预案。

技能目标

- 掌握高速铁路车站重大活动安全保卫措施；
- 掌握高速铁路车站紧急疏散应急措施。

相关知识

8.2.1 高速铁路车站站前广场重大活动安全保卫预案

1. 目的

确保在重大节日、重要接待任务，以及举办大型活动期间的安全保卫工作万无一失。

2. 范围

重大节日、重要纪念日；党和国家领导人及外国政府首脑、政要来高速铁路车站站前广场指导和参观；人大、政协两会期间；举办大型活动。

3. 职责

（1）安全保卫部负责主持全面工作。

（2）综合管理部负责协调各项安全保卫工作的具体实施及运输、后勤保障等工作。

（3）车站办公室负责内外部的协调、信息的传递工作。

（4）其他相关部门负责各自职责范围内的安全防范事宜，配合安全保卫部的工作。

4. 成立安全保卫领导工作小组

（1）第 2 条规定的范围出现时，领导小组即告成立。

（2）站级领导为安全保卫领导小组核心人员，其他成员职责则按照具体情况，在活动前制定。

5. 前期准备

（1）按照公安、消防部门的要求进行检查部署。积极协助公安、消防部门做好安全保卫工作。

（2）自查自纠。由各单位自行开展检查，主要检查责任区内是否存在安全隐患，如存在隐患则妥善解决，难以自行解决的上报安全保卫部，同时采取切实可行的措施予以控制。自查自纠要进行详细的记录。

（3）各职能单位专项检查。安全保卫部、综合管理部要重点检查要害部位的防火、防爆、防抢等措施的落实情况，检查有无安全隐患。工程管理部主要检查重点部位电器设备设施的安全使用情况。

（4）高速铁路站前广场联合大检查。由高速铁路车站主要领导带队，安全保卫部综合管理部、车站办公室和各部门主管领导组成联合检查组，对高速铁路车站站前广场范围内的娱乐场所、办公区域、停车场等所有区域进行全方位的综合检查。

6. 任务分工

（1）信息联络。由综合管理部或安全保卫部负责与外界公安、消防及上级主管部门进行沟通。车站办公室主要负责内部协调和上传下达。

（2）数据统计。由安全保卫部负责将停车场、治安组上报的来宾车辆及人员数量统计、汇总，报告有关方面。

（3）组织疏散。安全保卫部负责在发生意外时，按照相应的预案组织疏散。

（4）现场警卫。

① 安全保卫部配合公安、消防等部门做好现场警卫工作。

② 在遇有重要接待任务时，根据公安部门的要求，由高速铁路车站领导和综合管理部、安全保卫部会同其他相关部门组成临时警卫组，对警卫对象实施有分寸的近身警卫。近身警卫主管人员要事前对现场地形地物进行勘查和熟悉，在实施保卫的过程中，要选择合适的位置和行进方向，既要便于做好警卫工作又要注意不要遮挡警卫对象的视线和行进路线，更不要挤掉主要陪同人员的位置，同时尽可能避开新闻摄像镜头。在人员拥挤的情况下，要严密注视周围的动向，一旦秩序混乱，在警卫对象周围迅速形成保卫圈，保护其迅速撤离现场，严禁“脱岗”，确保警卫对象的绝对安全。

③ 在重大活动现场，由安保人员组成警卫组进行巡视检查，发现安全隐患及时妥善处理，对扰乱现场秩序的人员迅速强行将其带离现场，同时尽可能避免引起周边人员的注意和骚动。

④ 现场处置。安全保卫部负责人在发生治安事件或突发事件时须保持冷静，及时妥善处理相关问题，必要时与公安机关进行联系，寻求帮助。

⑤ 现场抢险救护。一旦发生突发伤害事件，按相应的预案妥善处置。

7. 相关规定和原则

（1）活动的筹办部门要及时向安全保卫部通报活动的内容和性质。

（2）根据活动现场的具体情况和活动的性质设定相应的岗位，布置安全保卫力量，确定上岗人员名单。

（3）各部门要对职工进行岗前培训，讲解相关的安全注意事项。

（4）安全保卫部负责对车辆进行管理，保障来宾车辆及车内物品的安全。

（5）如发生突发事件按相应的预案执行。

8. 工作目标

（1）保证重大活动的顺利进行。

（2）保证重要来宾的绝对安全。

（3）保证参加重大活动人员的人身、财产安全。

（4）保证高速铁路车站站前广场的正常秩序。

8.2.2 紧急疏散处置预案

1. 目的

指导职工在发生火灾、爆炸及有毒、有害化学危险品扩散时，安全有序地协助旅客快速逃生。

2. 范围

适用于高速铁路车站站前广场区域内发生火灾、爆炸及有毒、有害化学危险品扩散时人员的疏散。

3. 职责

（1）现场应急指挥部根据现场情况下达紧急疏散命令，并按照《应急指挥预案》行使职责。

（2）应急指挥办公室负责现场具体事务的协调。

（3）应急指挥办公室负责统一对外的宣传口径和上传下达。

（4）安全保卫部负责维护现场及各疏散通道口的秩序，进行现场检查、保护，防止次生灾害事故的发生。把守重点部位和贵重物品，接受其他救助。

4. 疏散程序

（1）现场应急指挥部在接到报警后，应迅速赶赴现场进行疏散指挥，对所发生事件的事态做出准确判断，迅速组织疏散。

（2）若紧急事态尚可控制，只需要局部疏散时，指挥部下达二级疏散命令；若紧急事态严重，需要整体疏散时，现场应急救援指挥部下达一级疏散命令。

（3）疏散的顺序：事故发生区域、事故发生周边区域。

（4）人员疏散程序：旅客、一线职工、二线职工、一般管理人员、指挥部成员、安保人员、安全保卫部负责人。

（5）疏散行走路线：进入就近的安全疏散通道直至安全的开阔地带。

（6）车站广播室在接到现场应急指挥办公室的疏散命令后，立即对需疏散区域反复用中英文进行 10 min 不间断的应急疏散广播，并对不需要疏散的区域进行安抚播放，确保不需要疏散的区域秩序良好。

5. 具体行动方案

（1）应急指挥办公室值班人员在接到报警后，要迅速通知安全保卫部领导和车站领导，并做好电话记录，根据领导的指示进行下一步工作。

（2）现场应急指挥部按照应急预案组织开展工作。

（3）安保人员维护现场秩序，阻止无关人员进入现场。

（4）各单位在接到报警后，当班领导要迅速赶到事发现场按照应急预案开展工作。

（5）相关人员按照职责分工实施抢险、财物保护、旅客、职工的引导疏散。在所有人员撤离到安全地带后清点人数，并将清点的人数上报现场应急指挥部。

① 现场疏导的人员负责向旅客指示疏散的方向。

② 护送老、弱、病、残及妇女、儿童先行到达安全区域。

③ 现场疏导人员在确认无旅客滞留后迅速撤离。

④ 安全保卫部在确认事故现场无人员滞留后，立即对现场实施警戒，阻止无关人员进入。

⑤ 相关单位领导派人对本单位的疏散人员进行清点后，将清点人数及时上报现场应急指挥部。

⑥ 有关单位的领导在完成上述工作后，迅速向现场应急指挥部报告，等待下一步的指示。

6. 通信畅通

现场应急指挥部成员在完成一级疏散任务的指挥后迅速撤离，并保持与现场有关人员的通信联系，随时了解现场情况。

7. 发布

事故发生造成的损失等所有数据统一上报现场应急指挥部。由应急指挥办公室全权负责对外说明事故的情况，其他人员无权对外谈论任何情况。

8. 其他

火灾、爆炸（含爆炸可疑物）及有毒、有害化学品等事故的现场保护、清理及善后工作按照各类紧急应对预案实施细则执行。

任务 8.3　高速铁路车站突发情况应急处置

知识目标

- 了解列车晚点时车站的应急处置程序；
- 了解车站发生重大疫情和旅客食物中毒事件的应急处置程序；
- 了解大客流、恶劣天气、接触网断线、售票系统发生严重故障情况下的车站应急处置程序。

技能目标

- 能够根据相关应急处置程序应对列车晚点、发生重大疫情和旅客食物中毒事件；
- 能够根据相关应急处置程序应对大客流、恶劣天气、接触网断线、售票系统发生严重故障的情况。

相关知识

8.3.1 列车晚点时车站的应急处置程序

（1）列车运行晚点超过 15 min 时，车站应及时与客运调度员联系，了解晚点原因和列车运行情况，代表铁路部门向旅客致歉，并通报晚点原因，每次致歉间隔时间不超过 20 min。

（2）车站应掌握售票、候车及旅客滞留情况，维持好站内秩序，并立即向客运主管部门报告。

（3）列车晚点 1 h 以上且逢用餐时间时，车站应免费为等候该次列车的旅客提供饮、食品；按客运调度员的安排，为晚点列车提供饮、食品。

（4）车站应加强列车运行信息公告，积极地为有需要的旅客办理退票、改签等业务。

8.3.2 车站发生重大疫情时的应急处置程序

（1）车站发现疑似鼠疫、霍乱等重大疫情的病例或接到车站有疑似病例的通知时，应立即向铁路疾控部门报告。

（2）车站应隔离传染病人、疑似病人和密切接触者，紧急疏散其他旅客，并对有关人员进行登记。

（3）车站应封锁已经污染或可能污染的区域，由铁路疾控人员对该区域进行消毒。

（4）车站应将传染病人、疑似病人和密切接触者及其他需要跟踪观察的旅客和相关资料移交铁路疾控部门。铁路疾控部门确认处置完毕后，方可解除区域封锁。

（5）公安部门应维护好站内秩序，确保区域封锁、旅客隔离和疏散等工作正常开展。

（6）车站应积极配合现场的医疗和疾控部门工作。

8.3.3 车站发生旅客食物中毒事件的应急处置程序

（1）车站发生旅客疑似食物中毒事件，应立即向铁路疾控部门报告。

（2）车站应对有关人员进行登记，封锁现场，封存可疑食品、餐具等。铁路疾控部门应收集中毒人员的呕吐物、排泄物待查。

（3）车站应积极配合现场的医疗和疾控部门工作。

8.3.4 车站突发大客流的应急处置程序

（1）车站突发大客流时，应立即组织后备力量上岗，维护好车站秩序，通知铁路公安部门，铁路公安部门应增派警力协助车站维护秩序，必要时车站应请求地方政府、公安部门给予支援，同时向上级主管部门报告。

（2）车站应协调地方政府，利用电视、广播、报纸等媒体广泛宣传、引导旅客理性选择交通工具。

（3）车站应增开售、退票窗口并维护好售、退票秩序。

（4）车站应加强候车组织，充分利用好候车能力，做好重点旅客服务工作，维护好候车区域的秩序。

（5）加强乘降组织，重点部位安排专人引导、防护，确保旅客进出站、上下车的安全。

（6）铁路局应加强运输设备和运能调配，组织加开列车，及时疏散客流。

8.3.5　恶劣天气情况下车站应急处置程序

（1）车站应及时将列车因恶劣天气导致非正常运行的情况进行公告。售票处、候车室、问询处等服务处所做好对旅客的宣传和服务工作。

（2）车站应及时增开退票和改签窗口，为旅客办理退票、改签等手续。

（3）车站公安派出所应协助客运部门维护好售票、候车、乘降等秩序。

（4）车站应根据客运调度员的安排，及时为列车提供餐食和饮用水。

8.3.6　车站接触网断线的应急处置程序

（1）当车站、公安派出所发现或接到客运站接触网断线报告时，车站工作人员、公安人员要迅速在导线断线地点周围设置警戒区，确保人员远离断线地点 10 m 以外。

（2）车站及时通知列车调度员和设备管理部门。

（3）设备管理部门应立即进行处置。

（4）列车听从列车调度员的指示，严禁擅自行动。

8.3.7　售票系统发生严重故障的应急处置办法

售票系统发生严重故障时，应按照《关于印发〈铁路客票发售和预订系统应急预案〉的通知》（铁运函〔2007〕125 号）开展应急处置工作。

任务 8.4　高速铁路安检工作

知识目标

- 了解《铁路旅客运输安全检查管理办法》；
- 了解《安检工作基本规范》；
- 了解旅客禁止携带品目录。

技能目标

- 能运用《铁路旅客运输安全检查管理办法》完成安全检查工作；
- 能按照安检工作基本规范完成安检作业；

- 能确认旅客携带的物品是否为违禁品。

相关知识

8.4.1 《铁路旅客运输安全检查管理办法》的内容

为了保障铁路运输安全和旅客生命财产安全，加强和规范铁路旅客运输安全检查工作，根据《中华人民共和国铁路法》《铁路安全管理条例》等法律、行政法规和国家有关规定，制定《铁路旅客运输安全检查管理办法》。

《铁路旅客运输安全检查管理办法》所称铁路旅客运输安全检查是指铁路运输企业在车站、列车对旅客及其随身携带、托运的行李物品进行危险物品检查的活动。

上面所称的危险物品是指易燃易爆物品、危险化学品、放射性物品和传染病病原体及枪支弹药、管制器具等可能危及生命财产安全的器械、物品。禁止或者限制携带物品的种类及其数量由国家铁路局会同公安部规定并发布。

铁路运输企业应当在车站和列车等服务场所内，通过多种方式公告禁止或者限制携带物品的种类及其数量。

铁路运输企业是铁路旅客运输安全检查的责任主体，应当按照法律、行政法规、规章和国家铁路局有关规定，组织实施铁路旅客运输安全检查工作，制定安全检查管理制度，完善作业程序，落实作业标准，保障旅客运输安全。

铁路运输企业应当在铁路旅客车站和列车配备满足铁路运输安全检查需要的设备，并根据车站和列车的不同情况，制定并落实安全检查设备的配备标准，使用符合国家标准、行业标准和安全、环保等要求的安全检查设备，并加强设备的维护检修，保障其性能稳定，运行安全。

铁路运输企业应当在铁路旅客车站和列车配备满足铁路运输安全检查需要的人员，并加强识别和处置危险物品等相关专业知识培训。从事安全检查的人员应当统一着装，佩戴安全检查标志，依法履行安全检查职责，爱惜被检查的物品。

旅客应当接受并配合铁路运输企业的安全检查工作。拒绝配合的，铁路运输企业应当拒绝其进站乘车和托运行李物品。

铁路运输企业可以采取多种方式检查旅客及其随身携带或者托运的物品。

对旅客进行人身检查时，应当依法保障旅客人身权利不受侵害；对女性旅客进行人身检查，应当由女性安全检查人员进行。

安全检查人员发现可疑物品时可以当场开包检查。开包检查时，旅客应当在场。

安全检查人员认为不适合当场开包检查或者旅客声明不宜公开检查的，可以根据实际情况，移至适当场合检查。

铁路运输企业应当采取有效措施，加强旅客车站安全管理，为安全检查提供必要的场地和作业条件，提供专门处置危险物品的场所。

铁路运输企业应当制定并实施应对客流高峰、恶劣气象及设备故障等突发情况下的安全检查应急措施，保证安全检查通道畅通。

铁路运输企业在旅客进站或托运人托运前查出的危险物品，或旅客携带禁止携带物品、超过规定数量的限制携带物品的，可由旅客或托运人选择交送行人员带回或自弃交车站处理。

对怀疑为危险物品，但受客观条件限制无法认定其性质的，旅客或托运人又不能提供该物品性质和可以经旅客列车运输的证明时，铁路运输企业有权拒绝其进站乘车或托运。

安全检查中发现携带枪支弹药、管制器具、爆炸物品等危险物品，或者旅客声称本人随身携带枪支弹药、管制器具、爆炸物品等危险物品的，铁路运输企业应当交由公安机关处理，并采取必要的前期处置措施。

列车上发现的危险物品应当妥善处置，并移交前方停车站。鞭炮、发令纸、摔炮、拉炮等易爆物品应当立即浸湿处理。

铁路运输企业在安全检查过程中，对扰乱安全检查工作秩序、妨碍安全检查人员正常工作的，应当予以制止；不听劝阻的，交由公安机关处理。

公安机关应当按照职责分工，维护车站、列车等铁路场所和铁路沿线的治安秩序。

旅客违法携带、夹带管制器具或者违法携带、托运烟花爆竹、枪支弹药等危险物品或者其他违禁物品的，由公安机关依法给予治安管理处罚；构成犯罪的，依法追究刑事责任。

铁路监管部门应当对铁路运输企业落实旅客运输安全检查管理制度情况加强监督检查，依法查处违法违规行为。

铁路运输企业及其工作人员违反有关安全检查管理规定的，铁路监管部门应当责令改正。

铁路监管部门的工作人员对旅客运输安全检查情况实施监督检查、处理投诉举报时，应当恪尽职守，廉洁自律，秉公执法。对失职、渎职、滥用职权、玩忽职守的，依法给予行政处分；构成犯罪的，依法追究刑事责任。

随旅客列车运输的包裹的安全检查，参照以上办法执行。

8.4.2　安检工作基本规范

1. 安检员职责

（1）遵守各项法律法规和各项安检规章制度，服从各级领导管理，对违反法律法规或安检规章制度的现象应制止并及时向上级报告。

（2）认真履行岗位职责，严格遵守工作纪律，不擅离职守，不做与工作无关的事情。

（3）按规定着装上岗，佩戴标识规范，自觉维护安检人员岗位形象。

（4）熟练掌握各种安检设备的操作及识别方法。

（5）按照“逢包必检”的安检要求，负责宣传引导旅客进入安检区域。

（6）对可疑物品进行针对性探测，初步确定可疑物品性质，必要时，及时将可疑物品移交现场公安人员处理并做好记录。

（7）文明值岗，态度和蔼，遇事讲究方式、方法，做到以理服人。

2. 指挥员职责

（1）负责安检区域的安检设备及人员的管理。

（2）认真组织安检区域的安检人员按照作业流程积极主动地进行安检，确保安检质量和效果。

（3）明令禁止携带的物品且不构成公安机关处理的，做好处置工作。指挥员无法处理的要及时移交现场公安人员。

（4）监督、督促执机员按要求填写《违禁品登记簿》，并做好统计上报工作。

（5）在确保安检工作正常的前提下，合理安排安检人员的休息及用餐时间。

（6）在上岗过程中，严格执行“温馨提示”的要求。

（7）负责安排安检区域的卫生清扫工作，坚持随脏随扫。加强对安检区域安检人员的严格管理，认真落实各项安检工作规章制度。

3. 引导员职责

（1）在指挥员的领导下开展安检工作。

（2）对旅客携带的超长、超高、超大物品（体积大于 X 光机检测通道），易碎物品（例如，玻璃器皿、工艺品），易损物品（例如，食品、药品、电脑）等不宜机检的物品，要及时提醒手检员进行手检。

（3）引导旅客配合安检。

（4）遇特殊群体（包括残障人士、孕妇等），提醒手检员进行手检。

（5）及时、准确地发现可疑人、可疑物。

4. 手检员职责

（1）在指挥员的领导下开展工作。

（2）及时对旅客携带的超长、超高、超大物品（体积大于 X 光机检测通道），易碎物品（例如，玻璃器皿、工艺品），易损物品（例如，食品、药品、电脑）等不宜机检的物品进行手检。

（3）检查中发现可疑物品应及时向指挥员报告。

（4）负责各类安检设备的摆放及保管（将手检设备整齐摆放在安检桌的空白位置，将防爆毯摆放在安检机周围不阻碍旅客的地方，将防尘罩叠好放入安检亭或放入安检机底部的适当位置）。

5. 执机员职责

（1）在指挥员的领导下开展安检工作。

（2）负责填写《违禁品登记簿》。

（3）熟练掌握图像识别技能，熟悉危险物品的外部特征，及时准确观察、识别可疑物。

（4）发现可疑物品，及时向指挥员报告并进行妥善处理。

（5）负责 X 光机、显示器、键盘的保管。

8.4.3 安检工作流程

1. 岗前准备

（1）集合点名：指挥员根据工作要求，集合安检员，开展点名工作，保障执勤人员全部到位。

（2）着装检查：安检员、引导员、手检员列队，指挥员开展着装检查工作，各岗位人员相互整理帽子、上衣、标识、裤子、鞋子等，发现问题进行调整。

（3）到达现场：指挥员掌控时间，要求提前 20 min 到达任务现场。

（4）分配岗位：按照任务要求，按小组分配岗位，确定小组组长。

（5）传达要求：指挥员，现场叙述各岗位职责、细则、注意事项等。

（6）分配装备：以小组为单位，配发对讲机、对讲耳机、取证仪器、手持探测仪等装备。

（7）检查装备：测试、检查装备的性能，确定装备的使用分工（装备如有问题须及时上报指挥员，以便进行调整）。

2. 开展执勤

（1）文明执勤：安检各岗位人员要做到语言文明、动作文明、微笑执勤。

（2）检查安检设备：执机员提前 10 min 开启安检设备，其他岗位人员配合进行安检设备性能检测。

（3）事件处置：发现不配合检查者，安检人员须立即上报组长，组长与其沟通，如无效果，上报指挥员及现场公安人员，请求指示。经检查发现对方携有疑似违禁物品，安检人员立即请对方配合，进行复查。对于查出的违禁物品，安检人员须按规定妥善处理。

（4）违禁物品的保管：安检人员明确告知对方，对于违禁物品铁路部门无保管和丢失赔偿义务。收缴的物品须集中存放，并做好书面记录，禁止据为己有。

3. 任务结束

（1）关闭设备：待指挥员下达停止工作命令后，各小组关闭安检设备。根据需要，做好设备断电、防雨、防盗、防破坏等保管工作。

（2）上交违禁物品：安检人员上交违禁物品，组长负责盘点，核对记录本。以小组为单位，配合指挥员，向执法部门或铁路相关部门上交违禁物品。

（3）上交装备：组长负责检查对讲机、对讲耳机、取证仪器、手持探测仪等装备的使用情况，检查无问题，上交指挥员。

（4）收队撤回：各小组进入集合地点，指挥员整队清点人数，讲评执勤工作，收队撤回。

8.4.4　旅客禁止携带品要求

1. 国家铁路局、公安部禁止携带物品目录

（1）枪支、子弹类（含主要零部件）。

① 军用枪：手枪、步枪、冲锋枪、机枪、防暴枪等，以及各类配用子弹。

② 民用枪：气枪、猎枪、运动枪、麻醉注射枪等，以及各类配用子弹。

③ 其他枪支：道具枪、发令枪、钢珠枪等。

④ 上述物品的样品、仿制品。

（2）爆炸物品类。

① 弹药：炸弹、照明弹、燃烧弹、烟幕弹、信号弹、催泪弹、毒气弹、手雷、手榴弹等。

② 爆破器材：炸药、雷管、导火索、导爆索等。

③ 烟火制品：礼花弹、烟花、鞭炮、摔炮、拉炮、砸炮、发令纸等各类烟花爆竹，以及黑火药、烟火药、引火线等。

④ 上述物品的仿制品。

（3）管制器具。

① 管制刀具：匕首、三棱刀（包括机械加工用的三棱刮刀）、带有自锁装置的弹簧刀，以及其他类似的单刃、双刃刀等。

② 其他器具：警棍、催泪器、催泪枪、电击器、电击枪、防卫器、弓、弩等。

（4）易燃易爆物品。

① 压缩气体和液化气体：氢气、甲烷、乙烷、丁烷、天然气、乙烯、丙烯、乙炔（溶于介质的）、一氧化碳、液化石油气、氟利昂、氧气（供病人吸氧的袋装医用氧气除外）、水煤气等。

② 易燃液体：汽油、煤油、柴油、苯、乙醇（酒精）、丙酮、乙醚、油漆、稀料、松香油及含易燃溶剂的制品等。

③ 易燃固体：红磷、闪光粉、固体酒精、赛璐珞、发泡剂H等。

④ 自燃物品：黄磷、白磷、硝化纤维（含胶片）、油纸及其制品等。

⑤ 遇湿易燃物品：金属钾、钠、锂、碳化钙（电石）、镁铝粉等。

⑥ 氧化剂和有机过氧化物：高锰酸钾、氯酸钾、过氧化钠、过氧化钾、过氧化铅、过醋酸（过氧乙酸）、双氧水（过氧化氢）等。

（5）毒害品：氰化物、砒霜、剧毒农药等剧毒化学品，以及硒粉、苯酚等。

（6）腐蚀性物品：硫酸、盐酸、硝酸、氢氧化钠、氢氧化钾、蓄电池（含氢氧化钾固体、注有酸液或碱液的）、汞（水银）等。

（7）放射性物品：放射性同位素等。

（8）传染病病原体：乙肝病毒、炭疽杆菌、结核分枝杆菌、艾滋病病毒等。

（9）其他危害列车运行安全的物品，如可能干扰列车信号的强磁化物、有强烈刺激性气味的物品、不能判明性质但可能具有危险性的物品等。

（10）国家法律、行政法规、规章规定的其他禁止携带、运输的物品。

2. 国铁集团规定的铁路进站乘车禁止和限制携带物品

根据国务院颁布的《铁路安全管理条例》等国家法律、行政法规、规章等规定，为维护铁路公共安全，确保广大旅客安全旅行，国铁集团规定的铁路进站乘车禁止和限制携带物品如下。

（1）请勿携带以下枪支、子弹类（含主要零部件）：

手枪、步枪、冲锋枪、机枪、防暴枪等军用枪，以及各类配用子弹（含空包弹、战斗弹、检验弹、教练弹）；气枪、猎枪、运动枪、麻醉注射枪等民用枪，以及各类配用子弹；道具枪、仿真枪、发令枪、钢珠枪、消防灭火枪等其他枪支；上述物品的样品、仿制品。

军人、武警、公安人员、民兵、射击运动员等人员携带枪支子弹的，按照国家法律法规的有关规定办理并严格执行枪弹分离等有关枪支管理规定。

（2）请勿携带以下爆炸物品类：

炸弹、照明弹、燃烧弹、烟幕弹、信号弹、催泪弹、毒气弹、手雷、手榴弹等弹药；炸药、雷管、导火索、导爆索、爆破剂、发爆器等爆破器材；礼花弹、烟花、鞭炮、摔炮、拉炮、砸炮、发令纸等各类烟花爆竹，以及黑火药、烟火药、引火线等烟火制品；上述物品的仿制品。

（3）请勿携带以下器具：

匕首、三棱刀（包括机械加工用的三棱刮刀）、带有自锁装置的弹簧刀，以及其他类似的单刃、双刃刀等管制刀具；管制刀具以外的，可能危及旅客人身安全的菜刀、餐刀、屠宰刀、斧子等利器、钝器；警棍、催泪器、催泪枪、电击器、电击枪、射钉枪、防卫器、弓、弩等其他器具。

（4）请勿携带以下易燃易爆物品：

氢气、甲烷、乙烷、丁烷、天然气、乙烯、丙烯、乙炔（溶于介质的）、一氧化碳、液化石油气、氟利昂、氧气（供病人吸氧的袋装医用氧气除外）、水煤气等压缩气体和液化气体；汽油、煤油、柴油、苯、乙醇（酒精）、丙酮、乙醚、油漆、稀料、松香油及含易燃溶剂的制品等易燃液体；红磷、闪光粉、固体酒精、赛璐珞、发泡剂 H 等易燃固体；黄磷、白磷、硝化纤维（含胶片）、油纸及其制品等自燃物品；金属钾、钠、锂、碳化钙（电石）、镁铝粉等遇湿易燃物品；高锰酸钾、氯酸钾、过氧化钠、过氧化钾、过氧化铅、过醋酸（过氧乙酸）、双氧水（过氧化氢）等氧化剂和有机过氧化物。

（5）请勿携带以下剧毒性、腐蚀性、放射性、传染性、危险性物品：

氰化物、砒霜、硒粉、苯酚等剧毒化学品，以及毒鼠强等剧毒农药（含灭鼠药、杀虫药）；硫酸、盐酸、硝酸、氢氧化钠、氢氧化钾、蓄电池（含氢氧化钾固体、注有酸液或碱液的）、汞（水银）等腐蚀性物品；放射性同位素等放射性物品；乙肝病毒、炭疽杆菌、结核杆菌、艾滋病病毒等传染病病原体；《铁路危险货物品名表》所列除上述物品以外的其他危险物品及不能判明性质可能具有危险性的物品。

（6）请勿携带以下危害列车运行安全或公共卫生的物品：

可能干扰列车信号的强磁化物，有强烈刺激性气味的物品，有恶臭等异味的物品，活动物（导盲犬除外），可能妨碍公共卫生的物品，能够损坏或者污染车站、列车服务设施、设备、备品的物品。

（7）限量携带以下物品：不超过 20 mL 的指甲油、去光剂、染发剂；不超过 120 毫升的冷烫精、摩丝、发胶、杀虫剂、空气清新剂等自喷压力容器；安全火柴 2 小盒；普通打火机 2 个。

（8）其他禁止和限制旅客携带物品按照国家法律、行政法规、规章规定办理。

（9）违规携带上述物品，依照国家法律法规的规定处理。

素质拓展

建高铁安全防护，关键在“防”，其核心是建立技防、物防、人防相结合的高铁安全保障体系。要从多方面强化高铁安全防护措施，建立技防、物防、人防相结合的高铁安全保障体系。高铁速度快，对运行环境要求较高，因此高速铁路应当实行全封闭管理，并设置相应的封闭设施和警示标志。为保障重点区域的人员和设施设备安全，在车站广场、候车区、列车车厢等重要场所以及高速铁路桥梁、隧道等重点部位配备、安装监控系统；在旅客聚集区等重点区域设置应急疏散逃生通道和指示标识等，以技术手段加强防范。为防止外来风险对高铁运行安全的冲击，高速铁路沿线重点区段安装设置周界入侵报警系统，并加强对高速铁路线路的视频监控。相关单位在高铁建设前期加强自然灾害评估、预防工作，依法建立地质、气象灾害预警信息互联互通机制，及时进行预报预警，铁路运输企业针对灾害采取相应防范措施。还要从信息网络和消防等方面，要求铁路运输企业制定相关规章制度、操作规程、应急预案等。

项目 9

应急抢救与处置

思政目标

● 通过学习乘务应急救护知识与技能，树立“生命至上”的乘务服务理念。

引导案例

54 min的紧急救治：列车乘务员接力为患病旅客按摩

某年7月22日晚，深圳北开往武汉的高铁列车上，一位旅客突发疾病，面临生命危险。54 min的旅途中，车上工作人员一刻不停地接力为她按摩缓解病情，并提前拨打120让医务人员在站台等候。经过大家联手相助，这名女性旅客病情得到缓解，并顺利入院继续治疗。

7月22日15时05分，由武汉客运段武汉南线动车组车间担当乘务的G1032次列车，从深圳北站准时发车，刚开车不久，二等座5号车厢的两名女性乘客就向乘务员表示想要补票到商务座。

列车长奚其兵在为她们补票时细心地发现，较为年轻的那位女士手腕上戴着住院的腕带，经询问后得知，这名旅客患有重病，由其婆婆陪同，从深圳转院至武汉治疗。

19时10分，列车从岳阳东开车后，乘务员董引引再次到这两名旅客身边查看情况时，她们的第一句话竟然是："乘务员，救命！"董引引一边安抚旅客、询问详情，一边通过对讲机呼叫列车长。

原来，这名旅客突然感到脚上的麻木渐渐传到了小腿，紧接着是大腿。等她意识到情况不妙时，整条右腿都已失去了知觉，由之前的经验看来，应该是肾水肿引起的血栓，如果任其发展，很有可能危及生命。

列车长奚其兵带着乘务员陈圆、乘警李晓丽，迅速赶到1号车厢，董引引已利用自己培训所学的知识，开始了对这名旅客的急救——她取来毯子裹住旅客不能受凉的病腿，用尽全身力气为其按摩腿部，试图促进她的血液循环，缓解症状。

不容迟疑，奚其兵等人也立马加入了急救的行列，他们有的抬腿，有的按摩，同时致电武汉120急救中心，紧接着又与武汉火车站沟通，为急救车开辟绿色通道，让救护车能够提前在站台等候。

从岳阳到武汉，列车行驶了54 min，他们也整整按摩了54 min。慢慢地，病人的腿部恢复了一些知觉，紧张的情绪也随之松弛了下来，但乘务员们却一秒钟也不敢放松，一个人按压到力竭就马上换下一个人上。

终于，20时04分，列车到达武汉火车站，大家第一时间将患病旅客送上了急救车。23日，极目新闻记者获悉，患病旅客经车上妥善处置，以及医院紧急救治，当前情况稳定，23日将入院继续治疗。

任务9.1 铁路红十字药箱认知

知识目标

- 了解铁路红十字药箱管理的概念；

- 掌握铁路红十字药箱的药品配置情况；
- 掌握铁路红十字药箱的使用原则及相关规定。

技能目标

- 能够检查铁路红十字药箱内的药品是否齐全；
- 能够正确使用铁路红十字药箱。

相关知识

9.1.1 铁路红十字药箱概述

根据中华人民共和国铁道行业标准《铁路红十字药箱配备标准及使用原则》（TB/T 3234—2010）规定，为了应对旅客或铁路职工突发疾病或意外伤害，相关铁路部门应该配备红十字药箱。

1. 铁路红十字药箱的概念

在旅客列车、客运车站及沿线小站、工区，旅客或铁路职工突发疾病或意外伤害时，用于应急救助的、便于携带的、装有非处方药品与器械的药箱便是铁路红十字药箱（以下简称药箱）。

2. 铁路红十字药箱的配备原则

（1）铁路红十字药箱内的药品配置应该是国家基本药物范围内的常用、安全、方便、有效的非处方药品、消毒剂及临床常用的诊疗用具。

（2）非处方药品应包括治疗突发性心血管疾病、高热、咳喘、腹泻、眩晕、过敏、疼痛、外伤出血的药品。

（3）根据配置情况，将药箱分为甲、乙、丙三类。

（4）药品配置数量由管理单位根据使用情况配备。

3. 非处方药品

非处方药品（over the counter，OTC）是指消费者可不持医生处方，直接从药房或药店购买的药品，是无须医疗专业人员指导就能安全使用的药品。非处方药品在药品包装盒上有OTC 标识。

4. 铁路红十字药箱配置

（1）甲类药箱配置在单程全程运行时间超过 4 h、运行区间超过 1 h 或总运行距离超过 1 000 km 的旅客列车上。

（2）乙类药箱配置在客运车站或达不到上述条件的旅客列车上。

（3）丙类药箱配置在沿线小站、工区（指交通不便、缺乏医疗条件、偏远的车站、工区，一般指四等以下车站）。

（4）各铁路局根据本局旅客列车使用药品及器械的情况可适当增加药品及器械的配置数量。

5. 铁路红十字药箱管理

1）放置地点与标识

旅客列车红十字药箱放置于列车医疗点，客运车站红十字药箱放置于候车室，工区放置于方便使用的地方。放置红十字药箱的位置应设置紧急救护标识，明示紧急救护设施。紧急救护标识和药箱外标识统一使用红十字标识（见图 9－1）。

图 9－1　红十字标识

2）使用证和清单目录

每个药箱内应有铁路红十字药箱使用证和清单目录，使用证应有发证机构盖章，清单目录包括药品品名、数量及有效期。铁路红十字药箱使用证如图 9－2 所示。

铁路红十字药箱使用证

单位名称：
使用地址：
适用范围：旅客或铁路职工突发急病或创伤时，简易救治免费使用。

发证机关：　　　　　　（盖章）

图 9－2　铁路红十字药箱使用证

3）管理人员

药箱由经过初级及以上红十字救护培训并取得合格证的红十字救护员专人负责管理，并及时检查药品的完整性和有效期，上级管理部门适时对药箱的使用情况进行检查与指导。

4）药品回收

使用单位不得随意丢弃过期药品，而应做好登记，交回配备部门，由配备部门交回医药部门集中销毁，以防流入非法渠道。

9.1.2　铁路红十字药箱药品的配备及使用

根据药品的配置情况，铁路红十字药箱分为甲、乙、丙三类。

1. 甲类药箱

1）药品类

（1）口服药。

① 感冒、退热、止咳化痰类：氨咖黄敏胶囊 5 盒、小儿氨酚黄那敏颗粒 1 盒、美酚伪麻片 1 盒、羧甲司坦片 1 盒。

② 心血管类：速效救心丸 1 瓶。

③ 平喘类：二羟丙茶碱片 1 盒。

④ 胃肠道类：盐酸小檗碱片 1 瓶、口服补液盐 1 袋。

⑤ 抗过敏类：盐酸异丙嗪片 1 盒。

⑥ 抗眩晕类：氢溴酸东莨菪碱片 1 盒。

⑦ 其他：云南白药 1 盒、藿香正气丸 1 盒。

（2）外用药。

① 退热类：小儿退热贴 1 盒、小儿布洛芬栓 1 盒。

② 外伤类：湿润烧伤膏 1 支、碘伏 1 瓶、苯扎氯铵贴 1 盒。

③ 其他：清凉油 1 盒，松节油搽剂 1 瓶。

2）器械类

表式袖带血压计 1 台、听诊器 1 个、体温计 2 支、袖珍手电筒 1 个、大剪刀 1 把、16 cm 弯头和直头止血钳各 1 把、12 cm 直镊子 1 把、消毒棉（签、球）若干、医用胶带 1 卷、三角巾 4 个、无菌纱布 1 包、无菌绷带 1 轴、弹力绷带 1 卷、橡胶止血带 3 根、保护带 2 条、无菌手套 3 副、呼吸面膜 2 片、一次性压舌板 4 片、一次性产包 1 个、一次性连体防护服 3 件、一次性口罩 6 个。

3）消毒剂

含氯消毒片剂或粉剂 1 瓶/包，其用于环境及物品消毒，须单独放置。

2. 乙类药箱

乙类药箱配备参照甲类药箱，器械类不配置保护带、一次性产包，其他药品和器械数量与甲类药箱相比可酌情减少。

3. 丙类药箱

1）药品类

（1）口服药。

① 感冒、退热、止咳化痰类：氨咖黄敏胶囊 5 盒、美酚伪麻片 2 盒、羧甲司坦片 2 盒、复方甘草片 1 瓶。

② 心血管类：速效救心丸 1 瓶。

③ 平喘类：二羟丙茶碱片 1 盒。

④ 胃肠道类：多潘立酮片 1 盒、盐酸小檗碱片 1 瓶、口服补液盐 2 袋、氢氧化铝复方剂 1 袋。

⑤ 抗过敏类：盐酸异丙嗪片 1 盒。

⑥ 抗眩晕类：氢溴酸东莨菪碱片 1 盒。

⑦ 其他：云南白药 1 盒、蛇药片 1 盒、藿香正气丸 1 盒。

（2）外用药。

① 外伤类：湿润烧伤膏 1 支、碘伏 1 瓶、苯扎氯铵贴 1 盒。

② 其他：氯霉素滴眼液 3 支、驱风油 1 瓶、复方丁香罗勒油（红花油）1 瓶、松节油搽剂 1 瓶、伤湿止痛膏 1 盒。

2）器械类

表式袖带血压计 1 台、听诊器 1 个、体温计 2 支、袖珍手电筒 1 个、大剪刀 1 把、16 cm

弯头止血钳 1 把、消毒棉（签、球）若干、医用胶带 1 卷、三角巾 2 个、无菌纱布 1 包、无菌绷带 1 轴、弹力绷带 1 卷、橡胶止血带 2 根、无菌手套 2 副。

3）消毒剂

含氯消毒片剂或粉剂 1 瓶/包，用于环境及物品消毒，须单独放置。

9.1.3　铁路红十字药箱的使用规定

1. 旅客列车使用规定

在铁路旅客列车上遇到旅客患病时，可以通过列车广播向旅客中的医务工作者求助，列车红十字救护员立即携带药箱到达现场，并对伤病员及时实施初步救护，红十字救护员在实行紧急救护时应将有关情况告知患者及同行旅客。箱内药品与器械限于在旅客列车运行中，车上人员突发疾病或创伤时简易救治，红十字救护员使用药品和器械后应当客观、翔实地填写《药械使用登记表》。登记表应包含使用日期、药品名称、数量、发放人签名和使用人签名。

2. 客运车站使用规定

在车站遇到旅客患急重症需要紧急抢救时，应旅客要求或本人已神志不清时应立即联系 120 急救中心。在 120 救护车到来之前，车站红十字救护员立即携带药箱到达现场，并对伤病员及时实施初步救护，同时通过车站广播向旅客中的医务工作者求助。红十字救护员在实行紧急救护时应将有关情况告知患者及同行旅客。药箱内药品与器械限于在旅客候车期间突发疾病或创伤时简易救治，红十字救护员使用药品和器械后应当客观、翔实地填写《药械使用登记表》。登记表应包含使用日期、药品名称、数量、发放人签名和使用人签名。

3. 沿线小站、工区使用规定

药箱内药品和器械限于职工工作期间突发疾病或创伤时简易救治，使用药品和器械后应当客观、翔实地填写《药械使用登记表》。登记表应包含使用日期、药品名称、数量、发放人签名和使用人签名。

4. 补充药品和器械规定

各管理单位每月补充药械时，应携带上月的《药械使用登记表》及《药械补充申领表》，列车红十字药箱内的药品和器械每次使用消耗后，应在返乘时及时向客运段申领补充，确保在出乘时药品和器械齐全。其他单位红十字药箱内的药械每月补充一次，如有特殊情况药品和器械用完可随时申请补充。

任务 9.2　现代创伤救护技术

知识目标

- 了解现场创伤救护的目的和原则；
- 熟悉现场创伤检查要点和救护程序；

- 掌握现场创伤救护所需要的通气、止血、包扎、固定、搬运五大基本技术。

技能目标

- 能够进行现场创伤检查，判断创伤情况；
- 熟练运用现场创伤救护所需要的通气、止血、包扎、固定、搬运五大基本技术。

相关知识

9.2.1 现代创伤救护基本技术概述

创伤是致伤因素作用下造成的人体组织损伤和功能障碍，创伤轻者发生体表损伤，引起疼痛或出血；重者发生功能障碍、致残，甚至死亡。致伤因素有机械因素，如车祸、塌方、刀扎、枪伤等；物理因素，如烧伤、冻伤、电击、射线等；化学因素，如酸、碱、毒气等；生物因素，如毒蛇、昆虫等。

现代创伤以严重创伤、多发伤和同时多人受伤为特点。严重创伤可造成心、脑、肺和脊髓等重要脏器功能障碍，出血过多会导致休克甚至死亡。创伤现场救护要求快速、正确、有效。正确的现场救护能挽救病人生命、防止损伤加重和减轻病人痛苦，反之可加重病人损伤，造成不可挽回的损失，乃至危及生命。因此，普及创伤现场救护知识和技术十分重要。

灾害事故创伤现场紧急救护是最直接、最实用的医疗行为，它包含创伤救护的五大基本技术。这五大技术按其紧急和迫切程度，依次为通气、止血、包扎、固定和搬运。

在创伤救护的五大基本技术中，保持呼吸道通畅和止住威胁生命的出血是最重要的。尽管业界对不同处理方式有争议，但无论何时，只要伤员需要，哪怕是非医务人员，都应在现场解除伤员呼吸障碍的观点是已达成共识的。在呼吸停止时做口对口人工呼吸，并迅速找到呼吸障碍的原因，消除窒息；对在几分钟前出现的已危及生命的体征，仍需继续不停地进行救治，包括持续的人工呼吸、必要的心脏按压，直到出现自主呼吸和心跳等主要生命功能时为止。在解除伤员呼吸障碍的同时，对威胁生命的大出血也要及时控制。

1. 现场救护的目的

创伤一般为突发事件，现场条件差，这给救护工作带来困难。明确现场救护的目的，有助于迅速选择救护方法，从而正确救护，防止因惊慌失措而延误抢救。

现场救护通常由“第一目击者”或非专业医疗机构急救工作人员完成，是转向医院进一步治疗的基础，其作用如下。

（1）抢救、延长病人的生命：创伤病人由于重要脏器损伤（心、脑、肺、肝、脾及颈部脊髓损伤）及大出血导致休克时，可出现呼吸循环功能障碍。故在呼吸循环骤停时，现场救护人员要立即实施心肺脑复苏，维持病人生命，为医院进一步治疗赢得时间。

（2）减少出血，防止休克：严重创伤或大血管损伤时出血量大。血是生命的源泉，现场救护人员要迅速用一切可能的方法止血，有效地止血是现场救护的基本任务之一。

（3）保护伤口：开放性损伤的伤口要妥善包扎。保护伤口能预防和减少伤口污染，减少出血，保护深部组织免受进一步损伤。

（4）骨折固定：现场救护要用最简单有效的方法固定骨折部位。骨折部位固定能减少骨折端对神经、血管等组织结构的损伤，同时能缓解疼痛。颈椎骨折如给予妥善固定，能防止搬运过程中脊髓的损伤。

（5）防止并发症：现场救护过程中要注意防止脊髓损伤、止血带过紧造成缺血坏死、胸外挤压用力过猛造成肋骨骨折，以及骨折部位固定不当造成血管神经损伤及皮肤损伤等并发症。

（6）快速转运：用最短的时间将病人安全转运到就近医院。

2. 现场救护原则

创伤在各种突发事件情况下发生，创伤情况各种各样，现场救护要根据现场条件和伤情采取不同的救护措施。尽管如此，创伤的现场救护又有其共同的规律，需要掌握以下原则。

（1）树立整体意识，重点、全面了解伤情，避免伤情遗漏，注意保护自身和病人的安全。

（2）先抢救生命，重点判断是否有意识、呼吸、心跳。如呼吸、心搏骤停，首先进行心肺脑复苏操作。

（3）检查伤情，快速、有效止血。

（4）优先包扎头部、胸部、腹部伤口以保护内脏，然后包扎四肢伤口。

（5）先固定颈部，然后固定四肢。

（6）操作迅速、平稳，防止损伤加重。

（7）尽可能佩戴个人防护用品，戴上医用手套或用几层纱布、干净布、塑料袋替代。

3. 现场检查与救护程序

1）现场检查

创伤救护首先要通过快速、简洁的现场检查对伤情进行正确的初步判断。

（1）检查病人意识。

（2）病人平卧位，救护人员双腿跪于病人右侧。

（3）检查呼吸、循环体征。

（4）检查伤口，观察伤口部位、大小、出血情况。

（5）检查头部，用手轻摸头颅，检查有无出血、骨折、肿胀；注意检查耳道、鼻孔有无血液或脊液流出，如有，则可初步判断是颅骨骨折。

（6）检查脊柱及脊髓功能。让病人活动手指和脚趾，如无反应，则判断为瘫痪。

（7）保持病人平卧位，用手指从上到下按压颈部后正中，询问是否有疼痛，如有，则初步判断是颈椎骨折；让病人保持脊柱轴线位侧翻，用手指从上到下沿后正中线按压，询问是否有疼痛，如有疼痛，则判断是脊柱骨折。

（8）检查胸部，询问病人疼痛部位，观察胸部的呼吸运动情况。救护人员双手放在病人的胸部两侧，然后稍加用力挤压病人胸部，如有疼痛，则判断是肋骨骨折。

（9）检查腹部，观察有无伤口、内脏脱出，确认腹部压痛部位。

（10）检查骨盆，询问疼痛部位，双手挤压病人的骨盆两侧，如有疼痛，则判断是骨盆骨折。

（11）检查四肢，询问疼痛部位，观察是否有肿胀、畸形。让病人手握腕部或踝部轻轻做动作，观察是否有异常，如有异常，则判断是骨折。

2）现场救护程序

创伤作为突发性事件，现场救护情况错综复杂，尤其是同时有多人受伤、多发伤、复合伤等严重创伤情况下，现场救护需要快速、有效、有的放矢、有条不紊地进行。一般按以下程序进行。

（1）了解致伤因素，如交通伤、突发事件，判断危险是否已解除。

（2）及时呼救，拨打急救电话。

（3）观察救护环境，选择就近、安全、平坦的救护场地。

（4）按正确的搬运方法使病人脱离现场和危险环境。

（5）置病人于适合体位。

（6）迅速判断伤情，首先判断神志、呼吸、心跳、脉搏是否正常，是否有大量出血；其次依次判断头、脊柱、胸部、腹部、骨盆、四肢的活动情况，确定受伤部位、伤口大小、出血多少，以及是否有骨折。如同时有多个病人，要做基础的检查分类，分清轻伤、重伤。

（7）有病人呼吸、心跳停止时，先抢救此类病人的生命，立即进行心肺脑复苏，如具备吸氧条件，应立即安排病人吸氧。

（8）有大血管损伤出血时，立即止血。

（9）包扎伤口，优先包扎头部，胸、腹部伤口，然后包扎四肢伤口。

（10）有四肢瘫痪情况，怀疑有颈椎骨折、脱位时，先固定颈部。

（11）固定四肢。

（12）安全地安排病人迅速转运。

4. 创伤的主要类型

创伤的类型多种多样，全身各种组织、器官都可能受到损伤，表现形式也各异。现场救护中应区分以下四种类型。

1）闭合性损伤

闭合性损伤多见于钝器伤、跌伤和撞伤，体表无伤口。受伤处肿胀、青紫，可伴有骨折及内脏损伤。由于骨折和内脏出血可能会出现休克，因此要给予足够的重视。由于闭合性损伤比较容易被忽视，在发生跌伤、撞伤后，往往需要进一步在医院检查。

2）开放性损伤

开放性损伤多见于锐器伤和其他严重创伤，体表有伤口，感染机会增加，失血较多。如有大动脉血管损伤，出血为喷射性，短期内会出现休克，需要立即止血、包扎。应该给病人注射破伤风抗毒素，预防破伤风的发生。

3）多发伤

多发伤指同一致伤因素同时或相继造成一个以上部位的严重创伤。多发伤易导致组织、脏器损伤严重，死亡率高。现场救护要特别注意对呼吸、脉搏及脏器损伤的判断，防止延误伤情。

4）复合伤

复合伤是指由不同致伤原因同时或相继造成的不同性质的损伤，如车祸致伤的同时又受到汽车水箱热水的烫伤。复合伤增加了创伤的复杂性，现场救护要针对不同性质的损伤进行相应救护。

9.2.2 通气

不同事故的伤员发生通气障碍的概率不一样，但要注意几乎所有灾袭事故的创伤病人都有可能出现呼吸异常。呼吸通道完全梗塞，甚至普通烟雾都会在几分钟内使创伤病人丧失生命。

在接近伤员时，要立即判断伤员的呼吸情况，只要伤员存在呼吸障碍，就要尽快进行处理。

1. 清除呼吸道异物的常用方法

1）指抠咽喉法

指抠咽喉法如图 9－3 所示。

指抠咽喉法是清除呼吸道异物最常用的方法，如果发现伤员口内有异物，可先使伤员头仰起或将伤员身体及头部同时侧转，迅速用一个手指或两个手指从口角处插入咽喉部将异物抠除，但操作中要切记防止将异物推到咽喉深部。

2）背击法

背击法如图 9－4 所示。

用手掌猛击伤员两肩胛骨之间的脊柱，连续拍击数次。清醒的伤员可以采取站立位或者坐位；如伤员出现昏迷，则可以采取半俯卧位。击打时要一只手托在伤员胸骨处，起支撑作用。

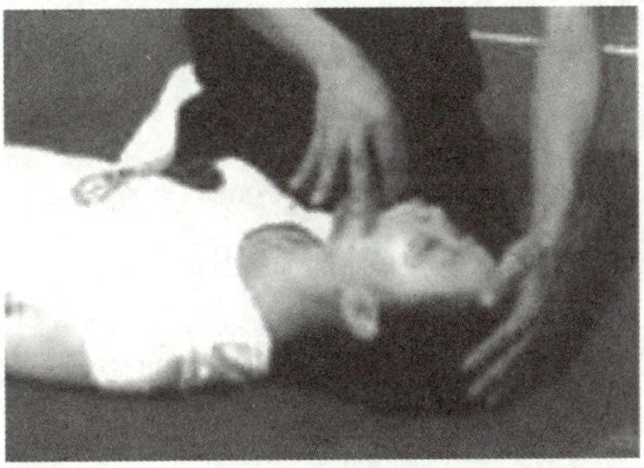

图 9－3 指抠咽喉法

图 9－4 背击法

3）推压腹部法

推压腹部法如图 9－5 所示。

操作者用手推压上腹部或者下胸部（4～6 次），将空气从肺部压出，造成人工咳嗽，以除去异物。操作者也可站在伤员后面，一只手握拳抱住伤员的腰部和肋骨下缘之间的腹部，另一只手按在拳头上，连续向腹内和胸部按压 4～6 次。

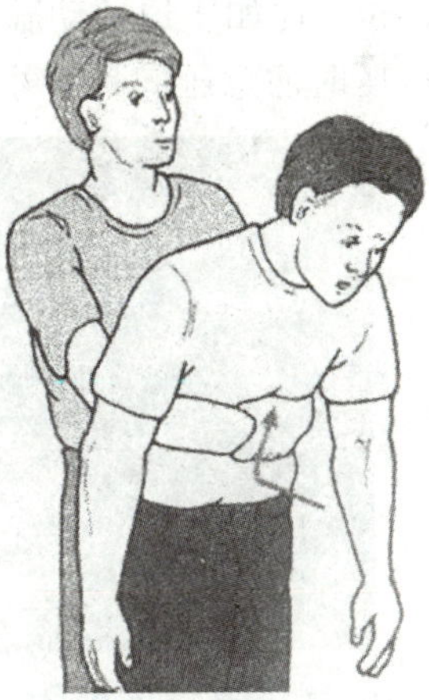

图 9－5 推压腹部法

4）自行腹部冲击法

气道梗塞者本人可一只手握拳，用拳头拇指侧顶住腹部，用另一只手再握紧拳头，用力快速向内、向上使拳头冲击腹部。如果不成功，患者应快速将上腹部抵压在一个硬质的物体上，如椅背、桌沿、走廊护栏，用力冲击腹部，直到把气道异物排除。

2. 解除舌后坠所造成的呼吸道梗塞的常用方法

1）头后仰，颈上托法

用一只手放在伤员的额上，使头往后倾，另一只手则将颈部往上托。伤员的肩背下放一个枕垫，可使头易于后仰，但要注意不要把物品垫在头下，因为这样会使伤员头部抬高前倾，加重气道梗塞。有颈部伤，尤其是颈椎骨折的伤员，不可用此法。

2）头仰后，下颌上托法

先将伤员头稍向后仰，然后将两手放在下颌的两侧，将下颌推向前上方。

3）头后仰，下颌上提法

先将伤员头后仰，用手将下颌向上提，并用拇指掰开下唇。

4）插入通气管法

在上述方法不能保证呼吸道通畅时，可使用通气管。

3. 口对口（鼻）人工呼吸方法

详见本项目任务 6.3 的心肺脑复苏部分。

9.2.3 止血

出血是创伤尤其是撞击伤中的主要并发症和需要现场紧急处理的急症，大血管损伤出血、心脏损伤出血，可导致立刻死亡。中等程度的出血，可导致休克或加重休克。因此，有创伤时必须及时做好止血工作。

1. 出血的分类

1）按出血的部位分类

（1）外出血：体表可见的一切出血。

（2）内出血：血液溢入体腔或脏器内，如胸腔、腹腔或胃肠道出血等。

2）按损伤的血管分类

（1）动脉出血：外溢的血液为鲜红色，呈喷射状，在出血的近端加压即能减少或停止出血。

（2）静脉出血：外溢的血液为暗红色，从血管裂门的远端缓慢流出。

（3）毛细血管：少量外溢血液从伤口渗出。

2. 止血方法

1）临时指压止血法

临时指压止血法是突发灾害事故创伤现场最常用的止血救护方法之一。根据动脉的走行，用手指、手掌或拳头压迫伤口以上的动脉来减少出血。选择的压迫点应当在动脉径路的表浅部位，比如压迫颈动脉（见图 9－6）、压迫肱动脉（见图 9－7）、压迫腘动脉（见图 9－8）等，按压时注意压向骨骼才有效。

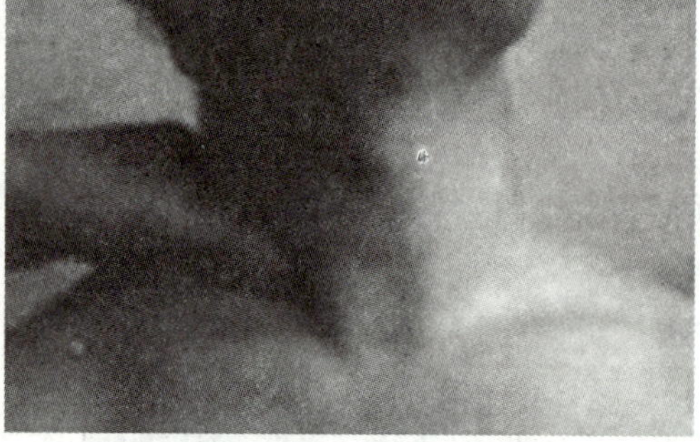

图 9－6　压迫颈动脉

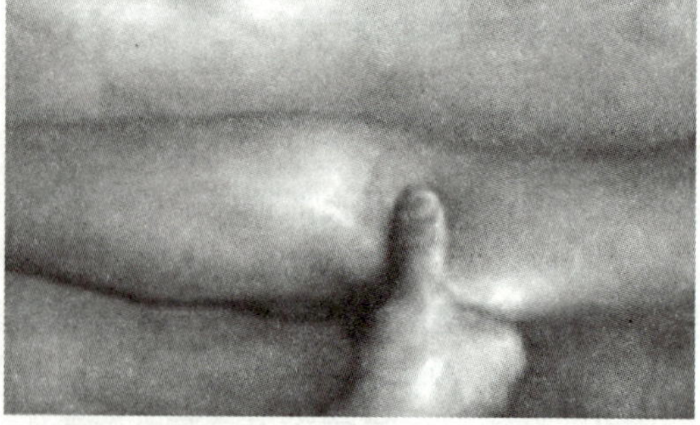

图 9－7　压迫肱动脉

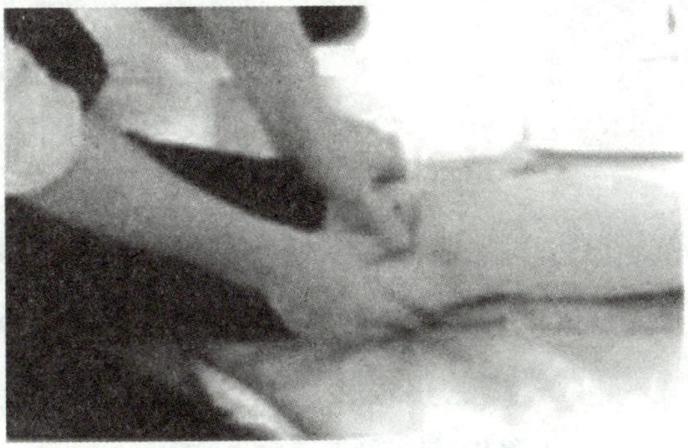

图 9－8　压迫腘动脉

2）加压包扎止血法

加压包扎止血法是用已经消毒的纱布垫、急救包，折成比伤口稍大的敷料，覆盖住伤口，再用纱布、三角巾、四头带或绷带等，做适当包扎，其松紧度以能达到止血的目的为宜。加压包扎止血法对于中小动脉及毛细血管出血，能起到很好的效果，是常用的一种止血法。用清洁纱布遮盖伤口如图 9－9 所示，伤口加压包扎如图 9－10 所示。

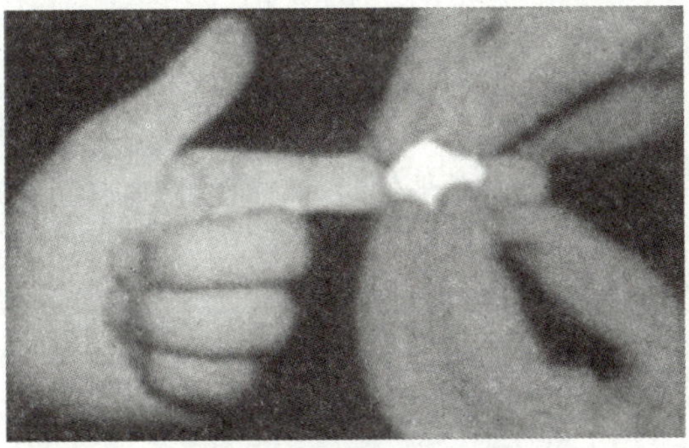

图 9－9　用清洁纱布遮盖伤口

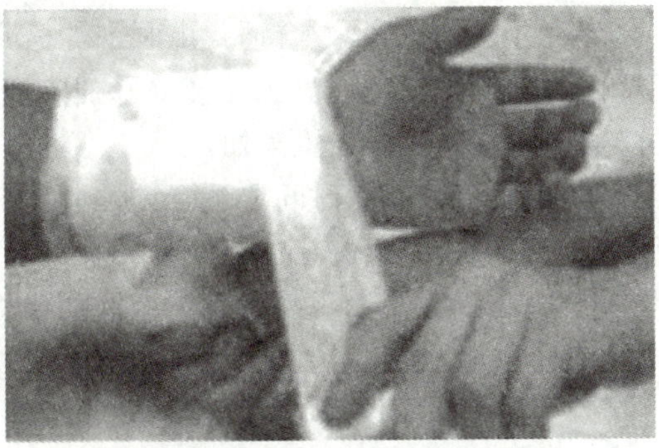

图 9－10　伤口加压包扎

3）填塞止血法

填塞止血法是先用急救包、棉垫或消毒的纱布填塞在伤口内，再用加压包扎法包扎，也可在填塞后将皮肤缝几针。填塞止血法使用的范围有限，一般只用于大腿根、腋窝、肩部伤口等处的止血或用于深部软组织损伤，要严格掌握适应症。

4）抬高肢体止血法

抬高肢体止血法为临时应急措施，止血效果不可靠，尤其是动脉出血时常常不能达到止血目的。

5）强屈关节止血法

先在关节屈侧动脉的走行部位垫棉垫，通过屈曲关节使肢体远端压迫棉垫，从而达到压迫止血的目的。常用于肘关节和膝关节，在肘窝或腘窝处放置较大的纱布或棉垫，再将关节屈曲，缚于弯曲位置，以止住前臂或小腿的出血。强屈关节止血法如图 9－11 所示。

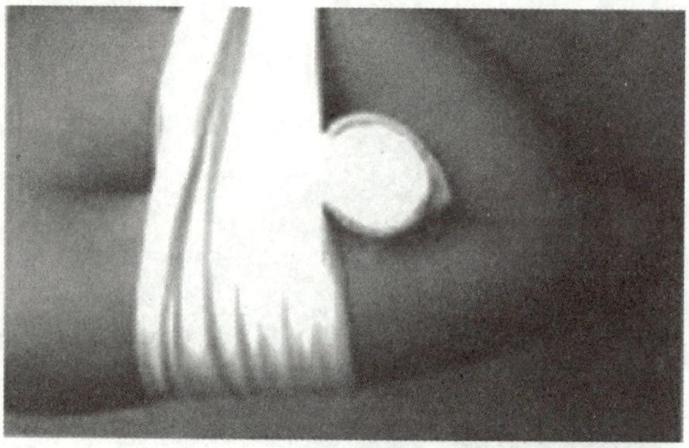

图 9－11　强屈关节止血法

6）止血带止血法

止血带一般适用于四肢大动脉的出血。它是大血管出血时挽救生命的重要手段，但使用不当也可出现很多严重的并发症，如肢体缺血坏死、急性肾功能衰竭等。使用止血带要注意使用场合和方法，不要因为使用不当而造成严重后果。

（1）使用止血带注意事项。

① 止血带的使用部位要准确：止血带要缠在伤口上方、尽量靠近伤口，不可直接缠在皮肤上，使用时必须要有衬垫，用三角巾、毛巾、衣服等均可做成较平整的衬垫。

② 止血带的松紧要合适：止血带的松紧应该以出血停止、远端不能摸到脉搏为宜，不可过松。过松时常只压住静脉，使静脉血流受阻，动脉未被压制，动脉血流来源未断，形成血流有来无回，反而会加重出血。

③ 止血带的使用时间要适当：原则上应尽量缩短使用止血带的时间，通常止血带可允许使用 1 h 左右，最长不超过 3 h。

④ 止血带上要有明显的标记，注明止血带开始使用的时间和部位。

⑤ 使用止血带的伤员要尽快送往医院，进行专业的手术处理。

（2）止血带的类型。

① 橡胶管止血带：常用弹性较大的橡胶管制成。

② 充气止血带：常用宽平的橡胶膜制成。内层可以充气，并附有压力表，是目前四肢手术中应用较多的一种止血带。

③ 弹性橡胶止血带：用汽车和自行车旧内胎裁成宽 5 cm 的弹性橡胶。

④ 临时代用止血带：三角巾、布条、皮带等。

（3）止血带的使用方法。

① 紧扎止血带。本法常在四肢动脉出血时采用，将绷带、带状布条或三角巾叠成带状，勒紧伤口上部止血。第一道绕扎为衬垫，第二道压在第一道上面，并适当勒紧，以达到止血目的。

② 绞紧止血带。在没有制式止血带时可用此法，先把叠成带状的三角巾平整地绕肢体一周，两头左右交叉打活结，并在一头留成一小套。然后取一根小木棒穿在活结下，稍上提绞紧，再把木棒的一头插入小套内，并把小套拉紧固定即可。

③ 先在相关部位用三角巾、毛巾或衣服垫好，然后取止血带中的一段适当拉紧拉长，绕

肢体2～3圈，使橡胶带末端压在紧缠的橡胶带下面固定即可。橡胶止血带使用方法如图9－12所示。

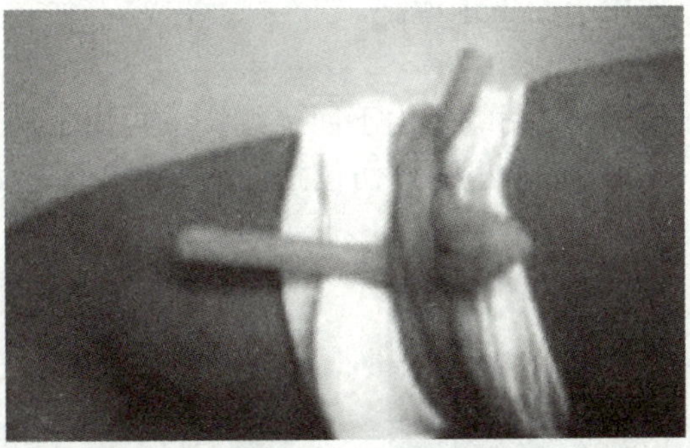

图9－12 橡胶止血带使用方法

④ 布质止血带须与布垫、木质绞紧棒和套环配合使用。木质绞紧棒绞紧后，将木质绞紧棒的一端插入套环内，固定绞紧的止血带。

9.2.4 包扎

所有开放伤的伤口都是易感染伤口，为了防止伤员的伤口再次感染，要及时进行包扎，包扎时要将伤口全部覆盖。包扎伤口还可以起到压迫止血的作用，为伤员的救护创造良好条件。到医院后，对伤口要严格采用无菌技术处理。

1. 常用包扎材料

1）三角巾

三角巾制作简单，使用方便，容易掌握，包扎面积大。三角巾还可折成带状巾、燕尾巾、连双燕尾巾等。使用三角巾时，两底角打结时应为外科结，这样比较牢固。解除时将其一侧边和其底角拉直，即可迅速地解开。

2）急救包

急救包有几种，如四头带急救包、三角巾急救包、卷轴带式急救包等，应按伤口部位的实际需要选择使用。

3）绷带

绷带适用于头颈及四肢的包扎，可随部位的不同选择适当的包扎方法，使用适当的拉力，将保护伤口的敷料固定以达到加压止血的目的。

2. 常见的包扎方法

1）环形法

将绷带做环形重叠缠绕。第一圈稍作斜状缠绕，第二、第三圈做环形缠绕，并将第一圈之斜出一角压于环形圈内，最后用橡胶膏将带尾固定，也可将带尾剪开两头打结。此法是各种绷带包扎法中最基本的方法，多用于手腕、肢体等部位。

2）蛇形法

先将绷带按环形法缠绕数圈。按绷带的宽度做间隔斜形上缠或下缠。

3）螺旋形法

先将绷带按环形法缠绕数圈。上缠每圈盖住前圈的1/3或2/3，呈螺旋形。

4）螺旋反折法

先将绷带按环形法缠绕数圈，再用螺旋形法缠绕，等缠到渐粗处后，将每圈绷带反折，盖住前圈的1/3或2/3，依次由上而下地缠绕。

5）8字形法

在关节弯曲的上方、下方，先用绷带由下而上缠绕；再由上而下呈8字形地来回缠绕。

前臂伤口包扎如图9－13所示。小腿外伤包扎如图9－14所示。

图9－13　前臂伤口包扎

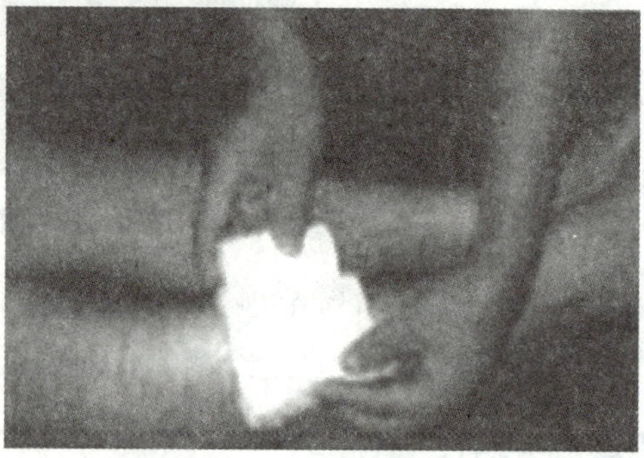

图9－14　小腿外伤包扎

9.2.5　固定

对创伤病人进行必要的固定是非常重要的，不但四肢骨折需要固定，脊柱和骨盆骨折也需要固定。脊柱是否需要固定，首先要考虑的因素是受伤机制。任何可能导致脊椎受损的钝性或锐性损伤都是脊柱固定的指征，昏迷患者建议施行脊柱固定。躯干部的高速贯通伤可能伤及胸椎或腰椎，也应考虑脊柱固定。脊柱固定病人可产生继发性疼痛，尤其是长时间固定时更易发生，因此需要密切观察伤者的表情及状态。骨折经临时固定后，可防止骨折断端损伤周围的血管、神经及重要器官，减轻伤员的痛苦，有利于伤员的搬运。

1．骨折的判断

事故现场急救时，因条件所限，常常只能用简单的方法判断是否有骨折伤。有下列表现者可能为骨折。

（1）用手指轻按伤处，出现疼痛加剧或可摸到骨折断端，搬运时疼痛更加剧烈。

（2）受伤部位或伤肢已变形，伤肢比健肢已有明显缩短或明显弯曲，或者肢体存在位置异常。

（3）受伤部位有明显肿胀，肢体不能活动或有活动性疼痛。

（4）稍移动肢体，骨折段有骨摩擦声，但不要为了检查骨摩擦声而多次试验搬移骨折肢体，以免增加伤员痛苦或导致并发症（如刺伤血管、神经等）。

2．固定方法

骨折的固定方法很多，固定材料也多种多样，但可简单分为外固定和内固定两种。

1）外固定

（1）无创外固定。

无创外固定是事故现场紧急救护伤员最常用的方法。可以将患肢固定在健肢上（见

图 9－15)；也可使用材料固定，所用材料主要有夹板和支架，包括木质夹板、塑料夹板、充气夹板，使用夹板固定如图 9－16 所示。无创外固定主要用于临时固定。

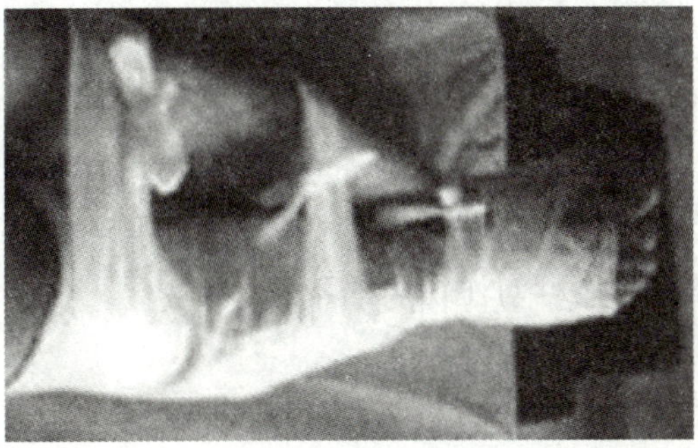

图 9－15　将患肢固定在健肢上

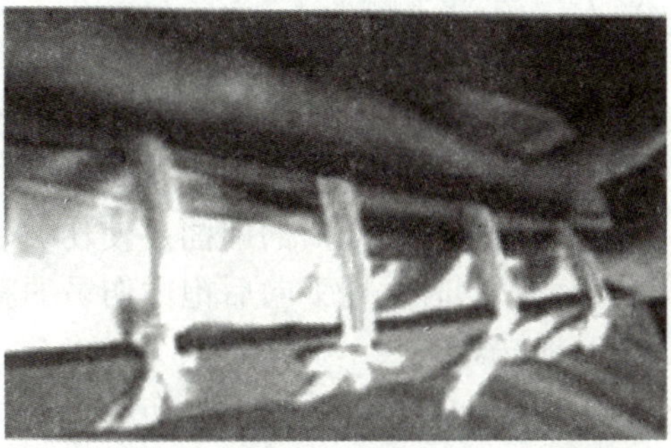

图 9－16　使用夹板固定

(2) 有创外固定。

有创外固定既可以作为临时固定，又可以作为骨折的最终固定治疗。

2) 内固定

内固定一般在医院内操作，不作为事故现场的紧急救护方法。

9.2.6　搬运

事故现场救护并搬运伤员的目的在于及时迅速地把伤员转移到安全的地方，防止致伤源持续致伤。及时、安全地转运伤员，也是抢救创伤伤员的关键步骤之一。

1. 搬运的注意事项

(1) 在抢救伤员的具体过程中，常见的问题是先“抢”后“救”还是先“救”后“抢”，这要根据实际情况决定，不可机械地决策。

(2) 在搬运处于休克状态的创伤伤员时，要始终注意保持呼吸道通畅，必要时进行脊柱临时固定，外出血也应尽快控制。应设法建立输液通道并补充液体，同时应妥善覆盖和保暖，防止创伤伤员体温过低。

(3) 在运送伤员的路上，要经常询问伤员。特别是对有头、胸、腹、大腿伤的伤员，更应细心观察，采用“一看、二摸、三听”的办法发现伤员变化。一看，即看伤员的脸色、表情、姿势、呼吸活动、伤口有无出血、肢端颜色、引流物的颜色数量、瞳孔大小等。二摸，即摸伤员的头部、指端（感受温度、湿度），通过摸来判断伤员脉搏的频率是否正常，绷带及包扎物松紧度如何。三听，即听伤员有无呻吟，有无异常的声响，如吸吮音、喘鸣声。有的伤员从烦躁呻吟逐渐进入安静或昏迷状态，但有的伤员短时间内就过于安静，这些都应引起高度重视。

(4) 在事故的第一时间，现场人员首先需要对伤员进行紧急救护包扎。如对急性呼吸道梗塞的伤员清除口腔血块及异物，对四肢大血管损伤的伤员止血，对躯下部位大出血的伤员施行加压包扎，对开放性气胸伤员进行气胸封闭包扎，对严重骨折部位进行固定，等等。对下列伤员应进行紧急抢救和优先运送：大出血或广泛渗血伤员；胸背部开放伤伤员；颅脑损伤出血伤员；呼吸道损伤或烧伤伤员；肢体大面积毁损伤伤员；合并休克的腹部伤或多处伤伤员；等等。

2. 搬运方法

1）徒手搬运法

（1）抱法。

抱伤员时，一只手托住伤员的腰背部，另一只手托住伤员的大腿中下部。本法常常用于神志清醒的头部伤员，有时还可叮嘱伤员抱住搬运者的颈部。

（2）背法。

救护人员要站在伤员的前面，使伤员伏在救护人员的肩背上，并让伤员的双手抱住救护人员的胸部。同时，用手向后抱住伤员的腿或臀部，也可勾住伤员的双膝。

（3）拖法。

利用担架、雨衣、雨布，将伤员拖离一些特殊的环境。

（4）双人徒手搬运法。

两位救护人员面对面站立，并相互抓紧手。给伤员制造出一个座位，让伤员在上面坐或半躺着，伤员的双臂要搂着搬运者的颈部。本法多用于有头部伤而无颅脑伤的伤员，对有脊柱、脊髓伤的伤员不宜用此法搬运。双人徒手搬运法如图 9－17 所示。

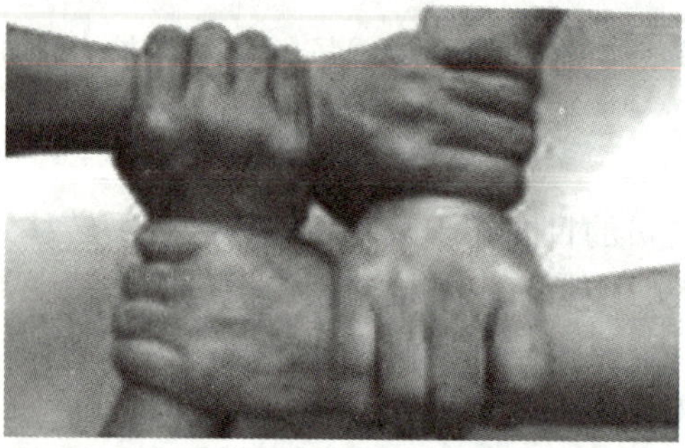

图 9－17　双人徒手搬运法

2）担架搬运法

采用担架运输伤员时，让病人躺卧，有害影响小，此法尤其适用于各类重伤员的运输。简易担架可以就地取材，临时制作，非常适合在野外和一些救治机构内部搬运伤员。

（1）将一般的伤员搬上担架的做法：两名担架员单膝跪下，一人用一只手托住伤员的头部和肩部，用另一只手托住腰；另一人用一只手托住伤员的骨盆部，用另一只手托住伤员的膝下。伤员清醒且上肢没有受伤时，可用手及腕部勾住靠头部一侧担架员的颈部，两名担架员同时起立，将伤员轻放于担架上。

（2）脊柱骨折的伤员上担架时，应特别注意防止损伤脊髓，对颈椎尤其要注意，搬运中不小心可能造成伤员立即死亡。上担架时，应有 3～4 人一起搬运。一人进行头部的牵引固定，使头部保持与躯干部呈直线的位置，维持颈部不动；其余 3 人蹲在伤员的同一侧，2 人托住躯干，一人托住下肢，一齐起立，将伤员轻放在担架上。

（3）胸腰部受伤的伤员要有 3～4 人搬运，都蹲在伤员的同一侧，一人托住肩胛部，2 人扶住腰部和臀部，另一人扶住伸直且并拢的两下肢，同时起立把伤员抬到担架上。如仅一人进行搬运，也应该做到从一侧把胸部和骨盆部连成一块，把伤员“滚”到担架上。

（4）伤员在担架上的体位对伤情有一定的影响。一般重伤、中等伤的伤员应取平卧位；

胸部伤呼吸困难的应取半卧位；颅脑伤、颌面部伤的伤员应使头转向一侧，以防舌根后坠引起窒息；昏迷伤员还可采取俯侧中间位，颈椎骨折伤员应取仰卧位，在颈下放一个小枕。为防止头部左右摇摆，要用软垫或沙袋在两侧固定。

（5）抬担架行进时，伤员头在后脚在前，以方便观察伤员的面部表情、脸色及呼吸。上下坡时应特别注意担架过于倾斜。运送带输液管、输液瓶和引流瓶的伤员时，应注意适当保护输液管、输液瓶和引流瓶，并注意观察伤员面部及呼吸动作。

（6）对烦躁不安的伤员，手足可适当用布带约束。防止其滚下担架造成跌伤。

任务 9.3　心肺脑复苏

知识目标

- 熟悉心肺脑复苏的概念、重要性；
- 掌握心肺脑复苏的操作程序、动作要点、注意事项；
- 了解心肺脑复苏终止条件。

技能目标

- 能够判断出需要心肺脑复苏的情况；
- 能够按照规定进行心肺脑复苏。

相关知识

9.3.1　心肺脑复苏概述

心脏骤停是死亡的主要原因之一，而心肺脑复苏则是有效的治疗措施。20 世纪中叶，人类对于心肺复苏的研究取得了较大的进步，并推广到临床应用，成为广大临床医务工作者、救护人员必须掌握的一种科学方法，此方法使很多心脏骤停的患者“死而复生”。

苏联神经外科医师 Negovsky 在 1936 年首先提出“复生”，对濒死状态、终末状态和临床死亡进行重要的病理生理学的研究。Negovsky 领导实验室团队成功地建立了 CPR 动物模型，并在动物身上进行了胸外心脏按压和电除颤，但是当时并未将这些研究成果推广并应用到临床中。

Zoll 和 Kouwenhoven 在 1954 年成功地研究出体外电休克除颤技术，1956 年 Zoll 首次报道应用电除颤技术成功抢救一例心室颤动患者。Kouwenhoven 于 1960 年报道胸外心脏按压成功。20 世纪 50 年代出现口对口呼吸法（现代呼吸复苏），60 年代出现的胸外心脏按压，加上 50 年代的体外电击除颤法，构成了现代心肺脑复苏术，并系统地提出了现代心肺脑复苏的基本程序即基础生命支持、进一步生命支持和长程生命支持。

1985 年，第四届全美复苏会议对心肺脑复苏的标准进行了评价和修改。同时，由于脑复苏的重要性，特别提出了脑复苏的概念，从而诞生了心肺脑复苏。而随着胸泵及脑复苏概念的产生及研究的不断深入，现在已发展成一门新学科：复苏学。

9.3.2 心肺脑复苏术与心脏骤停

1. 心肺脑复苏术概念

目前心肺复苏术已扩大为心肺脑复苏术，指采用徒手或辅助设备来维持呼吸、心脏骤停患者人工循环和呼吸的最基本的抢救方法，包括开放气道、人工通气、胸外心脏按压、电除颤及药物治疗等，其目的是尽快使患者恢复自主循环，最终达到脑神经功能良好的存活。心肺脑复苏术的概念强调：以心肺复苏为主要手段，达到脑复苏的目的。

2. 心脏骤停

心脏骤停是指各种原因导致的心脏射血功能突然停止，随即出现意识丧失、脉搏消失、呼吸停止，经过及时、有效的心肺脑复苏，部分患者可存活。心脏性猝死指未能预料的于突发心脏症状 1 h 内发生的心脏原因死亡。心脏骤停不治是心脏性猝死最常见的直接死因。

心脏骤停常见的原因有以下几种。

（1）心肌损伤：冠心病、心肌病、心脏结构异常、瓣膜功能不全等。

（2）呼吸障碍：中枢神经系统疾病、神经肌肉接头疾病、中毒或代谢性脑病等通气不足；中枢神经系统疾病、气道异物梗塞、感染、创伤等导致的上呼吸道梗塞；哮喘、肺水肿、肺栓塞等呼吸衰竭。

（3）循环障碍：张力性气胸、心包填塞、肺栓塞等机械性梗塞；出血、脓毒症、神经源性休克等导致的有效循环血量过低。

（4）电解质等代谢紊乱。

（5）药物、毒品、一氧化碳等中毒导致。

（6）雷击、触电、低温或高温、淹溺等环境或意外因素。

心脏骤停的表现主要为典型“三联征”，包括突发意识丧失、呼吸停止和大动脉搏动消失，临床表现为以下几个方面：① 突然摔倒，意识丧失，面色迅速变为苍白或青紫；② 大动脉搏动消失，触摸不到颈、股动脉搏动；③ 呼吸停止或叹息样呼吸，继而停止；④ 双侧瞳孔散大；⑤ 因脑缺氧引起的抽搐和大小便失禁，随即全身松软。

心脏骤停的判定要点主要为意识突然丧失、大动脉（颈动脉和股动脉）摸不到搏动。此外，还可以根据呼吸停止或抽搐样呼吸（将面部贴近患者的鼻部，感觉呼吸时气流；听患者是否有呼吸声；看胸廓有无起伏）、瞳孔散大固定（常于停搏后 45 s 才出现瞳孔散大、1～2 min 后才出现瞳孔固定；部分患者在心脏骤停后无瞳孔散大）、全身发绀等表现进行判定。

9.3.3 生存链

现代救护“生存链”是近年来在国际上出现的一个重要的急救专用名词。它是以“现场第一目击者”为开始，至专业急救人员到达进行抢救的一个系列环节而组成的“链”。“生存链”普及、实施得越广泛，危急病人获救的成功率也就越高。

20 世纪 80 年代后，院外急救的重要性与普遍性逐渐为社会所认识。许多国家面临着一个相同而急迫的问题：越来越多的危重病和急症，尤其是冠心病中的急性心肌梗死、严重心率失常、猝死、意外伤害事故，现场急救与否与病人生命攸关。

新的“生存链”的概念包括五个环节：① 早期识别、求救；② 早期心肺脑复苏；③ 早期电除颤；④ 早期高级生命支持；⑤ 心脏骤停后的综合治疗。其中，前三个环节构成了基本生命支持的主要内容。

9.3.4　心肺脑复苏的紧迫性

如果发现有高速铁路旅客心跳、呼吸停止，需要尽快做出判断，根据需要尽快实施心肺脑复苏。这是因为心跳、呼吸的突然停止，会使全身重要脏器发生缺血、缺氧，尤其是大脑一旦缺血、缺氧 4～6 min，脑组织即发生损伤，超过 10 min 即发生不可恢复的脑损害。因此，最好是在旅客呼吸、心搏骤停的 4 min 之内进行心肺脑复苏。

9.3.5　心肺脑复苏术——基本生命支持

基本生命支持包括开放气道、人工呼吸、胸外按压、电除颤等基本抢救技术方法，可以归纳为初级 C、A、B、D，即 C（circulation）——胸外按压；A（airway）——开放气道；B（breathing）——人工呼吸；D（defibrillation）——电除颤。基本生命支持用于发病或致伤现场，包括对病情判断评估和采用的其他抢救措施，目的是恢复心脏骤停旅客的自主循环。

1. 成人基本生命支持

1）检查意识及呼吸、脉搏

如果发现意识突然丧失倒地的旅客，急救人员首先要判断现场环境是否安全，如有危险因素要及时躲避或脱离危险，否则不能接触、移动患者。救护人员可以通过动作或声音刺激患者，判断晕倒旅客有无意识，比如，可以拍打旅客肩部并大声呼叫：“先生，你怎么了？”然后观察旅客对声音和拍打是否有语音或动作反应。对于外界的刺激有反应的旅客，可以使其自动恢复体位；对于外界的刺激无反应的旅客则应采取平卧位，立即实施心肺脑复苏（CPCR）。需要注意的是，如果怀疑在摔倒的时候，旅客伴随有颈椎受伤，在翻转时应使其保持头颈部和躯干在一个平面上，避免损伤脊髓，造成不可逆的伤害。

暴露昏迷旅客胸腹部，检查旅客是否有自主呼吸，观察有无胸腹部起伏，观察时间为 5～10 s。传统上可以将检查步骤概括为“一看”“二听”“三感觉”，“听”和“感觉”即施救者将耳朵靠近患者口鼻部，用听呼吸气流声来判断患者是否有自主呼吸。目前建议精简为“一看”，即检查有无胸腹部起伏。心脏骤停的早期会有叹息样呼吸，也称为濒死呼吸，这是无效呼吸。当判断高速铁路晕倒的旅客无呼吸或仅有叹息样呼吸时，应立即求助社会急诊医疗服务体系，并立即开始进行心肺脑复苏。

如图 9－18 所示，一般以一手食指和中指触摸患者颈动脉以感觉有无搏动（搏动触点在甲状软骨旁胸锁乳突肌沟内）。如果急救人员在 10 s 内不能明确地触及脉搏，应立即开始胸外按压。目前已经有证据表明，急救人员即使花很长时间去检查脉搏也常难以确定脉搏是否存在，现已不再强调检查脉搏的重要性。

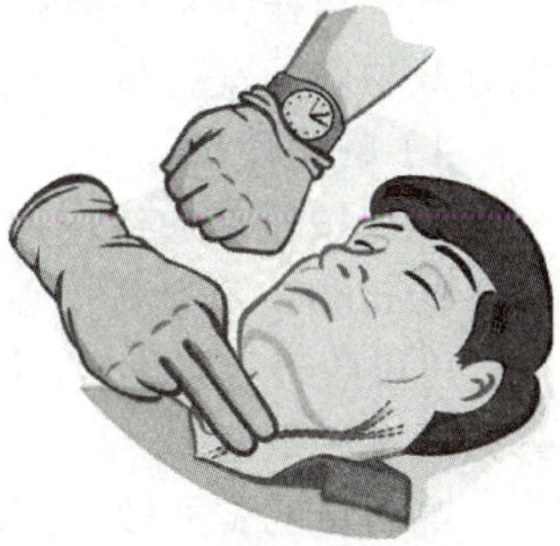
图 9－18　检查脉搏

2）立即呼救

（1）列车呼救。边抢救边将情况上报列车长，由列车长广播寻找列车上的医生旅客，并按规定程序通知有关部门及组织现场抢救。

（2）现场呼救。当判断伤病旅客意识丧失，应该寻求他人帮助，在原地高声呼救："快来人！有人晕倒了！"

3）救护体位

（1）心肺脑复苏体位。

为了便于施救者更好地采取心肺脑复苏等急救措施，对于呼吸、心搏骤停的高速铁路旅客，应该将其头面朝上，采用仰卧位，放在坚硬的平面上，手臂放置在身体两侧。心肺脑复苏体位如图 9－19 所示。

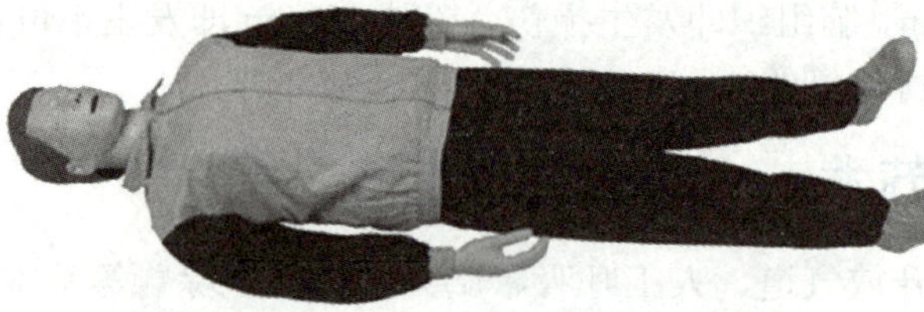

图 9－19　心肺脑复苏体位

（2）复原体位。

如果高速铁路旅客虽然没有明显的意识，但是有呼吸和循环，此时可以采用侧卧体位，即复原体位，以便分泌物从口中流出。复原体位如图 9－20 所示。

图 9－20　复原体位

操作时可以先将患者平放，让旅客一手肘呈直角弯曲，另一手臂横放胸前，手背贴于脸颊侧。然后握着贴面的手臂，抓紧大腿外侧，提高膝部，将患者拉向自己。保持伤者的侧卧，保持头部后仰，大腿屈曲，防止身躯前倾，避免妨碍血液循环。如果怀疑脊椎受伤，非必要时不可轻易移动伤病旅客。

（3）救护员体位。

救护员在实施心肺脑复苏术时，应根据现场具体情况，选择位于伤病员一侧，将两腿自然分开与肩同宽跪贴于（或立于）伤病员的肩、胸部，这样有利于实施操作。

4）胸外按压

胸外按压是通过增加胸腔内压力如直接按压心脏来驱动血流。有效的胸外按压能产生 60～80 mmHg 动脉压。心脏骤停时，最初的心电图多表现为心室颤动，电除颤前进行胸外按压，可以改善心肌供氧，提高电除颤的成功率，对心室颤动时间＞4 min 的患者，电击前的胸外按压尤为重要。

高质量的胸外按压，即按压频率≥100 次/min，按压深度≥5 cm，保证按压后胸廓恢复原状，尽量减少因检查或治疗造成胸外按压中断。

（1）复苏体位：心肺脑复苏时，患者以仰卧位平躺在坚实的平面。

（2）如图 9－21 所示，按压部位在胸骨下 1/3 处，即乳头连线与胸骨交界处。

（3）如图 9－22 所示，按压时，急救人员跪在患者身边，一个手掌根部置于按压部位，另一个手掌根部叠放其上，双手指紧扣进行按压；身体稍前倾，使肩、肘、腕位于同一轴线上，与患者身体平面垂直，用上身重力按压，按压与放松时间相同，放松时手掌不离开胸壁。要“用力、快速”按压，但不得冲击式按压。

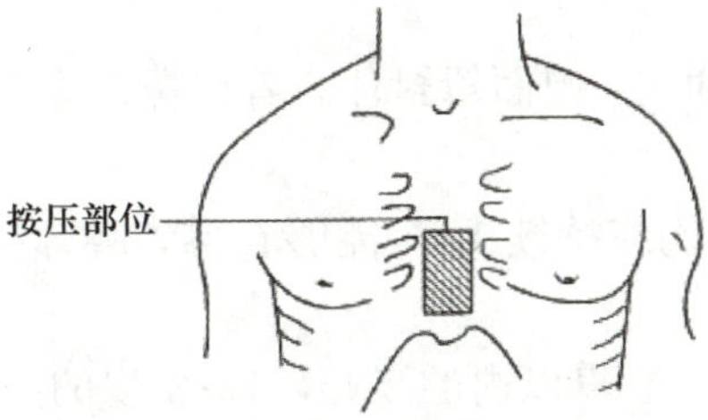

图 9－21　按压部位

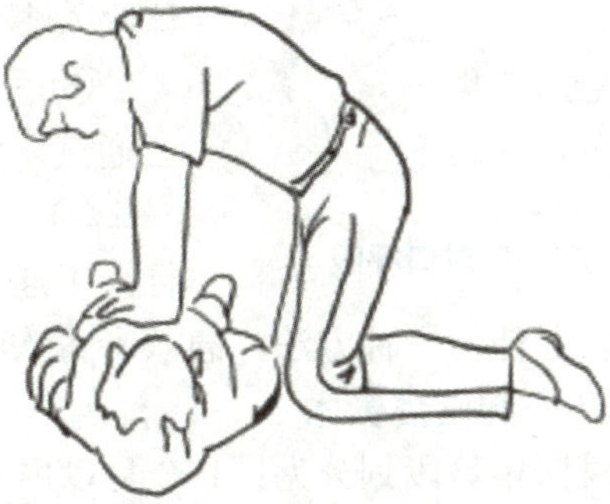

图 9－22　胸外按压

（4）按压/通气比：目前推荐的按压/通气比例为 30:2，每个周期为 5 组，时间大致为 2 min。

（5）2 人以上同时协助做心肺脑复苏时，每隔 2 min，应交替做心肺脑复苏，以免按压者疲劳使按压质量和频率降低。轮换时动作要快，尽量减少中断按压的时间。

（6）尽量减少因分析心律、检查脉搏和其他治疗措施中断胸外按压的时间，中断胸外按压时间须小于 10 s。

5）开放气道及人工通气

患者无意识时，由于舌后坠、软腭梗塞气道，检查呼吸或人工通气前需要开放气道。

（1）开放气道方法。

① 仰头抬颏法。如高速铁路旅客头、颈部无明显的外伤时可使用此法。仰头抬颏法如图 9－23 所示。患者取仰卧位，急救者站在患者一侧，将一只手放置于患者前额部，用力使头后仰，另一只手食指和中指放置下颏骨部向上抬颏，使下颌尖、耳垂连线与地面垂直。

② 托颌法。托颌法在怀疑患者有颈椎受伤时使用。如图 9－24 所示，患者平躺，急救者位于患者头侧，两手拇指置于患者口角旁，其余四指托住患者下颌部位，在保证头部和颈部固定的前提下，用力将患者下颌向上抬起，使下齿高于上齿，但要避免搬动颈部。

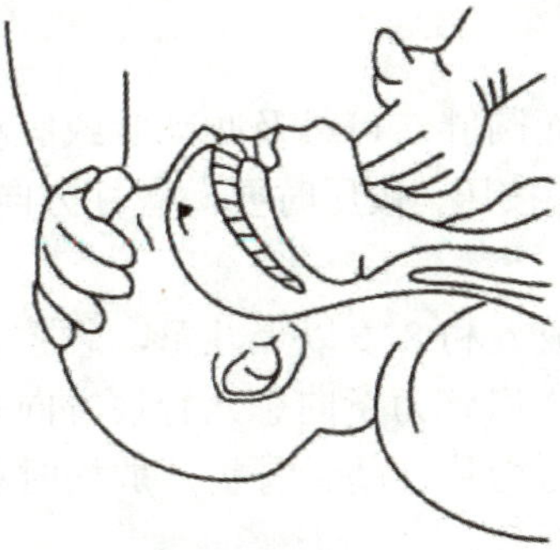

图 9－23　仰头抬颏法

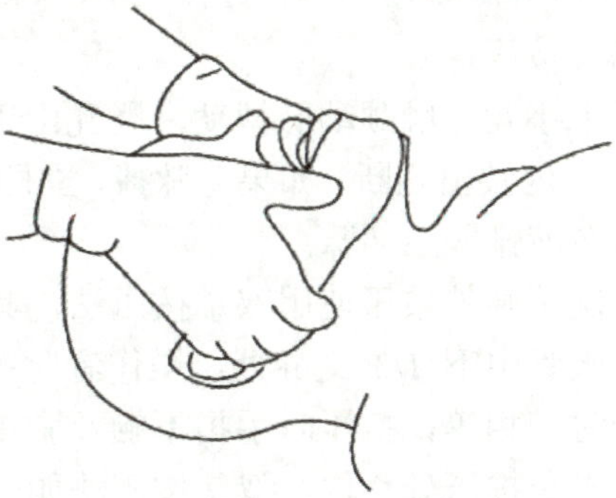

图 9－24　托颌法

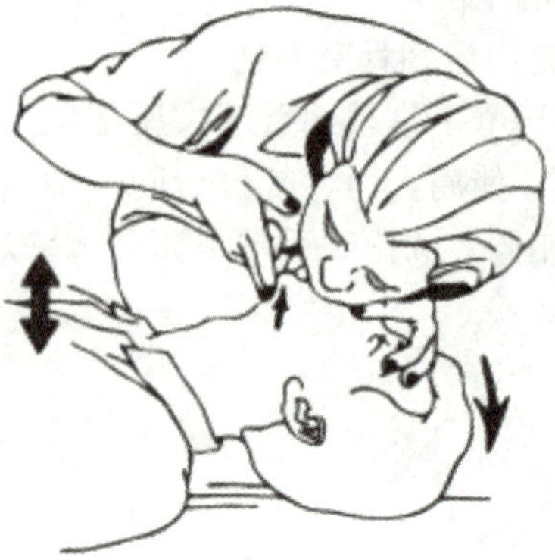

图 9-25　口对口呼吸

（2）人工通气方法。

① 口对口呼吸。如图 9-25 所示，急救者正常呼吸，用食指和拇指捏住患者鼻翼，用口封罩住患者的口唇将气吹入患者口中。

② 口对鼻呼吸。此法用于口唇受伤或牙关紧闭者，急救者稍微上抬患者下颏使口闭合，用口封罩住患者鼻子，将气体吹入患者鼻中。

③ 口对导管通气。对气管切开患者可通过导管进行人工通气。

④ 口对面罩通气。用面罩封住患者口鼻，通过连接管进行人工通气。

采用以上任何一种方法，急救者每次吹气时间均应持续 1 s，能够看得到胸廓起伏。

2. 小儿心肺脑复苏术

儿童根据年龄段划分为：1 个月以内的新生儿，1 岁以内的婴儿，1～8 岁的小儿。在解剖学特点上，小儿的解剖生理结构与成人相比有较大差异，因此在进行心肺脑复苏时需要了解和掌握这些差异特点，并针对不同年龄的患儿采用不同的复苏手法。8 岁以上儿童心肺脑复苏程序及方法基本同成人。

1）小儿心脏骤停的特点

小儿心脏骤停与成人相比，有其独特性。成人心脏骤停多因突发原因所致，小儿更多是呼吸功能障碍或是心血管功能恶化的结果，心脏骤停是继发的。小儿心脏骤停时大约有 78%是心电静息，其次为心动过缓，室性心律的发生率小于 10%，而成人心脏骤停多为心室颤动。因此，对非原发性心脏骤停的儿童旅客，复苏早期更要注重呼吸支持，改善缺氧，心脏复苏较成人复苏的时间更长。

2）小儿生存链的特点

小儿心肺脑复苏生存链的顺序与成人不同，其顺序依次为：① 预防心脏停搏；② 早期有效心肺脑复苏；③ 快速求救社会急诊医疗服务体系；④ 早期高级生命支持。

如果只有一位急救人员在现场时，对 8 岁以下的患儿应先给基本生命支持 1 min，之后再求救社会急诊医疗服务体系，即先急救、再求救，而 8 岁以上儿童则同成人，先求救、再急救。

3）小儿心肺脑复苏术具体方法

（1）胸外按压。

1 岁以上小儿可触颈动脉搏动，婴儿由于颈部短而圆胖，可触及肱动脉或股动脉搏动，需要在 10 s 之内做出判断。如果无脉搏，立即进行胸外按压，按压时要向脊柱方向挤压胸骨，压迫心腔内血液排入主动脉。

常规情况下胸外按压使用双掌按压法，其适用于成人和 8 岁以上儿童，急救者将手掌重叠置于患儿胸骨中下 1/3 交界处，操作者肘关节伸直，肩臂力量向患儿脊柱方向垂直挤压。按压与放松时间相等，挤压时手指不触及胸壁，避免压力致使肋骨骨折。放松时手掌不离开患儿胸骨，以免按压处移位，双掌按压法如图 9-26 所示。

小儿胸外按压具体方法如下。

① 单掌按压法：适用于 1～8 岁的小儿，急救者仅用一只手掌按压，方法同双掌按压法。单掌按压法如图 9－27 所示。

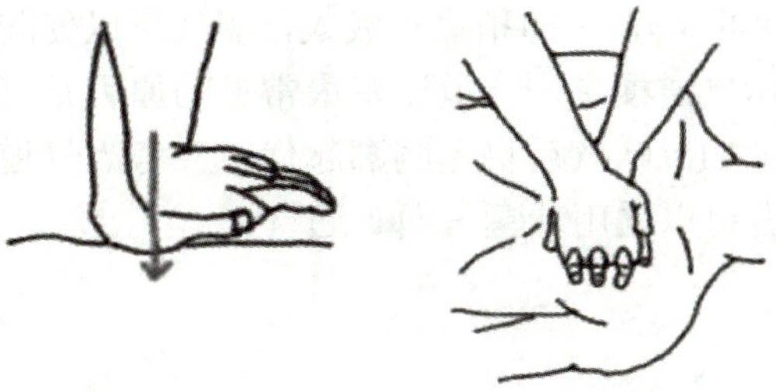

图 9－26　双掌按压法

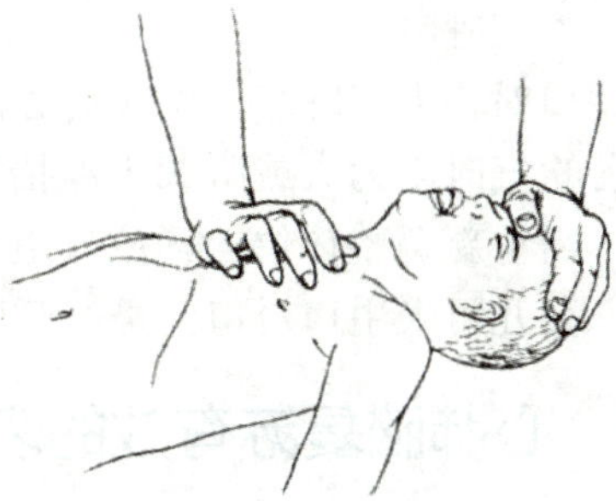

图 9－27　单掌按压法

② 平卧位双指按压法：适用于婴儿，急救者一手置于患儿后背，另一手食指和中指置于两乳头连线下方，向后背方向按压。平卧位双指按压法如图 9－28 所示。

③ 单掌环抱按压法：适用于新生儿，急救者一手四指置于患儿后背，拇指置于前胸，具体按压部位同平卧位双指按压法。

④ 双手环抱按压法：适用于婴儿和新生儿。急救者用双手围绕患儿胸部，双拇指并列或重叠于前胸，其余两手手指置患儿后背相对方向按压。双手环抱按压法如图 9－29 所示。

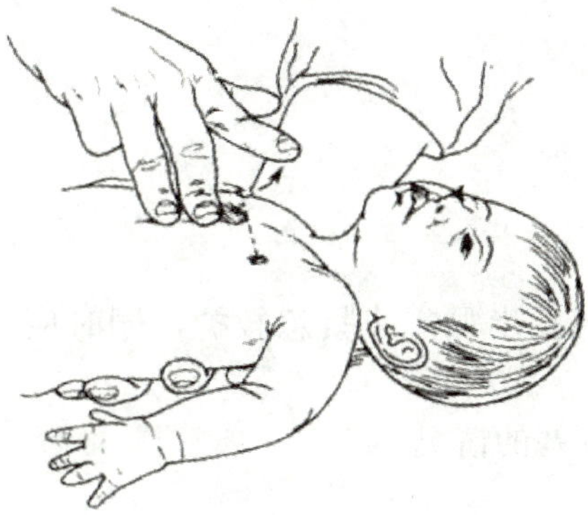

图 9－28　平卧位双指按压法

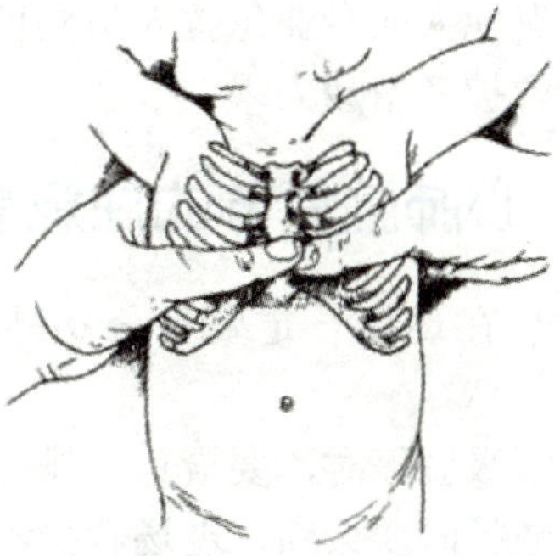

图 9－29　双手环抱按压法

小儿胸外按压深度为其胸廓厚度的 1/3～1/2 为宜，此按压深度可产生相对较高的冠状动脉灌注压。按压频率为 100 次/min。胸外按压必须与人工呼吸交替进行，小儿心脏按压与人工通气比值，单人复苏时同成人为 30∶2，双人时为 15∶2。

（2）开放气道。

采用仰头抬颏法或托颌法开放小儿气道。

① 仰头抬颏法。将一只手放在小儿前额并轻柔地使头部后仰，同时将另一只手指尖放在下颏中点处，抬高下颏以开放呼吸道。

② 托颌法。如怀疑颈部损伤，应避免头颈后仰，急救者位于患儿头顶端，用双手 2～3 个手指分别放在患儿两侧下颌角处，轻轻用力托下颌向上，开放气道。

判断自主呼吸：开放气道后，急救者用面颊贴近患儿口鼻部判断有无气流呼出，并观察患儿有无胸腹部起伏，要在 10 s 之内做出判断，若判断呼吸时间过短，缓慢的自主呼吸有可能被遗漏。确认患儿无呼吸，即需要立刻进行心肺脑复苏。

（3）人工呼吸。

采用口对口人工呼吸，先吹气 2 次，每次约 1 s，时间稍短于成人，潮气量以使胸廓抬起为度。若吹气时阻力大或胸廓不能抬起，提示气道梗塞。气道梗塞最常见的原因是气道开放不正确，需重新调整体位，开放气道后再试。如果吹气后仍无胸廓起伏，应考虑气道内有异物存在。婴儿可采用口对口（鼻）呼吸，或者可以采用球囊—面罩通气。

9.3.6 心肺脑复苏有效的表现

（1）面色、口唇由苍白、紫变红润。

（2）脉搏恢复、自主呼吸。

（3）瞳孔由大变小，对光反射恢复。

（4）眼球能活动，手脚抽动，呻吟等。

9.3.7 心肺脑复苏的终止条件

现场的心肺脑复苏应坚持连续进行，检查呼吸、循环体征应在 5 个心肺脑复苏周期后进行，检查时间不能超过 10 s。如有以下其中一项可考虑停止操作。

（1）患者自主呼吸及脉搏恢复。

（2）有他人或专业急救人员到场接替。

（3）救护者精疲力竭。

9.3.8 心肺脑复苏的注意事项

救护员在现场一定要争分夺秒，按救护原则及步骤实施紧急救护，同时应注意以下几点。

（1）呼吸骤停时，要检查并排除有气道异物梗塞的情况。

（2）救护时要果断，现场救护不要犹豫不决。

（3）对于危重者，千万不能只等待专业人员的急救。

（4）不要把时间消耗在反复检查心跳、呼吸的过程中。

（5）不要做不必要的全身检查。

（6）不要随意搬动伤病员，注意保护脊柱。

（7）在救护中要确保现场安全，做好自我保护，关心体贴伤病员。

（8）应使用心肺脑复苏模型进行心肺脑复苏术的训练，严禁在正常人身上进行操作训练，救护人员最好定期参加心肺脑复苏的培训，以提高现场救护的技能。

任务 9.4　高速铁路旅客常见症状及应急措施

知识目标

- 掌握生命体征及检查方法；
- 了解高速铁路旅客常见的症状。

技能目标

- 能够检查生命体征；
- 能够处理旅客常见的症状。

相关知识

9.4.1　生命体征

生命体征包括体温、脉搏、呼吸、血压，是评价生命活动存在与否及其质量的指标，是体格检查时必须检查的项目之一。

1. 体温

人体内的温度，简称体温。为保证测量结果的准确性，测量体温时方法要规范。国内一般采用摄氏法进行记录。测量体温的常规方法有腋测法、口测法、肛测法，近年来还出现了耳测法和额测法。体温计有水银体温计（见图 9－30）、电子体温计（见图 9－31）、红外线体温计等。

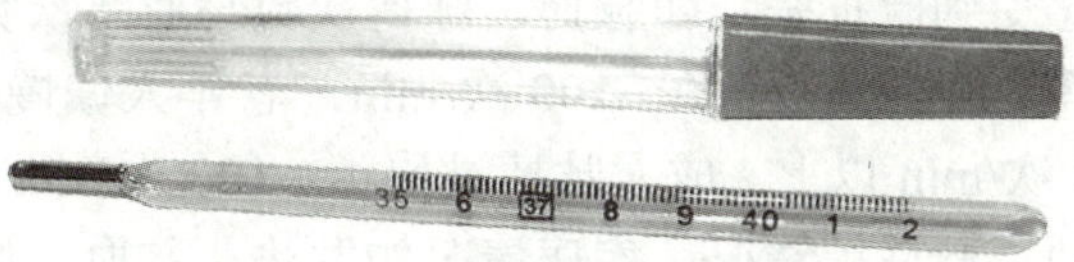

图 9－30　水银体温计

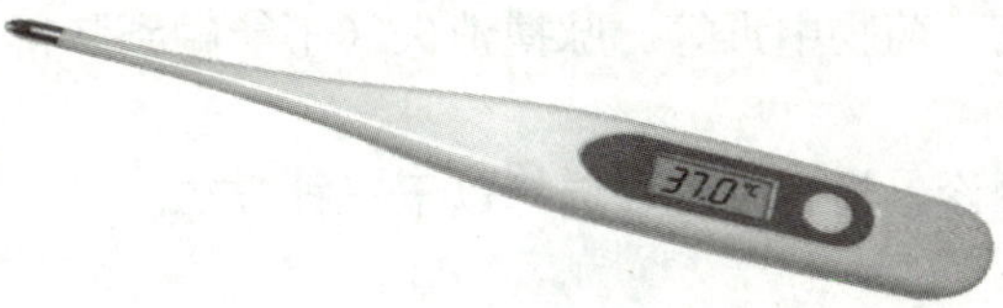

图 9－31　电子体温计

1）腋测法

将体温计水银端置于患者腋窝深处，叮嘱患者用上臂将体温计夹紧，10 min 后读数。腋窝正常的温度值为 36～37 ℃。为避免影响测定结果，测量时注意腋窝处应无制热或降温物品，将腋窝汗液擦干。腋测法是最常用的体温测定方法，简便、安全，且不易发生交叉感染。

2）口测法

将消毒后的体温计头端置于患者舌下 5 min，然后进行读数。正常值为 36.3～37.2 ℃。为避免影响测量结果，使用该法时应叮嘱患者紧闭口唇，不用口腔呼吸，测量前 10 min 内禁饮热水和冰水。口测法结果较为准确，但不能用于婴幼儿及神志不清的患者。

3）肛测法

肛测法一般比口测法读数高 0.2～0.5 ℃。肛测法测值比较稳定，多用于婴幼儿及神志不清的患者。测量时采用侧卧位，将肛门体温计头端涂以润滑剂后，缓慢地插入肛门内（插入长度为体温计长度的一半），5 min 后读数。正常值为 36.5～37.7 ℃。

4）耳测法

耳测法多用于婴幼儿，是指用红外线耳式体温计（见图 9－32）测量鼓膜的温度。

5）额测法

额测法仅用于体温筛查，是指用红外线测温计（见图 9－33）测量额头皮肤的温度。

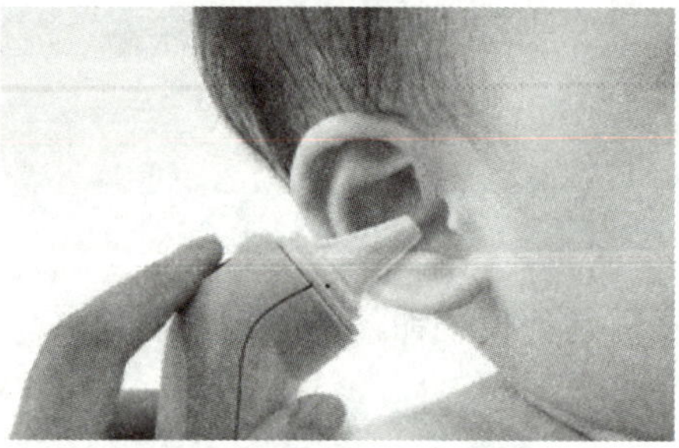

图 9－32　红外线耳式体温计

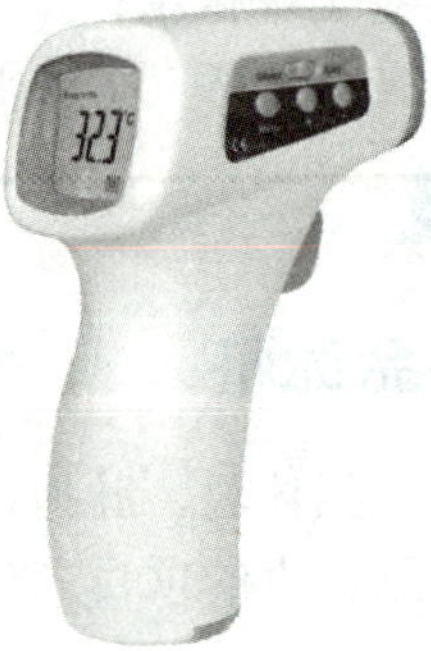

图 9－33　红外线测温计

2. 脉搏

动脉搏动简称脉搏，当心脏内大量血液进入动脉使动脉压力变大，导致管径扩张，触摸体表较浅处的动脉即可感受到此扩张，即脉搏。脉搏次数与心跳次数基本上是一致的，正常成人脉搏率在安静、清醒的情况下为 60～100 次/min，老年人偏慢，女性稍快，儿童较快，3 岁以下的儿童多在 100 次/min 以上。成人脉搏过快（＞100 次/min）常见于正常成人情绪激动、紧张、剧烈体力活动、酒后等情况；疾病情况如发热、贫血、心衰、甲亢、心律失常等也会导致脉搏过快。脉搏过慢（＜60 次/min）常见于长期从事重体力劳动者及运动员；也见于心律失常、颅内压增高、药物中毒等。脉搏消失（不能触到脉搏）多见于重度休克、重度昏迷、心脏骤停的伤员。

检查脉搏主要通过触诊，检查时可以选择以下三种方法。

1）触摸桡动脉法

触摸桡动脉法是检查脉搏最常见的方法。触摸桡动脉时，检查者用右手的食指、中指、无名指三指或食指、中指两指放在被检查者的左手腕横纹稍上方的拇指桡侧，触及桡动脉的搏动。如果触不到动脉搏动，要警惕并怀疑心脏停搏，需要触摸颈动脉或股动脉等大动脉。触摸桡动脉如图 9－34 所示。

2）触摸颈动脉法

被检查者仰头后，检查者一只手按住前额，用另一只手的食指和中指找到气管，两指下滑到气管一侧与颈侧肌肉之间的沟内，以触及颈动脉，颈动脉位置在男性喉结下 2～3 cm 的位置。触摸颈动脉时压力不宜过大，不能压迫到气管。触摸颈动脉如图 9－35 所示。

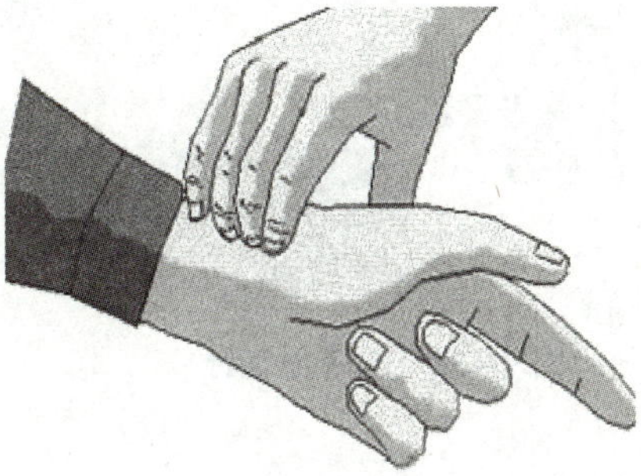

图 9－34 触摸桡动脉

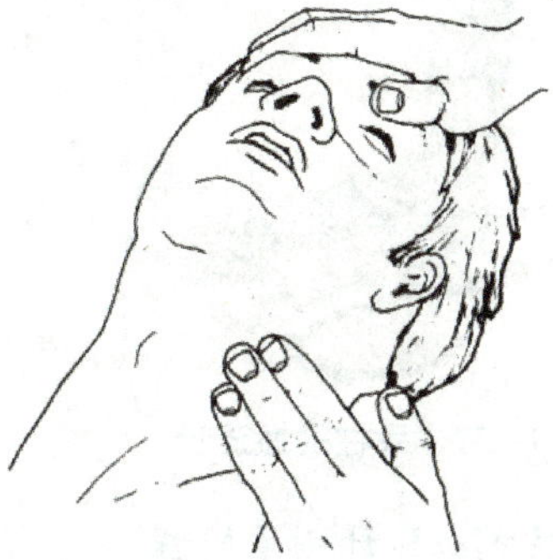

图 9－35 触摸颈动脉

3）触摸股动脉法

股动脉在腹股沟中点处表浅位置，在一侧腹股沟韧带稍下方，相当于三角裤子的下斜边，此处可摸到明显的搏动。触摸股动脉如图 9－36 所示。

3. 呼吸

机体与外界环境之间气体交换的过程称为呼吸。人的呼吸过程包括肺通气、肺换气、组织细胞与血液间的气体交换三个互相联系的环节。其中肺通气、肺换气组成外呼吸，组织细胞与血液间的气体交换为内呼吸。健康人在静息状态下呼吸运动稳定而有节律，正常男性和儿童的呼吸以膈肌运动为主，胸廓下部及上腹部的动作幅度较大，形成腹式呼吸；女性的呼吸则以肋间肌的运动为主，形成胸式呼吸。实际上这两种呼吸运动均不同程度地同时存在。

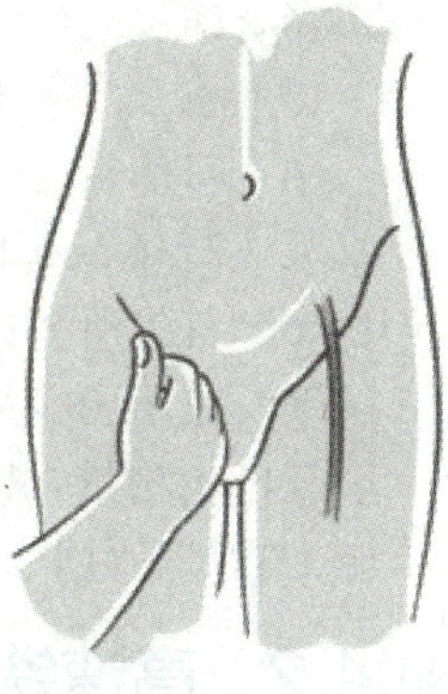

图 9－36 触摸股动脉

正常成人静息状态下，呼吸为 12～20 次/min，呼吸与脉搏之比为 1:4。新生儿呼吸约 44 次/min，随着年龄的增长而逐渐减慢。当呼吸频率超过 20 次/min 时即为呼吸过速，多见于发热、疼痛、贫血、甲亢、心力衰竭等。一般体温升高 1 ℃，呼吸大约增加 4 次/min。当呼吸频率低于 12 次/min，则认为是呼吸过缓，多见于麻醉剂或镇静剂过量和颅内压增高等情况。

4. 血压

血压是重要的生命体征，通常指体循环动脉血压（BP）。

1）测量血压的方法

血压测定有以下两种方法。

（1）直接测压法。直接测压法即经皮穿刺将导管送至周围动脉（如桡动脉）内，导管末端接监护测压系统，自动显示血压值。本法虽然精确、实时，但为有创方式，仅适用于危重、疑难病症。

（2）间接测量法。间接测量法即袖带加压法，用血压计测量。血压计有汞柱式血压计（见图 9－37）、弹簧式血压计、电子血压计（见图 9－38），目前常用的为汞柱式血压计和电子血压计。间接测量法的优点是简便易行，缺点是容易受多种因素影响，尤其容易受周围动脉舒缩变化的影响。

图 9－37　汞柱式血压计

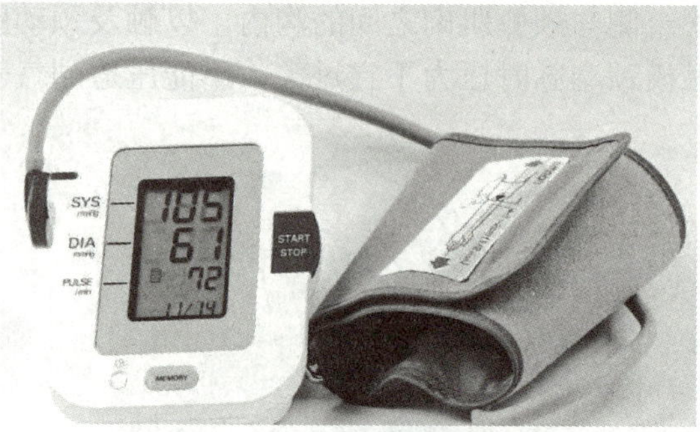

图 9－38　电子血压计

2）汞柱式血压计测量规程

（1）被检查者在测量血压之前的 0.5 h 内应该禁止吸烟、喝咖啡等，排空膀胱，处于安静的环境下，在有靠背的椅子上安静休息至少 5 min。

（2）被检查者可采取坐位，或仰卧位测血压，上肢裸露伸直并轻度外展，肘部置于心脏同一水平，将气袖均匀紧贴皮肤缠于上臂，使其下缘在肘窝以上约 2.5 cm，气袖的中间位于肱动脉表面。

（3）检查者触及肱动脉搏动后，将听诊器拾音部分置于搏动上准备听诊。

（4）向袖带内充气，边充气边听诊，待肱动脉搏动声消失，汞柱再升高 30 mmHg 后，缓慢放气（2～6 mmHg/s），双眼随汞柱下降，平视汞柱表面，根据听诊结果读出血压值。

（5）首先听到的响亮拍击声代表收缩压，最终声音消失时为舒张压，记录读数。

（6）血压至少应测量 2 次，间隔 1～2 min；如收缩压或舒张压 2 次读数相差 5 mmHg 以上，应再次测量，以 3 次读数的平均值作为测量结果。收缩压与舒张压的差值为脉压，舒张压加 1/3 脉压为平均动脉压。

9.4.2　高速铁路旅客常见疾病症状及应急措施

1. 抽搐

1）抽搐的分类及临床表现

抽搐是指骨骼肌痉挛性痫性发作及其他不自主的骨骼肌发作性痉挛，根据病因可分为：痫性抽搐、高热性抽搐、低钙性抽搐、其他不明原因性抽搐和假性抽搐五类。

（1）痫性抽搐。

痫性抽搐发作的特征是：突然发作且没有任何先兆；抽搐发作持续时间短暂，一般不超过 120 s；除部分轻微抽搐，均伴有意识状态的改变；出现无目的性的活动，如自主性、无方向性强直阵挛性发作；不能被唤醒，特别是情绪激动不能被唤醒。

根据临床表现的不同，痫性抽搐分为以下三种。

① 强直阵挛性抽搐：临床表现为突然意识丧失，头向后仰或转向一侧，眼球向上或转向另一侧，四肢强直，持续 10～20 s，之后全身转为一张一弛的阵挛性抽搐，持续 1～2 min。发作过程中，由于呼吸肌突然强直，患者出现发出尖叫、呼吸暂停、面唇发绀、瞳孔散大、尿便失禁等症状，发作后转入昏迷状态。

② 局限阵挛性抽搐：一般无意识障碍，局部出现阵挛性抽搐，多见于口角、眼睑、手指

或足部，持续时间一般较短暂，也可长达数小时至数日。

③ 抽搐持续状态：强直阵挛性抽搐或局限阵挛性抽搐连续发作，发作期间有意识障碍，发作间隙越来越短，体温升高，需在 2 h 以内采取紧急措施以控制发作。

（2）高热性抽搐。

常见的高热性抽搐，多伴随呼吸道或消化道感染，体温高于 38 ℃，出现全身抽搐，持续时间为数分钟，发作后无神经系统症状和体征，排除中枢神经系统感染及其他脑损伤的临床综合征。好发人群为 4 个月至 4 岁的小孩，成人较为少见，多因上呼吸道感染、支气管炎、肺炎引起。某些急性传染病，如荨麻疹、菌痢也会引发高热性抽搐，有明显的家族史。高热惊厥发作时间短暂，发作后神志恢复快，多发生在发热早期，在一次患病发热中，常只发作一次。

（3）低钙性抽搐。

低钙性抽搐是各种原因导致的血液中钙离子浓度降低，进而导致神经肌肉兴奋性增强，最终以全身横纹肌、平滑肌不同程度的痉挛为临床表现的一组症状。轻度症状仅表现为口周麻木感，指尖麻木针刺感；重度表现为全身骨骼肌及平滑肌痉挛，表现为喉喘鸣、肌肉痉挛、手足抽搐、精神行为异常、腹腔脏器绞痛、心动过速等现象，此时应与癫痫发作相区别。

（4）其他不明原因性抽搐。

因不明原因引起的骨骼肌发作性痉挛。

（5）假性抽搐。

① 癔症：发作常以情绪激动为诱因，与抽搐不同的是患者无意识丧失，且绝大多数无大小便失禁、咬舌、跌伤等现象。常出现过度换气及长时间屏气，体格检查无神经系统异常，经他人劝导，或给予镇静药物后便可终止。

② 晕厥：由于各种原因导致大脑供血供氧不足引起的头晕、心悸、出汗等，单纯性晕厥，患者并无抽搐，经平卧休息，吸氧后会逐渐缓解。

③ 精神性疾病：一般仅发作过程中出现意识障碍，对发作过程不能回忆，但不发作时精神正常，如神游症、恐慌症等。

2）抽搐的处理

急救处理上应以立即制止抽搐为首要原则，而后查明病因，针对病因治疗。

（1）判断现场环境是否安全，如有危险因素要及时躲避或脱离危险，否则尽可能不移动患者。

（2）疏散围观人群，保持空气流通，使晕厥旅客能呼吸到足够新鲜的空气。

（3）将旅客置于侧卧位或仰卧位，头偏向一侧，防止吸入唾液及呕吐物，保持呼吸道通畅，及时吸取咽部分泌物，避免发生吸入性肺炎或窒息，松脱旅客衣领、裤带，减少不必要的刺激。

（4）防止舌咬伤，如牙关紧闭者，不可强行撬开，以免损伤牙齿，应加强监护，观察患者的体温、呼吸、心率、血压、面色、瞳孔。

（5）尽早吸氧，改善组织缺氧。

（6）有高热抽搐时立即采取药物或物理降温。

（7）条件允许的情况下，立刻注射抗痫药物，低钙抽搐者应补充钙剂。

（8）假性抽搐发作者，可针对癔症给予认知疗法、暗示疗法、催眠疗法或药物疗法；晕厥者给予教育、药物及对因治疗；精神症者给予教育、药物及心理治疗。

2. 晕厥与昏迷

晕厥，是旅客在高速列车行驶过程经常出现的症状，可由多种原因引起，病因不同其病情严重程度也有所不同。可根据旅客晕厥症状、询问周围人其发作前的情况及询问病史，初步判断发病原因，对症、对因处理，以尽快解决旅客实际问题，保证旅客旅途的平安。

1）晕厥的症状

晕厥的主要表现：因一过性全脑血液低灌注而出现的短暂性意识丧失，其特点是突然、短暂和自行完全恢复。典型晕厥发作持续时间一般不超过 20 s，少数可持续数分钟。因均有意识的丧失，故易与昏迷发生混淆，但晕厥意识丧失持续时间较短，可自行完全恢复，其危险程度也较昏迷低。正确地区分出晕厥和昏迷，才能更准确地处理旅客的病情，保证旅客旅途安全。

2）常见的晕厥类型

（1）神经反射性晕厥。

① 血管迷走神经性晕厥：以青年女性、体质虚弱者常见，诱发因素主要以剧烈的情绪变化及身体虚弱为主。情绪变化如激动、恐惧、焦虑等，或身体经历急性感染、创伤、剧痛等打击，在疲乏、饥饿、妊娠、高温、通风不良及各种慢性疾病的情况下可发生。旅客多处于直立或端坐姿势，发病前可有短暂性的头晕、注意力不集中、面色苍白、上腹不适、恶心，出冷汗、心悸、肢体发软、无力、坐立不安和焦虑等症状。如在此时发现，让其平卧即可立即缓解，不至于发生昏厥。若未及时发现，上述症状持续数分钟后，旅客即会出现意识丧失、血压迅速下降、脉弱、心率降至 40～50 次/min、瞳孔扩大，少数甚至可有尿失禁。绝大部分患者在数秒或者数分钟内清醒，醒后有无力、头晕等不适症状。较重者醒后有遗忘、精神恍惚、头晕等症状，1～2 天后恢复，无后遗症。

② 颈动脉窦性晕厥：男女均可发病，旅客可能突然转动头部或穿着衣领过紧服装，刺激到颈动脉窦引起反射性心率减慢，导致血压一过性下降而发生晕厥，发作时无先兆。由于颈动脉窦附近病变，如局部动脉硬化、动脉炎、颈动脉窦周围淋巴结炎或淋巴结肿大、肿瘤及颈动脉窦受刺激，致迷走神经兴奋、心率减慢、血压下降致脑供血不足。应用洋地黄类或者拟迷走神经药物也可出现晕厥，表现为发作性晕厥或伴有抽搐。

③ 情景性晕厥：情景性晕厥是指特定情况如排尿、排便、咳嗽、站立等相关神经介导的晕厥，亦可见于创伤后应激综合征患者。此类晕厥多见于青年男性，偶见于老人，发作多无先兆，1～2 min 后自行清醒。排尿性晕厥多见于青年男性，在排尿中或排尿结束时发作，持续 1～2 min，自行苏醒，无后遗症。机制可能为综合性的，包括自身自主神经不稳定，体位骤变（夜间起床），排尿时屏气动作或通过迷走神经反射致心血输出量减少、血压下降、脑缺血。咳嗽性晕厥见于患慢性肺部疾病者，剧烈咳嗽后发生。其他诱发因素如剧烈疼痛、下腔静脉综合征（晚期妊娠和腹腔巨大肿物压迫）、胸腔疾病、胆绞痛时由于血管舒缩功能障碍或迷走神经兴奋，引致晕厥。此类晕厥发生时，因发作场地多为厕所或过道，体位多为站立姿势，旅客易遇到外伤等意外伤害。

（2）直立性低血压晕厥。

直立性低血压晕厥多见于处于平卧位或久蹲位突然站立的旅客。直立性低血压又称体位性低血压，直立性低血压昏厥，包括原发性和继发性的自主神经功能紊乱，以及低血容量状态。表现为在体位骤变，主要由卧位或蹲位突然站起时发生晕厥。旅客可能曾经有某些长期站立于固定位置及长期卧床；服用某些药物，如氯丙嗪、亚硝酸盐类等；罹患过某些全身性疾病，如脊髓空洞症、多发性神经根炎、脑动脉粥样硬化、急性传染病恢复期、慢性营养不良等。因体位突然变化而出现血压急速下降，脑供血不足导致短暂性意识丧失。

（3）心源性晕厥。

心源性晕厥是由于心脏排血量突然减少或心脏停搏，导致脑组织缺氧而发生的晕厥。最严重的为阿–斯综合征，主要表现为在心搏停止5～10 s后出现晕厥，停搏15 s以上可出现抽搐，偶有大小便失禁。

① 心律失常而致的晕厥：心动过缓（心室率＜40 次/min）和快速性室性心律失常（心率＞130 次/min），均可引发急性脑缺血而发生晕厥。其主要表现为突然意识丧失、心音消失、抽搐、面色苍白或青紫。

② 器质性心脏病而导致的昏厥：旅客既往有心脏瓣膜病、急性心肌缺血、心肌梗死、肥厚型心肌病、左心房黏液瘤、心包压塞等心脏疾病病史。

（4）脑源性晕厥。

脑源性晕厥由于脑部血管或主要供应脑部血液的血管发生循环障碍，导致一时性、广泛性脑供血不足所致。如脑动脉硬化引起血管腔变窄，高血压病引起脑动脉痉挛，偏头痛及颈椎病时基底动脉舒缩障碍，各种原因所致的脑动脉微栓塞、动脉炎等病变均可出现晕厥。其中短暂性脑缺血发作可表现为多种神经功能障碍症状。由于损害的血管不同而表现多样化，如偏瘫、肢体麻木、语言障碍等。

（5）血液成分异常所致的晕厥。

① 低血糖综合征：由于血糖低而影响大脑的能量供应所致，表现为头晕、乏力、饥饿感、恶心、出汗、震颤、神志恍惚、晕厥甚至昏迷。

② 通气过度综合征：由于情绪紧张或癔症发作，呼吸急促、通气过度，二氧化碳排出增加，导致呼吸性碱中毒、脑部毛细血管收缩、脑缺氧，表现为头晕、乏力、四肢针刺感，并可因伴有血钙降低而发生手足抽搐。

③ 重症贫血：由于血氧低下而在用力时发生晕厥。

④ 高原晕厥：由于短暂缺氧所引起。

3）晕厥与昏迷的鉴别

昏迷是指人体对外界环境不能够认识，产生的意识丧失，并对刺激反应异常，或者是反射活动异常的一种病理状态。昏迷初期呈嗜睡状态，进而进入昏睡状态，病情进一步加重时，就进入浅昏迷，并逐步过渡到深昏迷，此时血压、脉搏、呼吸等生命体征存在，但不稳定，患者处于濒死状态。嗜睡者处于持续睡眠状态，但是能被痛觉及其他刺激和语言唤醒，并能做出适当的运动和言语反应，刺激停止则不久转为嗜睡状态。昏睡，需要较强烈的刺激才能唤醒，无自主语言或言语含混，对指令无反应或者反应不正确。昏迷分为深昏迷和浅昏迷，浅昏迷可以被强烈的痛觉刺激，能引起患者的防御性动作；深昏迷就是所有的反射均消失，生命体征不稳定，有自主呼吸，但是节律不规律，多伴有通气不足。晕厥则以突然、短暂和自行完全恢复的短暂性意识丧失为主要表现，其发作持续时间一般不超过20 s，少数可持续数分钟。晕厥可以自行恢复，一般积极对症处理，预防外伤出现即可保证旅客生命安全；昏迷则是一种较严重的病理状态，可危及患者生命。所以正确地鉴别晕厥和昏迷，对于保证旅客生命安全至关重要。

4）晕厥的应急处理

（1）判断现场环境是否安全，如有危险因素要及时躲避或脱离危险，否则尽可能不移动患者。

（2）疏散围观人群，保持空气流通，使晕厥旅客能呼吸到足够的新鲜空气。

（3）通过动作或声音刺激判断晕倒旅客有无意识，比如，可以拍打旅客肩部并大声呼叫："先生，你怎么了？"然后观察患者对声音和拍打是否有语音或动作反应。

（4）调整晕厥旅客体位：对于外界的刺激如果有反应的则可以使其自动恢复体位；而无反应的旅客则应采取平卧位，即将其放置于高速列车通道处，置于坚硬地面上，保持平卧位，双足稍抬高。松解衣领及腰带。

（5）保持呼吸：压额抬颌，保持呼吸道通畅，若有恶心、呕吐，应将患者头偏向一侧，以免患者误将呕吐物吸入气管或肺内引起吸入性肺炎或窒息。条件允许的给予旅客吸氧。

（6）心肺脑复苏：蹲坐或跪坐于旅客侧边，数患者 1 min 内心脏搏动次数。若心率＜40 次/min，则为心动过缓。

（7）可采取指掐或针刺人中、合谷等穴位唤醒旅客。

根据旅客发病原因及病情轻重的不同，在列车工作人员密切观察下，症状较轻旅客缓解后可继续乘车旅行。

5）昏迷的甄别

昏迷是完全意识丧失的一种类型，是临床上的危重症。昏迷的病因复杂，伴随症状多，与神经系统密切相关。突然昏迷应考虑脑出血、脑栓塞等情况；昏迷伴发热症状，应考虑有感染原因；昏迷前有剧烈呕吐、头痛，可能颅内压增高，应考虑脑肿瘤、脑脓肿、脑出血、脑膜炎等。给予患者一定的刺激，如反复轻拍患者，同时呼唤其名，如果患者无反应，同时有呼吸心跳的表现，就可以做出昏迷的诊断。确认导致昏迷的病因的检查繁多，要根据具体情况进行甄别。

昏迷一旦发生，无论是何原因，都表明病情危重，患者必须尽快得到有效的现场急救。

（1）昏迷的现场急救原则。

① 所有患者均需要去医院做进一步诊治，故应尽快将患者送医院。尽快拨打 120 急救电话，停靠车站后马上将旅客运送进医院进行专业诊疗。

② 保持患者呼吸道通畅，及时清理气道异物，对呼吸阻力较大者使用口咽管，亦可使患者采用侧卧位，这样既可防止咽部组织下坠堵塞呼吸道，又有利于分泌物引流。因此侧卧位是昏迷患者入院前必须采取的体位。

（2）支持疗法及对症治疗。

供氧，建立静脉通道，维持血压及水电平衡，为呼吸异常者提供呼吸支持。

（3）病因治疗。

根据导致昏迷的原发疾病及原因采取有针对性的治疗措施，如针对感染采用抗生素治疗、针对缺氧性昏迷的供氧措施、针对低血糖的补充糖类措施等。

9.4.3 癫痫

癫痫是多种原因导致的脑部神经元高度同步化异常放电所致的临床综合征，临床表现具有发作性、短暂性、重复性和刻板性的特点，异常放电神经元的位置不同及异常放电的波及范围差异，使患者的发作形式不一，可表现为感觉、运动、意识、精神、行为、自主神经功能障碍或兼而有之，临床上每次发作或每种发作的过程称为痫性发作，一个患者可有一种或数种痫性发作形式。在癫痫发作中，一组具有相似症状和体征特性组成的特定癫痫现象称为癫痫综合征。

1. 癫痫的特征

癫痫的临床表现多样，但都具有以下共同特征。

（1）发作性：症状突然发生，持续一段时间后迅速恢复，间歇性正常。

（2）短暂性：其发作持续时间非常短，通常为数秒或数分钟，癫痫持续状态很少超过0.5 h。

（3）重复性：第一次发作后，经过不同间隔时间，会有第二次或更多次的发作。

（4）刻板性：每次发作的表现几乎一致。

2. 癫痫的急救处理

急救处理应以立即制止抽搐为首要原则，而后查明病因，针对病因治疗。

（1）判断现场环境是否安全，如有危险因素要及时躲避或脱离危险，否则尽可能不移动患者。

（2）疏散围观人群，保持空气流通，使旅客能呼吸到足够的新鲜空气。

（3）将旅客置于侧卧位或仰卧位，头偏向一侧，以防唾液及呕吐物吸入，保持呼吸道通畅，及时吸取咽部分泌物，避免发生吸入性肺炎或窒息，松脱衣领、裤带，减少不必要的刺激。

（4）防止舌咬伤，如牙关紧闭者，不可强行撬开，以免损伤牙齿，加强监护，观察体温、呼吸、心率、血压、面色、瞳孔。

（5）尽早吸氧，改善组织缺氧。

（6）条件允许的情况下，立刻注射抗痫药物。

（7）根据旅客发病原因及病情轻重的不同，在列车工作人员密切观察下，口服抗癫痫药物后症状较轻的旅客，缓解后可继续乘车旅行。

9.4.4 气道异物梗塞

旅客在出行的过程中，会因饮食不慎等导致突然的气道异物梗塞，气道异物梗塞是导致窒息的紧急情况，如不及时解除，数分钟内即可导致死亡。

1. 气道异物梗塞的原因及预防

任何人突然呼吸骤停都应考虑到气道异物梗塞，成人通常在进食时易发生，肉类食物是造成气道异物梗塞最常见的原因。易导致气道异物梗塞的诱因有：吞食大块难咽食物，饮酒后，老年人戴义齿或吞咽困难，儿童口含小颗粒状食品或物品。

预防气道异物梗塞，需要注意以下事项。

（1）细嚼慢咽，尤其是戴义齿者。

（2）咀嚼和吞咽食物时，避免大笑或交谈。

（3）避免酗酒。

（4）阻止儿童口含食物时在列车上行走、跑或玩耍。

（5）将易误吸入的异物放在婴幼儿拿不到的地方。

（6）不宜给小儿需要仔细咀嚼或质韧而滑的食物（如花生、坚果、玉米花、果冻等）。

2. 如何判断气道异物梗塞

异物可造成呼吸道的部分或完全梗塞，识别气道异物梗塞是及时抢救的关键。

1）气道部分梗塞

患者能通气，能用力咳嗽，但咳嗽停止时出现喘息声。此时，救助者不宜妨碍患者自行排除异物，应鼓励患者用力咳嗽，并自主呼吸，但应守护在患者身旁，并监视患者的情况，如不能解除，立即求助社会急诊医疗服务体系。

气道异物梗塞患者可能一开始就表现为通气不良；或开始通气好，但逐渐恶化，表现乏力、无效咳嗽、吸气时有高调噪声、呼吸困难加重。对待这类患者要同气道完全梗塞患者一样，必须争分夺秒地抢救。

2）气道完全梗塞

患者不能讲话，呼吸或咳嗽时，双手抓住颈部，无法通气。对此征象必须能立即明确识别。救助者应马上询问患者是否被异物噎住，如果患者点头确认，必须立即救助，帮助解除异物。由于气体无法进入肺部，如不能迅速解除气道梗塞，患者将很快出现意识丧失，甚至死亡。如果患者意识已丧失、猝然倒地，应立即实施心肺脑复苏。

3. 解除气道异物梗塞的方法

对气道完全梗塞患者必须争分夺秒地清除气道异物。通过迫使气道内压力骤然升高的方法，产生人为咳嗽，把异物从气道内排出，具体方法可参考本项目任务 9.2 的相关内容。

4. 小儿气道异物处理

怀疑小儿气道异物梗塞时，如患儿咳嗽有力，应鼓励连续自主咳嗽，以咳出异物；如患儿咳嗽无力或呼吸困难明显，并出现意识丧失，应立即采取解除气道梗塞措施。婴儿推荐使用拍背/冲胸法；1 岁以上儿童使用拍压腹部法，步骤与成人相同。

拍背/冲胸法：急救者取坐位，将患儿俯卧位置于前臂上，前臂放于大腿上，一只手的手指张开托住患儿下颌并固定头部，保持头低位；另一只手的掌根部在婴儿背部肩胛区用力叩击 5 次，拍背如图 9－39 所示。拍背后将空闲的手放于婴儿背部，一只手手指托住其头颈部，小心地将婴儿翻转过来，使其仰于另一只手的前臂上，前臂置于大腿上，仍维持头低位。实施 5 次快速胸部冲压，位置与胸外按压相同。冲胸如图 9－40 所示。冲压与按压的不同之处在于冲压时间短促，利用肺内压力突然增高将异物排出。如能看到患儿口或鼻中异物，可将其取出；不能看到异物，则继续重复上述动作，直到异物排出。

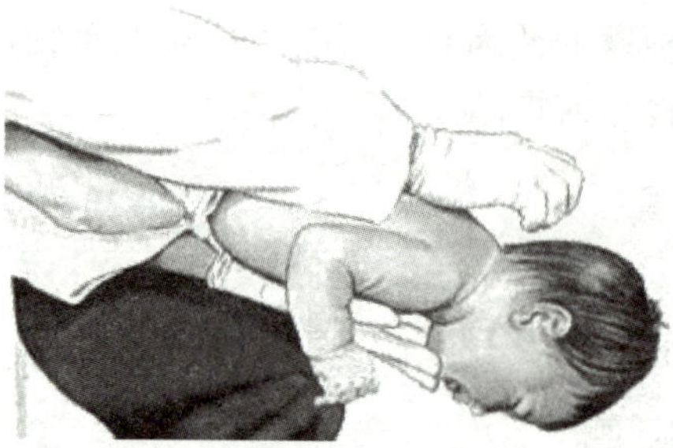

图 9－39　拍背

图 9－40　冲胸

素质拓展

2022 年 3 月 12 日 8 时 35 分，G437 次列车运行至石家庄站至郑州东站间，一阵急促的脚步声打破了 3 号车厢的宁静，“毛伟杰，马上带着红十字药箱到 3 号车厢，有旅客在卫生间晕倒了！”兰州客运段 G437 次列车长王佳安排人员救助，并进行广播寻医。

因寻医未果且情况危急，毛伟杰立即将晕倒旅客从厕所抱了出来，平放在列车的通风处，为旅客做心肺复苏和人工呼吸进行急救，通过不间断施救，旅客逐渐恢复了意识。

看到旅客转醒过来，王佳与毛伟杰两人不顾满头大汗，紧紧握着旅客的手，一遍又一遍地轻声安抚，努力让旅客情绪稳定下来，同时，疏散围观旅客，保持通风。

经了解，这名旅客已是食道癌晚期，之前喝了一口水，没想到在上厕所时晕倒。虽然已经清醒，但情况依然不容乐观，旅客喉咙仍然有痰并恶心想吐，毛伟杰用空心掌从下往上轻拍旅客背部，用手为旅客清理喉部残留物及呕吐物，经过紧急救助，这名旅客终于转危为安。3 号车厢的旅客自发为列车乘务员鼓起掌来，纷纷为他们竖起大拇指。

但王佳依然不放心，她一边劝说旅客家属提前下车去医院救治，一边安排专人进行陪伴和照顾。她积极对接郑州铁路局客调和郑州东站，帮助旅客联系 120 急救车在站台上等候。9 时 10 分，列车到达郑州东站，早早等候在此的 120 急救人员接续救治，王佳也终于松了一口气。

目睹了整个过程的旅客毛先生走向列车长王佳，并向她展示了自己拍摄的救治过程，表示自己非常感动，将视频发给王佳时他还发去了这样一段话:

“你好，美女列车长，刚才的一幕我全都看在眼里，从开始用喇叭找医护人员再到你联系车站，讲明情况后，使高铁提前到站为病人打开了生命的通道，还有找 120 的过程我全部看在眼里，高铁提前进站的同时医护人员也到了站台，为抢救生命争取了宝贵的时间。我作为一名乘客不由得拿出手机记录下了这一刻，看在眼里记在心里，向我们 G437 次列车的乘务员和列车长表示衷心的感谢。谢谢你们为乘客的付出，你们的付出展示了你们过硬的素质。感谢你为乘客的付出，谢谢，谢谢。”

“段上每年都会聘请医护人员举办红十字救护员的培训，讲解伤口包扎、心肺复苏等急救措施以及常见病的应对常识，并在考试合格后给予‘红十字救护员’证。而每个班组都会配有至少一名红十字救护员和药品充足的急救药箱，为的就是及时处置列车进行途中旅客突发疾病等状况，保障旅客平安出行。”兰州客运段 G437 次列车长王佳说。

参考文献

[1] 王金香. 行车安全管理实务. 成都：西南交通大学出版社，2013.
[2] 铁路职工岗位培训教材编审委员会. 动车组列车员（长）. 2 版. 北京：中国铁道出版社，2012.
[3] 兰云飞，宋保卫. 高速铁路客运规章. 北京：北京交通大学出版社，2018.
[4] 蓝志江，雷莲桂. 高速铁路乘务工作实务. 北京：北京交通大学出版社，2015.
[5] 李丹. 高速铁路动车餐饮服务. 成都：西南交通大学出版社，2016.